全国地方国资上市公司年度发展报告

2024

上海国有资本运营研究院有限公司
上海申银万国证券研究所有限公司
◎主编

中国经济出版社
CHINA ECONOMIC PUBLISHING HOUSE
·北京·

图书在版编目（CIP）数据

全国地方国资上市公司年度发展报告. 2024 / 上海国有资本运营研究院有限公司，上海申银万国证券研究所有限公司主编. -- 北京 : 中国经济出版社，2024. 12.

ISBN 978-7-5136-8010-3

Ⅰ. F279.241

中国国家版本馆 CIP 数据核字第 2024HD1676 号

项目负责人　李煜萍
责 任 编 辑　李若雯
责 任 印 制　马小宾

出版发行　中国经济出版社
印 刷 者　北京富泰印刷有限责任公司
经 销 者　各地新华书店
开　　本　787 mm × 1092 mm　1/16
印　　张　14.75
字　　数　270 千字
版　　次　2024 年 12 月第 1 版
印　　次　2024 年 12 月第 1 次
定　　价　88.00 元
广告经营许可证　京西工商广字第 8179 号

中国经济出版社　**网址** http://epc.sinopec.com/epc/　**社址** 北京市东城区安定门外大街 58 号　**邮编** 100011
本版图书如存在印装质量问题，请与本社销售中心联系调换（联系电话：010-57512564）

本书编委会

发挥智库平台功能 推动地方国资上市公司高质量发展

上海国有资本运营研究院院长　罗新宇

作为我国资本市场重要组成部分，地方国资上市公司在地方经济社会发展中发挥了基础性、支撑性和引领性作用。随着我国经济新旧动能转换，“土地财政”日益式微，发展现代产业、培育“股权财政”成为地方经济重要着力点。与此同时，随着新一轮国资国企改革持续深化推进，地方国资上市公司作为地方国资的优质资产、优势产业主体和对接资本市场的平台工具，成为推动国有经济布局优化和结构调整，推动产业转型升级的重要抓手。

要做好这项工作，首先要对地方国资上市公司的发展现状有一个清晰全面的了解。比如，地方国资上市公司数量与规模几何，区域、产业分布特征怎样，经营情况与创值能力如何，股权结构是否合理，法人治理结构是否健全。基于此，上海国有资本运营研究院牵头联合知名券商申万宏源证券和国内头部金融数据服务商万得信息，在业内率先开展全国地方国资上市公司的分析研究，形成了行业内第一份《全国地方国资上市公司年度发展报告（2024）》（以下简称《报告》），以飨关心国资国企改革和地方国资上市公司发展的各方同仁。

根据《报告》统计，截至 2023 年末，我国 A 股市场共有 1008 家地方国资上市公司，以占比不到 1/5 的公司数量，创造了约 1/4 的总资产、营业收入、利润总额和总市值，地方国资上市公司成为我国资本市场重要的主体之一。一大批企业以混促改，完善公司治理，提高规范运作水平，深度转换经营机制，锐意创新，活力和效率显著提高，为资本市场平稳运行作出了突出贡献。具体体现在以下三个方面：

一是充分利用资本市场，不断提高价值管理能力。充分利用资本市场资源配置功能，聚焦主业，持续深耕，增强核心竞争力，打造了一批行业领军企业；通过并购、重组等多种方式推动优质资产上市，拓展市场主体融资渠道，提升了资产证券化水平；围绕价值创造、价值优化、价值传递推动上市公司价值提升工作，不断增进了市场认同和价值实现。

二是贡献国资国企担当，助力资本市场健康发展。一批上市公司积极推动自身高质量发展，成为资本市场优等生；一批上市公司加大现金分红、股份回购力度，成为分享经营成果、回馈投资者的标杆；一批企业完善 ESG 评价机制，加强与投资者沟通，提高公司透明度，促进内在价值与市场价值齐头并进，为资本市场发展彰显了国资担当和国企力量。

三是完善价值考核指标体系，探索落实市值管理。2024 年 1 月 29 日，国务院国资委召开 2024 年中央企业、地方国资委考核分配工作会议。会议提出，2024 年中央企业要全面推开上市公司市值管理考核。目前，地方国资监管机构正在积极构建以价值管理模型为基础的多维考核指标体系，探索落实有效的市值管理考核。比如，早在 2020 年，上海国资国企就开展了上市公司价值管理绩效水平评价，相关评价结果已纳入上海市监管企业法定代表人任期考核。近日，上海市国资委又进一步宣布，围绕落实新“国九条”要求，将市值管理由原来的考核评价升级为考核赋分，2024 年起将市值管理绩效水平纳入任期考核目标。

党的二十届三中全会为下一步国资国企改革指明了方向，改革更加强调增强核心功能，提升核心竞争力，更加强调国有企业在“三个方向”领域的控制与引领作用。从我们的研究来看，地方国资上市公司重点集中于关系城市运行安全、国计民生的重要行业和关键领域，而在战略性新兴产业领域布局也呈现加速态势。作为推动经济高质量发展的重要微观基础，未来一段时期，地方国资上市公司要充分借助国资国企和资本市场深化改革机遇，成为促进新质生产力发展的典范。

一是加快构建科技创新模式。根据《报告》数据统计分析，地方国资上市公司注重加强科技创新，研发投入从 2019 年的 1825 亿元增加至 2023 年的 3303 亿元，年复合增长率达到 16%，累计专利数量为 42.61 万件。未来，地方国资上市公司一方面要大力推动业务向数字化、智能化、绿色化、高端化转型，推动传统产业向新兴产业领域转型升级，另一方面要以科技创新推动产业创新，加大科研投入力度，积极培育战略性新兴产业和未来产业。

二是加强市场化并购重组。积极实施重大资产重组等资本运作项目，培育和挖掘系统内外优质资产和资源，通过资产重组、收购兼并等手段，引导头部上市公司立足主业，推动联合重组，加大对产业链上下游企业的整合力度，持续推进产业升级。

三是营造新质生产力组织生态。要发挥国资大股东的支撑功能，围绕上市公司，组织创新配置各类生产要素，打造“国资平台 + 基金 + 上市公司 + 科技园区 + 研发机构”五位一体运作模式，赋能上市公司高质量发展。

上海国有资本运营研究院自 2010 年成立以来，以“心怀国之大者，智创美好未来”为使命，积极打造以国资智库为核心的一流国资国企综合服务商。我们坚持研究立院，作为上海市重点智库和全国国资系统领先的国资智库，在国内率先提出了国企分类改革、二次混改、投资基金化、产业组织商等诸多灼见。我们坚持以一流平台服务发展，构建了综合服务、全国布局、平台赋能的新型智库运作格局，先后发起成立了全国地方国有资本投资运营公司创新联盟、国资基金 50 人论坛、园区国资高质量发展论坛、地方国企数字化转型联盟等多个平台，在全国建立了 18 个研究基地，形成了以智库研究为核心，咨询、培训、产业、资本服务、论坛、媒体等一体化的国资国企改革发展综合服务体系。

未来，上海国有资本运营研究院将继续聚力服务地方国资上市公司高质量发展，积极联动国资监管部门、专业机构、高等院校等，进一步协同各方力量、完善研究机制、创新研究方法，将报告打造成一个具有“国资特征、智库特点、资本特色”的品牌，同时，发挥国资智库的平台服务功能，为地方国资上市公司提供产业投资、资本运营、公司治理、品牌打造、ESG 评价应用等一体化全过程综合服务，为地方国资上市公司高质量发展贡献我们的力量。

落实新“国九条”，价值管理赋能国资上市公司高质量发展

申万宏源证券有限公司战略客户总部总经理　蒋健蓉

2023 年，中央金融工作会议首次提出金融强国的战略目标。从资本市场的角度，2024 年，国务院发布《关于加强监管防范风险推动资本市场高质量发展的若干意见》（以下简称“新‘国九条’”），落实中央提出的金融强国战略目标。此次的新“国九条”基于问题导向落实中央金融工作会议精神，核心的关键词是强监管、防风险，对注册制改革进行了一定程度的纠偏，更重要的是要求提升政策的适应性来服务新质生产力，要求金融机构的功能要返璞归真，要更注重中介性、功能性、服务性，让金融投资的收益更加回归到理性水平。同时，要完善资本市场“1+N”的基础制度的政策体系。

新“国九条”颁布的时点，资本市场正处于深化转型改革的关键期，同时地方国资体系也正在经历重要的转型改革期。这几年，地方政府的债务压力不断攀升，同时原来的土地财政似乎走到了尽头。当前，地方政府平台要加快转型，把原来的城投变成产投，把原来重点靠投资基建拉动经济的增长方式转变为真正通过推动地方产业发展来推动当地的经济发展的方式。

在这个过程当中，这一轮国资改革的一个重点就是搭建国有资本投资公司和国有资本运营公司两类公司。通过两类公司来发挥政府和市场之间的夹层作用，让两类公司作为国有资本出资人的代表来真正履行“管资本”的职责，推动政企分开，从而实

现国资管理从原来“管人、管事、管资产”变为“管资本”。两类公司在当中就要真正起到国有资本运作的关键作用，要努力实现国有资本的价值最大化。

推动地方国资转型发展，从战略思维上来讲就是两句话：

第一句话，推动资源资产化、资产资本化。每个地方政府都有很多资源，如何把资源变成资产？重点是产权要清晰，资源要能确权，并要能够实现货币计价，资源就变成了资产。资产又如何变成资本？要通过提升公司运营的能力，让资产变成能够产生现金流的资产，再通过证券化就变成了资本。所谓资本，就是能够创造价值的价值。因此，两类公司的一个核心经营战略是把当地更多的资源变成资产，再把资产变成资本。资本多了，企业杠杆才能真正降下来，财务报表才能真正做实。

第二句话，聚焦发展优势产业。每个省份的产业发展规划都有很强的相似性，各地都希望重点发展所有的战略性新兴产业，但是各地是否有发展所有这些产业的资源禀赋条件呢？其实，做战略规划就是要决定不做什么。这也做、那也做，就不是战略了。一定要根据当地的资源禀赋聚焦重点优势产业的发展。

要实现国有资本价值最大化，就一定要用好资本市场，通过主动嫁接资本市场来推动地方国资改革。最近几年，上海申银万国证券研究所有限公司（以下简称“申万宏源研究所”）为很多地方国资提供战略规划咨询的服务，越来越多的地方国资平台选择券商咨询机构做战略规划，是因为国资平台已经认识到，这一轮国资改革一定要主动嫁接资本市场，只有把更多国有资产资本化，国有资本才是流动的，才可以创造更多的价值。因此，嫁接资本市场是国资改革从原来“管人、管事、管资产”变成“管资本”的一个重要手段。

尤其是 2024 年 1 月 24 日，国务院国资委明确要推行央企上市公司市值考核，2024 年 11 月 15 日，证监会发布《上市公司监管指引第 10 号——市值管理》，引导上市公司，特别是国有上市公司，高度重视市值管理。上市公司价值由其内在价值决定，市值是其内在价值的外部体现。市值考核的目的，也是希望上市公司及其控股股东重视内在价值的创造、重视价值向市场的传递、重视投资回报，从而促进中国资本市场投资功能和融资功能可以更好协调发展。《全国地方国资上市公司年度发展报告（2024）》这本书，统计了很多客观指标的排名，这些指标更多基于资本市场视角，是上市公司及其控股股东应重点关注的指标，可以为地方国资上市公司市值考核提供参考和辅助。

因此，地方国资上市公司需要在理念上从原来的经营管理转变为价值管理，核心是注重增添资本市场的视角。做实业的企业家，往往更关注企业怎么发展、产业怎么发展，埋头把产业发展好，这个很重要，但是资本市场是怎么理解公司价值的也非常重要。尤其是当资本市场上市公司已经超过 5000 家后，投资人肯定更注重通过对上市公司质量的判断来寻找具有投资价值的上市公司标的。

判断上市公司质量，市值肯定是最重要的直观指标。不同的市值规模对投资人来说，意味着不同的股票流动性，尤其对专业的大资金机构投资者来说，流动性是投资选择和风险管控中一个非常重要的考量维度。上市很多年但市值仍然低于 20 亿元的上市公司，如果业绩常年不理想，往往就会伴随成交量低的特征，市场难找买家，在股权结构里也很难看到机构投资人的身影，容易被市场视为“仙股”。市值常年低于 50 亿元的上市公司，意味着很多证券公司的分析师不太有兴趣去研究覆盖，甚至有不少证券研究所把 50 亿元市值规模列为研究覆盖的一个参考标准。也同样是从流动性角度考虑，日均市值不低于人民币 50 亿元的上市公司才有资格被纳入沪深港通标的，才会有更多海外资金来投资配置的机会。市值常年低于 100 亿元的上市公司，能获得市场主流机构投资者投资配置的机会大大减少，因为 100 亿元以上市值才能满足更多专业机构投资人对流动性风险管理要求，这往往也是很多重要指数成分股选择的一个门槛标准，能够被纳入重要指数也就意味着有大量被动投资策略的机构资金会自动配置这些成分股。500 亿元市值又是一个重要门槛，市值在 500 亿元以上的上市公司才通常会被市场称为大市值公司，会有更多机会成为大资金大机构的核心资产，被长期持有。能超越 1000 亿元市值的上市公司，往往是产业龙头、中国最优秀上市公司的代表，获得中长期资金长期配置的机会更大。

那价值管理到底有没有方法论？申万宏源研究所从 2020 年开始在理论与实践基础上探究和总结价值管理的方法论，并在行业内率先创建了“申万宏源价值管理钻石模型”。该模型的重要理论基础就是价值评估方法论，当然信息不对称理论和有效市场理论也佐证了公司价值传递的重要性与必要性。“申万宏源价值管理钻石模型”包括价值创造、价值传递、价值运用和价值优化四个重要组成部分：

——价值创造是价值管理的基础。上市公司明确战略定位，根据战略规划设计产业结构布局，明确且不断优化价值创造模式，助力企业提升内在价值。

——价值传递是价值管理的关键。价值传递向 4R 管理转型，包括投资者关系管理（IR）、分析师关系管理（AR）、媒体关系管理（MR）、外部监管沟通（RR）。价值传递打破公司内在价值和公司市场价值之间的“柏林墙”，通过提升信息披露质量，进行 4R 关系管理，有效降低资本市场与上市公司之间的信息不对称性，让资本市场的价格更加准确反映公司内在价值。

——价值运用是价值管理的实现。上市公司合理运用价值管理曲线，在不同的市场环境下合理利用资本市场各种金融工具进行资本运作，从而达到价值优化和提升。当市场处于相对景气的阶段时，上市公司可以采用增发、配股、并购、发行股份购买资产、公司分拆上市、减持股份等价值运作方式；当市场处于相对低迷的阶段时，上市公司可以采用战略转型、股份回购、增持、股权激励等价值运作方式。

——价值优化是价值管理的保障。价值优化包括公司治理优化、团队建设优化、考核激励优化、ESG 管理等体制机制的推进，进一步提升价值创造动力、提升价值创造效率。

近期，申万宏源研究所正式出版《上市公司价值成长之路》这本书，该书由申万宏源研究所团队花费一年多时间编著而成，希望通过这本书来传递我们价值管理的理念、价值观和方法论，书中特别选取了 17 家上市公司案例，看其如何一步步实现价值创造和价值成长，如何从几十亿元发展成为上千亿元的大市值公司。相信这些案例可以给企业很多启示。申万宏源证券也期望能通过专业的价值管理服务为更多中国上市公司做强做优做大提供有益的助力，共同为中国资本市场的高质量发展贡献自己的力量！

PREFACE | 前言

本轮国资国企改革已十年有余，作为地方国资最优质的经营性资产——地方国资上市公司，发展现状与趋势究竟如何，怎样发挥这支力量的作用，在国资国企改革、国资优化布局、国企高质量发展中承担更重要的使命，如何在推动中国资本市场的健康发展中扮演更积极的角色，已经成为各级政府与监管部门、众多企业与机构以及投资者都关心的问题。为此，上海国有资本运营研究院有限公司联合上海申银万国证券研究所有限公司开展全国地方国资上市公司的分析研究，并形成该年度发展报告。

本报告所分析讨论的标的被称为“地方国资上市公司”，是指截至2023年末，我国A股市场上的地方国有控股上市公司和地方国有资本对其有较大影响力的无实控人的上市公司[①]（具体认定标准及名单详见附件二），主要研究分析的是这1008家上市公司2023年的发展运营情况。

本报告的分析从近年来国资国企改革政策梳理（政策篇）开始，对地方国资上市公司的基本面（总量篇）、市场表现（市场篇）、行业分布（行业篇）、区域特征（区域篇）展开了较为全面深入的数据挖掘和比较分析，提炼出年度地方国资上市公司发展的亮点，并给出进一步提升的相关建议（展望篇）。为了方便阅读，本报告将上述六个篇章的核心内容总结提炼为“三大特点”、“三大亮点”、“三大问题”和“三大建议”，呈现在报告的开头“总报告”中。

---

① 地方国资上市公司具体认定标准如下：

a. 已披露实际控制人为地方国有资产监督管理委员会（以下简称“地方国资委”）、地方人民政府或地方财政部门的上市公司；

b. 未披露实际控制人，但列入地方国资监管名单的上市公司；

c. 未披露实际控制人，但第一大股东（及一致行动人）或其最终受益人为地方国资委、地方人民政府或地方财政部门的上市公司；

d. 未披露实际控制人，且第一大股东为香港中央结算（代理人）有限公司，但第二大股东（及一致行动人）或其最终受益人为地方国资委、地方人民政府或地方财政部门的上市公司。

对占 A 股市场接近两成（18.92%）的地方国资上市公司进行全面的数据梳理与分析，系统展现资本市场中这一群体的发展境况与发展趋势，可能是首次。本报告的撰写，本着尊重数据、客观分析、尽量避免主观评价的原则，我们对地方国资上市公司的相关指标，与全市场或相关板块进行横向比较，与历史数据进行纵向比较，并进行结构分析。同时，对部分指标进行了个体分析，试图全方位、多角度反映地方国资上市公司的情况与特征。但因分析的因素众多、范围广泛、篇幅浩大，不得不舍弃一些数据与分析，也难免挂一漏万。不到之处，恳请读者批评指正。

本报告的撰写过程，让我们感受到地方国资上市公司蕴含的蓬勃生机，同时体会到国企改革深化提升的较大空间，希望本报告能为国资与市场监管、国资上市公司与大股东、资本市场投资者，以及所有关心国资国企的机构与个人，呈献可观察、可思考的信息，让各方力量关注支持地方国资上市公司的发展。

CONTENTS | 目录

总报告 **地方国资上市公司是资本市场的重要组成部分**……001

一、地方国资上市公司三大特点……003
二、地方国资上市公司三大亮点……016
三、地方国资上市公司三大问题……024
四、地方国资上市公司三大建议……031

政策篇 **地方国资上市公司发展历程与监管政策演变**……035

一、全国地方国资上市公司改革持续深化……037
二、国资上市公司改革重点聚焦四个方向……039
三、地方政策因地制宜细化落实改革措施……042

总量篇 **数量与资产规模、盈利水平、研发等相匹配**……047

一、地方国资上市公司数量超千家，科创板占比提升……049
二、资产规模整体比较大，占 A 股的比例超过数量占比……051
三、经营效益表现稳健，为 A 股贡献约 1/4 的营业收入……064
四、研发投入持续加大，科技创新产出实现大跨越……087
五、近 30% 公司具有创值能力，创值能力有所提高……093

市场篇 **市值较大，估值稳步修复，资本运作能力逐渐提高**……097

一、市值规模较大，大市值公司数量占比高于 A 股总体……099
二、估值水平与 A 股整体相当，国企估值仍有修复空间……101

三、29 家公司首发上市，首发募资规模比重有较大回升 …… 102
四、再融资公司数量略有下滑，但规模占 A 股比重较大 …… 105
五、地方国资并购运作较频繁，并购标的规模整体较大 …… 116
六、分红总额持续增加，分红比例略高于 A 股整体水平 …… 122
七、积极开展员工持股和股权激励，为改革注入新动力 …… 127
八、信息披露评级更高，质量略优于 A 股上市公司水平 …… 129

行业篇 行业覆盖全面，不断优化提升国有资本布局 …… 133

一、在关系地方国计民生的产业中占据更加重要的地位 …… 135
二、探索战略性新兴产业，不断加快战新布局 …… 151

区域篇 经济发达的地区地方国资上市公司发展较好 …… 159

一、经济较为发达区域的地方国资上市公司数量更多 …… 161
二、华东、华南等区域地方国资上市公司经营效益更优 …… 163
三、沿海地区地方国资上市公司资本市场表现较为突出 …… 168
四、结合当地资源禀赋优势，各区域行业分布各具特点 …… 172

展望篇 三大建议支持地方国资上市公司高质量发展 …… 175

一、地方国资上市公司发展过程中存在的三大问题 …… 177
二、对地方国资上市公司未来高质量发展提出三大建议 …… 180

附 录 …… 183

一、近五年关于国资改革重要政策文件的相关内容 …… 185
二、本报告中关于地方国资上市公司的说明及名单范围 …… 190
三、地方国资上市公司总量规模以及资本运作总览表格 …… 201

图目录

图 1　截至 2023 年末，地方国资上市公司数量、经营与财务状况占 A 股上市公司的比例……004
图 2　截至 2023 年末，地方国资上市公司数量集中的前十大行业……005
图 3　截至 2023 年末，地方国资上市公司数量占 A 股上市公司数量比例前十的行业……006
图 4　截至 2023 年末，地方国资上市公司总资产占 A 股上市公司总资产比例前十的行业……008
图 5　2023 年地方国资上市公司净利润占 A 股上市公司净利润比例前十的行业……008
图 6　2023 年地方国资上市公司市值集中的前十大行业……009
图 7　2023 年地方国资上市公司平均市值是 A 股上市公司平均市值倍数前十的行业……009
图 8　2023 年各省级行政区地方国资上市公司总资产、营业收入、扣非净利润占比……011
图 9　2022 年 12 月—2023 年 12 月部分区域地方国资上市公司指数……013
图 10　2019—2023 年地方国资上市公司研发投入及研发投入强度……017
图 11　2019—2023 年地方国资上市公司中属于战略性新兴产业的公司数量及其占比……018
图 12　2019—2023 年地方国资上市公司在各上市板的数量占比……019
图 13　2019—2023 年地方国资上市公司累计专利数量和专利变化数量……019
图 14　截至 2023 年末，地方国资上市公司累计专利数量靠前的十大申万一级行业……020
图 15　2023 年地方国资上市公司专利变化数量靠前的十大申万一级行业……020
图 16　2019—2023 年地方国资上市公司现金分红金额及其占 A 股上市公司现金分红金额的比例……022
图 17　2019—2023 年地方国资上市公司与 A 股上市公司分红比例的比较……023

图 18 2022—2023 年度地方国资上市公司与 A 股上市公司信息披露结果的对比…023
图 19 2023 年地方国资收购非国有上市公司的目的……024
图 20 截至 2023 年末，地方国资上市公司与 A 股上市公司中战略性新兴产业占比的比较……025
图 21 截至 2023 年末，分地区地方国资上市公司与 A 股上市公司中战略性新兴产业占比的比较……026
图 22 2019—2023 年地方国资上市公司与 A 股上市公司营业现金比率的比较（剔除金融企业）……028
图 23 2019—2023 年具有创值能力的地方国资上市公司数量及其占地方国资上市公司数量的比例……028
图 24 2004—2023 年具有长期创值能力的不同年数的地方国资上市公司数量占 A 股上市公司数量的比例……029
图 25 2019—2023 年地方国资上市公司与 A 股上市公司中实施员工持股公司数量及其占比的比较……030
图 26 2019—2023 年地方国资上市公司与 A 股上市公司中实施股权激励公司数量及其占比的比较……030
图 27 2019—2023 年地方国资上市公司数量及占其 A 股上市公司数量的比例……050
图 28 2019—2023 年地方国资上市公司与 A 股上市公司数量增速的比较……050
图 29 2019—2023 年地方国资上市公司在各上市板的数量占比……051
图 30 2019—2023 年地方国资上市公司总资产及其占 A 股上市公司总资产的比例……052
图 31 2019—2023 年地方国资上市公司总资产及其占 A 股上市公司总资产的比例（剔除金融企业）……053
图 32 2019—2023 年地方国资上市公司与 A 股上市公司总资产增速的比较……053
图 33 2019—2023 年地方国资上市公司与 A 股上市公司总资产增速的比较（剔除金融企业）……054
图 34 2019—2023 年地方国资上市公司净资产及其占 A 股上市公司净资产的比例……057
图 35 2019—2023 年地方国资上市公司净资产及其占 A 股上市公司净资产的比例（剔除金融企业）……057
图 36 2019—2023 年地方国资上市公司与 A 股上市公司净资产增速的比较……058

图 37　2019—2023 年地方国资上市公司与 A 股上市公司净资产增速的比较（剔除金融企业）……058
图 38　2019—2023 年地方国资上市公司与 A 股上市公司资产负债率的比较……062
图 39　2019—2023 年地方国资上市公司与 A 股上市公司资产负债率的比较（剔除金融企业）……062
图 40　2019—2023 年地方国资上市公司营业收入及其占 A 股上市公司营业收入的比例……064
图 41　2019—2023 年地方国资上市公司营业收入及其占 A 股上市公司营业收入的比例（剔除金融企业）……065
图 42　2019—2023 年地方国资上市公司与 A 股上市公司营业收入增速的比较……065
图 43　2019—2023 年地方国资上市公司与 A 股上市公司营业收入增速的比较（剔除金融企业）……066
图 44　2019—2023 年地方国资上市公司利润总额及其占 A 股上市公司利润总额的比例……069
图 45　2019—2023 年地方国资上市公司利润总额及其占 A 股上市公司利润总额的比例（剔除金融企业）……069
图 46　2019—2023 年地方国资上市公司与 A 股上市公司利润总额增速的比较……070
图 47　2019—2023 年地方国资上市公司与 A 股上市公司利润总额增速的比较（剔除金融企业）……070
图 48　2019—2023 年地方国资上市公司净利润及其占 A 股上市公司净利润的比例……073
图 49　2019—2023 年地方国资上市公司扣非净利润及其占 A 股上市公司扣非净利润的比例……074
图 50　2019—2023 年地方国资上市公司扣非净利润及其占 A 股上市公司扣非净利润的比例（剔除金融企业）……075
图 51　2019—2023 年地方国资上市公司与 A 股上市公司净利润增速的比较……075
图 52　2019—2023 年地方国资上市公司与 A 股上市公司扣非净利润增速的比较……076
图 53　2019—2023 年地方国资上市公司与 A 股上市公司扣非净利润增速的比较（剔除金融企业）……076
图 54　2019—2023 年地方国资上市公司与 A 股上市公司净资产收益率的比较……081

图 55 2019—2023 年地方国资上市公司与 A 股上市公司扣非净资产收益率的比较……081
图 56 2019—2023 年地方国资上市公司与 A 股上市公司扣非净资产收益率的比较（剔除金融企业）……082
图 57 2019—2023 年地方国资上市公司与 A 股上市公司营业现金比率的比较……084
图 58 2019—2023 年地方国资上市公司与 A 股上市公司营业现金比率的比较（剔除金融企业）……084
图 59 2019—2023 年地方国资上市公司研发投入及其占 A 股上市公司研发投入的比例……087
图 60 2019—2023 年地方国资上市公司与 A 股上市公司研发投入增速的比较……088
图 61 2019—2023 年地方国资上市公司与 A 股上市公司研发投入强度的比较……090
图 62 2019—2023 年地方国资上市公司累计专利数量和专利变化数量……091
图 63 截至 2023 年末，地方国资上市公司累计专利数量靠前的十大申万一级行业……092
图 64 2023 年地方国资上市公司专利变化数量靠前的十大申万一级行业……092
图 65 2019—2023 年具有创值能力的地方国资上市公司数量及其占 A 股具有创值能力上市公司数量的比例……093
图 66 2019—2023 年具有创值能力的地方国资上市公司数量及其占地方国资上市公司数量的比例……094
图 67 2004—2023 年具有创值能力的不同年数的地方国资上市公司数量……094
图 68 2004—2023 年具有创值能力的不同年数的地方国资上市公司数量占 A 股上市公司数量的比例……095
图 69 2019—2023 年地方国资上市公司总市值及其占 A 股上市公司总市值的比例……099
图 70 2019—2023 年地方国资上市公司与 A 股上市公司总市值增速的比较……100
图 71 2019—2023 年地方国资上市公司 IPO 数量及其占 A 股上市公司 IPO 数量的比例……102
图 72 2019—2023 年地方国资上市公司首发募资金额及其占 A 股上市公司首发募资金额的比例……103
图 73 2019—2023 年地方国资上市公司与 A 股上市公司 IPO 数量增速的对比……104

图 74　2019—2023 年地方国资上市公司与 A 股上市公司首发募资金额增速的对比 …… 104
图 75　2023 年 IPO 的地方国资上市公司中，大股东为两类公司或两类公司控股股东的数量占比 …… 105
图 76　2023 年地方国资上市公司再融资数量及其占 A 股上市公司再融资数量的比例 …… 106
图 77　2019—2023 年地方国资上市公司与 A 股上市公司再融资数量及其增速的比较 …… 107
图 78　2023 年地方国资上市公司再融资募资金额及其占 A 股上市公司再融资募资金额的比例 …… 107
图 79　2019—2023 年地方国资上市公司与 A 股上市公司再融资募资金额及其增速的比较 …… 108
图 80　2023 年地方国资上市公司增发数量及其占 A 股上市公司增发数量的比例 …… 108
图 81　2019—2023 年地方国资上市公司与 A 股上市公司增发数量及其增速的比较 …… 109
图 82　2023 年地方国资上市公司增发募资金额及其占 A 股上市公司增发募资金额的比例 …… 109
图 83　2019—2023 年地方国资上市公司与 A 股上市公司增发募资金额及其增速的比较 …… 110
图 84　2019—2023 年地方国资上市公司与 A 股上市公司配股数量的比较 …… 112
图 85　2019—2023 年地方国资上市公司与 A 股上市公司配股募资金额的比较 …… 113
图 86　2018—2023 年地方国资上市公司可转债发行数量及其占 A 股上市公司可转债发行数量的比例 …… 113
图 87　2019—2023 年地方国资上市公司与 A 股上市公司可转债发行金额的比较 …… 114
图 88　2019—2023 年地方国资上市公司并购案例数量及其占 A 股上市公司并购案例数量的比例 …… 117
图 89　2019—2023 年地方国资上市公司并购案例金额及其占 A 股上市公司并购案例金额的比例 …… 117
图 90　2023 年地方国资收购非国有上市公司的目的 …… 121
图 91　2023 年各省级行政区地方国资收购非国有上市公司的案例数量 …… 121

图 92　2023 年地方国资上市公司发起的并购案例中，大股东为两类公司或两类公司控股股东的数量占比 …… 122
图 93　2019—2023 年地方国资上市公司分红数量及其占 A 股上市公司分红数量的比例 …… 123
图 94　2019—2023 年地方国资上市公司与 A 股上市公司分红数量增速的比较 …… 123
图 95　2019—2023 年地方国资上市公司与 A 股上市公司开展分红的公司数量占比的比较 …… 124
图 96　2019—2023 年地方国资上市公司分红金额及其占 A 股上市公司分红金额的比例 …… 125
图 97　2019—2023 年地方国资上市公司与 A 股上市公司分红金额增速的比较 …… 125
图 98　2019—2023 年地方国资上市公司与 A 股上市公司分红比例的比较 …… 126
图 99　2019—2023 年地方国资上市公司与 A 股上市公司中实施员工持股公司数量及其占比的比较 …… 128
图 100　2019—2023 年地方国资上市公司与 A 股上市公司中实施股权激励公司数量及其占比的比较 …… 128
图 101　2022—2023 年度地方国资上市公司信息披露结果 …… 129
图 102　2022—2023 年度 A 股上市公司信息披露结果 …… 130
图 103　2019—2023 年地方国资上市公司与 A 股上市公司中属于战略性新兴产业的公司数量及其占比的比较 …… 152
图 104　战略性新兴产业中，地方国资上市公司与 A 股上市公司数量分布占比的对比 …… 154
图 105　2019—2023 年地方国资上市公司与 A 股上市公司中属于战略性新兴产业的公司市值及其占比的比较 …… 155
图 106　战略性新兴产业中，地方国资上市公司与 A 股上市公司市值分布占比的对比 …… 157

表目录

表 1　截至 2023 年末，地方国资上市公司规模总览……004
表 2　截至 2023 年末，地方国资上市公司、央企上市公司和民营上市公司的行业分布……006
表 3　截至 2023 年末，地方国资上市公司数量前十的省级行政区……010
表 4　2023 年市值和再融资金额前五的省级行政区……012
表 5　2023 年地方国资上市公司与央企上市公司、民营上市公司、A 股上市公司平均营业收入、平均利润总额比较……013
表 6　2023 年地方国资上市公司与央企上市公司、民营上市公司、A 股上市公司盈利能力靠前的行业……015
表 7　2023 年地方国资上市公司与 A 股上市公司研发投入结构对比……017
表 8　2023 年地方国资上市公司 IPO 数量及首发募资情况……021
表 9　2023 年地方国资上市公司再融资数量和募资金额及占 A 股上市公司的比例…021
表 10　截至 2023 年末，地方国资上市公司实际控制人持股比例情况……027
表 11　2013 年以来国资上市公司相关监管政策梳理……037
表 12　国资上市公司优化国资布局相关政策……040
表 13　国资上市公司产权改革相关政策……040
表 14　国资上市公司价值创造相关政策……041
表 15　国资上市公司激励机制相关政策……041
表 16　国资上市公司治理机制相关政策……041
表 17　地方国资上市公司优化国资布局相关政策要点……042
表 18　地方国资上市公司强化资本运作相关政策要点……043
表 19　地方国资上市公司突出价值创造相关政策要点……044
表 20　地方国资上市公司健全公司治理相关政策要点……045
表 21　2018—2023 年地方国资上市公司各指标占 A 股上市公司的比例……049
表 22　截至 2023 年末，地方国资上市公司与 A 股上市公司总资产结构对比……054

表 23　截至 2023 年末，地方国资上市公司与 A 股上市公司总资产结构对比（剔除金融企业）……055
表 24　截至 2023 年末，总资产前十的地方国资上市公司……055
表 25　截至 2023 年末，总资产前十的地方国资上市公司（剔除金融企业）……056
表 26　截至 2023 年末，地方国资上市公司与 A 股上市公司净资产结构对比……059
表 27　截至 2023 年末，地方国资上市公司与 A 股上市公司净资产结构对比（剔除金融企业）……060
表 28　截至 2023 年末，净资产前十的地方国资上市公司……060
表 29　截至 2023 年末，净资产前十的地方国资上市公司（剔除金融企业）……061
表 30　截至 2023 年末，地方国资上市公司与 A 股上市公司资产负债率结构对比……063
表 31　截至 2023 年末，地方国资上市公司与 A 股上市公司资产负债率结构对比（剔除金融企业）……063
表 32　2023 年地方国资上市公司与 A 股上市公司营业收入结构对比……066
表 33　2023 年地方国资上市公司与 A 股上市公司营业收入结构对比（剔除金融企业）……067
表 34　2023 年营业收入前十的地方国资上市公司……068
表 35　2023 年地方国资上市公司与 A 股上市公司利润总额结构对比……071
表 36　2023 年地方国资上市公司与 A 股上市公司利润总额结构对比（剔除金融企业）……071
表 37　2023 年利润总额前十的地方国资上市公司……072
表 38　2023 年地方国资上市公司与 A 股上市公司净利润结构对比……077
表 39　2023 年地方国资上市公司与 A 股上市公司扣非净利润结构对比……077
表 40　2023 年地方国资上市公司与 A 股上市公司扣非净利润结构对比（剔除金融企业）……078
表 41　2023 年净利润前十的地方国资上市公司……079
表 42　2023 年扣非净利润前十的地方国资上市公司……079
表 43　2023 年地方国资上市公司与 A 股上市公司净资产收益率结构对比……082
表 44　2023 年地方国资上市公司与 A 股上市公司扣非净资产收益率结构对比……083
表 45　2023 年地方国资上市公司与 A 股上市公司扣非净资产收益率结构对比（剔除金融企业）……083
表 46　2023 年地方国资上市公司与 A 股上市公司营业现金比率结构对比……085

表 47　2023 年地方国资上市公司与 A 股上市公司营业现金比率结构对比（剔除金融企业）……085
表 48　2023 年营业现金比率前十的地方国资上市公司……086
表 49　2023 年营业现金比率前十的地方国资上市公司（剔除金融企业）……086
表 50　2023 年地方国资上市公司与 A 股上市公司研发投入结构对比……088
表 51　2023 年研发投入前十的地方国资上市公司……089
表 52　2023 年地方国资上市公司与 A 股上市公司研发投入强度对比……090
表 53　2023 年研发投入强度前十的地方国资上市公司……091
表 54　2023 年地方国资上市公司与 A 股上市公司市值结构对比……101
表 55　2019—2023 年地方国资上市公司与央企上市公司、民营上市公司、A 股上市公司估值的对比……102
表 56　2023 年地方国资上市公司再融资数量和募资金额及其占 A 股上市公司的比例……105
表 57　2023 年地方国资上市公司增发规模前十名单……111
表 58　2023 年 A 股上市公司配股名单……111
表 59　2023 年地方国资上市公司可转债发行金额前十名单……115
表 60　2019—2023 年 A 股上市公司优先股发行名单……115
表 61　2023 年地方国资上市公司并购标的所属行业数量情况……118
表 62　2023 年地方国资上市公司并购标的所属行业金额情况……119
表 63　2019—2023 年地方国资上市公司并购数量和金额前三的行业情况……120
表 64　2023 年分红金额前十的地方国资上市公司……126
表 65　2023 年地方国资上市公司与 A 股上市公司分红比例结构对比……127
表 66　截至 2023 年末，地方国资上市公司行业分类数量情况……135
表 67　截至 2023 年末，各行业中地方国资上市公司数量占 A 股上市公司数量的比例……136
表 68　2019—2023 年各行业中不同属性的上市公司新增数量对比……137
表 69　2018 年末和 2023 年末，地方国资上市公司与 A 股上市公司所属行业数量集中度的比较……138
表 70　截至 2023 年末，各行业中地方国资上市公司总资产及其占 A 股上市公司总资产的比例……139

表 71　截至 2023 年末，各行业中地方国资上市公司净资产及其占 A 股上市公司净资产的比例……140
表 72　2023 年各行业中地方国资上市公司净利润及其占 A 股上市公司净利润的比例……141
表 73　2023 年各行业中地方国资上市公司扣非净利润及其占 A 股上市公司扣非净利润的比例……142
表 74　截至 2023 年末，各行业地方国资上市公司市值及其占比……143
表 75　截至 2023 年末，地方国资上市公司行业分类市值及其占 A 股上市公司市值的比例……143
表 76　截至 2023 年末，各行业中地方国资上市公司与 A 股上市公司平均市值的比较……144
表 77　2019—2023 年地方国资上市公司与 A 股上市公司市值复合增速的对比……146
表 78　2019—2023 年地方国资上市公司与 A 股上市公司平均市值复合增速的对比……147
表 79　2018 年末和 2023 年末，地方国资上市公司与 A 股上市公司所属行业市值集中度的比较……148
表 80　截至 2023 年末，地方国资上市公司、央企上市公司和民营上市公司行业分类对比……150
表 81　截至 2023 年末，地方国资上市公司所属战略性新兴产业的公司数量及其占 A 股上市公司的比例……152
表 82　2019—2023 年在战略性新兴产业中地方国资上市公司五年新增数量及其占 A 股上市公司的比例……153
表 83　截至 2023 年末，地方国资上市公司所属战略性新兴产业的市值及其占 A 股上市公司的比例……155
表 84　2019—2023 年地方国资上市公司与 A 股上市公司所属战略性新兴产业的市值复合增速的比较……156
表 85　2019—2023 年地方国资上市公司与 A 股上市公司所属战略性新兴产业的平均市值复合增速的比较……156
表 86　截至 2023 年末，各省级行政区地方国资上市公司数量情况……161
表 87　截至 2023 年末，各省级行政区地方国资上市公司数量占 A 股上市公司数量的比例……162

表 88　2023 年各省级行政区新增地方国资上市公司数量……163
表 89　2019—2023 年各省级行政区地方国资上市公司新上市数量对比……163
表 90　截至 2023 年末，各省级行政区地方国资上市公司总资产及其占比……164
表 91　截至 2023 年末，各省级行政区地方国资上市公司净资产及其占比……164
表 92　截至 2023 年末，各省级行政区地方国资上市公司营业收入及其占比……165
表 93　截至 2023 年末，各省级行政区地方国资上市公司利润总额及其占比……166
表 94　截至 2023 年末，各省级行政区地方国资上市公司净利润及其占比……167
表 95　截至 2023 年末，各省级行政区地方国资上市公司扣非净利润及其占比……168
表 96　截至 2023 年末，各省级行政区地方国资上市公司市值及其占比……169
表 97　2023 年各省级行政区地方国资上市公司再融资公司数量情况……170
表 98　2023 年各省级行政区地方国资上市公司再融资情况……170
表 99　2023 年各省级行政区地方国资上市公司并购案例数量情况……171
表 100　2023 年各省级行政区地方国资上市公司并购案例金额情况……172
表 101　截至 2023 年末，各省级行政区地方国资上市公司数量和市值前三的行业情况……173
附表 1　2013 年国企改革深化以来国有控股上市公司监管政策梳理……185
附表 2　2020 年以来部分省份国企及国有控股上市公司相关政策……188
附表 3　截至 2023 年末，地方国资上市公司名单……191
附表 4　2019—2023 年地方国资上市公司发展概况……201
附表 5　截至 2023 年末，各省级行政区地方国资上市公司市场格局……202
附表 6　2023 年各省级行政区地方国资上市公司资本运作情况……204

总报告

地方国资上市公司是资本市场的重要组成部分

截至2023年末，我国A股市场共有1008家地方国资上市公司，总市值[①]规模超过20万亿元，地方国资上市公司已成为我国资本市场重要的主体之一。地方国资上市公司不仅是我国新一轮国资国企改革的先锋队，也承担着推动我国资本市场健康发展的重任。总报告综合后文对地方国资上市公司发展政策、规模总量、市场运作、行业分布、区域特点、展望建议等内容的分析，总结地方国资上市公司发展的特点、亮点、问题和建议，展现地方国资上市公司发展的全貌。

一、地方国资上市公司三大特点

党的十八大以来，地方国有企业积极推动国有优质资产上市，在资本市场上也体现出较强的经济责任和社会责任，地方国资上市公司在资本市场的数量、资产规模、盈利水平与市场格局等相匹配。但同时应看到，各区域之间、不同行业之间的地方国资上市公司表现存在差异。

（一）数量突破千家，在资本市场占有一席之地

1. 超千家公司创造近百万亿元资产和超万亿元净利润

截至2023年末，我国A股市场上共有1008家地方国资上市公司，总资产91.18万亿元，净资产16.56万亿元；2023年，实现营业收入18.39万亿元，利润总额1.56万亿元，净利润1.26万亿元，扣非净利润1.02万亿元，总市值20.31万亿元。剔除金融企业后，截至2023年末，共有942家非金融地方国资上市公司，总资产27.43万亿元，净资产10.57万亿元；2023年，实现营业收入16.63万亿元，利润总额1.02万亿元，净利润0.79万亿元，扣非净利润0.56万亿元，总市值16.72万亿元（见表1）。

---

① 市值是指自然年度内的日均市值，总市值是指自然年度内的日均市值总和。下文同。

表 1　截至 2023 年末，地方国资上市公司规模总览

项目	地方国资上市公司	非金融地方国资上市公司
数量（家）	1008	942
总资产（亿元）	911798.69	274255.46
净资产（亿元）	165617.71	105680.10
营业收入（亿元）	183908.31	166273.63
利润总额（亿元）	15622.61	10158.62
净利润（亿元）	12640.63	7875.04
扣非净利润（亿元）	10158.30	5584.36
总市值（亿元）	203055.87	167168.88

资料来源：Wind，申万宏源研究。

2. 公司数量、资产规模、盈利水平与市场格局相匹配

地方国资上市公司是我国 A 股市场的重要组成部分，数量不到 A 股上市公司总数的 1/5，创造了 A 股市场约 1/4 的总资产、营业收入、利润总额和总市值。截至 2023 年末，地方国资上市公司数量占 A 股上市公司的 18.92%，总资产占 21.63%，净资产占 23.25%，营业收入占 25.32%，利润总额占 22.67%，净利润占 22.17%，扣非净利润占 20.90%，总市值占 21.81%。剔除金融企业后，地方国资上市公司资产规模和盈利水平占比更高。截至 2023 年末，非金融地方国资上市公司数量占 A 股非金融上市公司的 18.11%，总资产占 26.94%，净资产占 24.58%，营业收入占 26.20%，利润总额占 25.17%，净利润占 24.58%，扣非净利润占 22.69%，总市值占 21.68%（见图 1）。

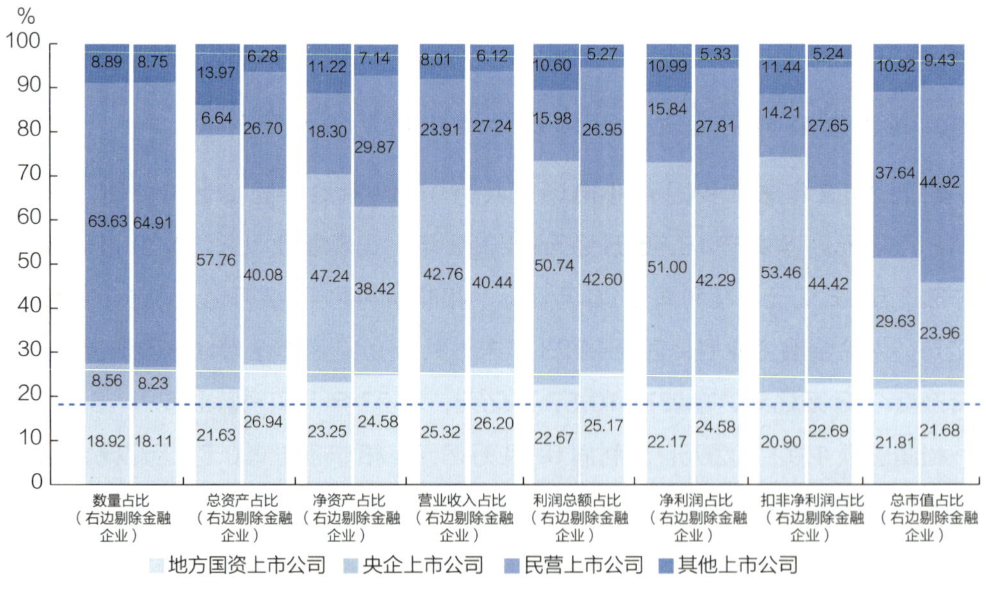

图 1　截至 2023 年末，地方国资上市公司数量、经营与财务状况占 A 股上市公司的比例

资料来源：Wind，申万宏源研究。

（二）发挥核心功能，是区域重点产业中坚力量

地方国资上市公司行业覆盖全面，集中在区域战略安全、国计民生、公共服务等行业领域。地方国有企业承担保障当地国计民生的重任，地方国资上市公司作为当地发展的排头兵，在地方资源供给、基础设施建设运营等方面发挥着重要的作用。

1. 数量集中的前五大行业聚焦在制造类和基建类行业

地方国资上市公司数量靠前的行业为制造类和基建类行业，体现出地方国资上市公司承担着为社会经济发展提供公共产品的功能。截至 2023 年末，地方国资上市公司行业分类涉及 31 个申万一级行业，主要集中在基础化工（72 家）、机械设备（59 家）、医药生物（58 家）、交通运输（58 家）、房地产（55 家）和公用事业（55 家）等行业（见图 2）。

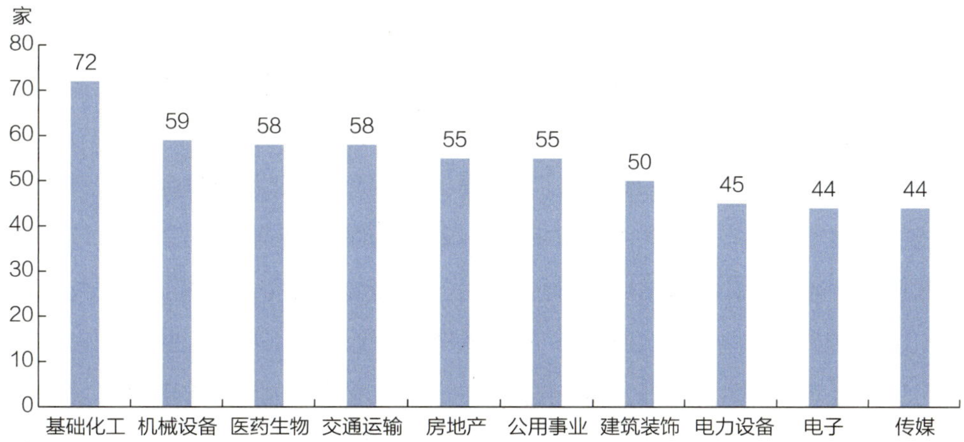

图 2　截至 2023 年末，地方国资上市公司数量集中的前十大行业

资料来源：Wind，申万宏源研究。
注：行业分类为申万一级行业。

在煤炭、银行、房地产、交通运输、非银金融和公用事业等关系国计民生的行业中，地方国资上市公司数量占 A 股上市公司数量的比例均超过 40%，占比分别为 68.42%、66.67%、50.93%、45.67%、44.19% 和 42.64%，社会服务也达到 39.24%（见图 3）。

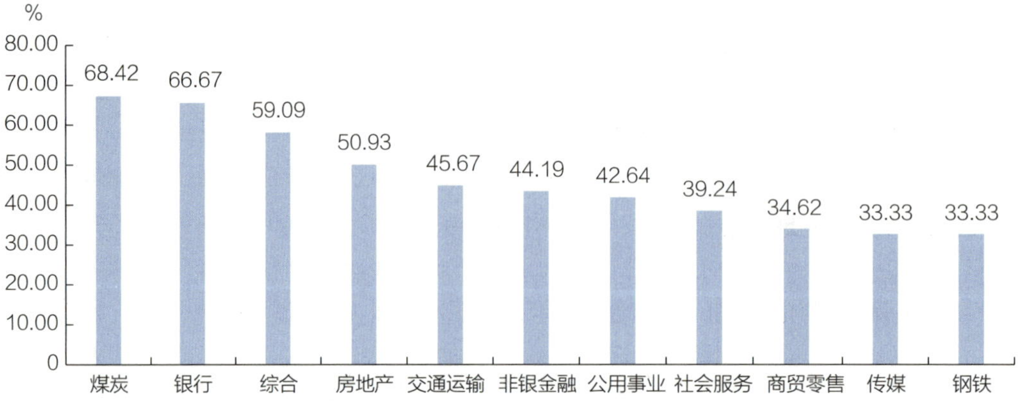

图 3　截至 2023 年末，地方国资上市公司数量占 A 股上市公司数量比例前十的行业

资料来源：Wind，申万宏源研究。

注：行业分类为申万一级行业。

上市公司因公司属性不同，行业分布体现出各类公司的使命和任务。地方国资上市公司数量占 A 股上市公司数量比例前五的行业分别是煤炭（68.42%）、银行（66.67%）、综合（59.09%）、房地产（50.93%）和交通运输（45.67%），体现出地方国资上市公司集聚地方资源禀赋、为地方发展提供基础性支撑的功能。央企上市公司[①]数量占 A 股上市公司数量比例前五的行业分别是石油石化（32.61%）、国防军工（30.66%）、钢铁（28.89%）、公用事业（24.81%）和非银金融（24.42%），反映出央企上市公司集中在关系国家安全和国民经济命脉的重要行业领域。民营上市公司数量占 A 股上市公司数量比例前五的行业分别是纺织服饰（79.82%）、轻工制造（79.63%）、电力设备（76.09%）、机械设备（75.66%）、医药生物（73.78%），在一定程度上展现了民营上市公司在市场化程度更高的行业领域中的活力（见表 2）。

表 2　截至 2023 年末，地方国资上市公司、央企上市公司和民营上市公司的行业分布

申万一级行业	地方国资上市公司数量占 A 股上市公司数量的比例（%）	排名	央企上市公司数量占 A 股上市公司数量的比例（%）	排名	民营上市公司数量占 A 股上市公司数量的比例（%）	排名
煤炭	68.42	1	13.16	10	18.42	30
银行	66.67	2	16.67	7	0.00	31
综合	59.09	3	0.00	30	27.27	28

① 央企上市公司：实控人为中央人民政府、国务院国资委、财政部等中央国家机关和中央国有企业的上市公司。

续表

申万一级行业	地方国资上市公司数量占A股上市公司数量的比例（%）	排名	央企上市公司数量占A股上市公司数量的比例（%）	排名	民营上市公司数量占A股上市公司数量的比例（%）	排名
房地产	50.93	4	10.19	14	29.63	26
交通运输	45.67	5	18.11	6	33.07	25
非银金融	44.19	6	24.42	5	18.60	29
公用事业	42.64	7	24.81	4	28.68	27
社会服务	39.24	8	13.92	9	41.77	23
商贸零售	34.62	9	5.77	20	50.00	20
传媒	33.33	10	6.82	18	46.97	21
钢铁	33.33	10	28.89	3	37.78	24
建筑装饰	29.59	12	13.02	11	50.30	19
食品饮料	28.00	13	2.40	28	61.60	15
有色金属	23.74	14	12.95	12	59.71	16
环保	22.06	15	4.41	23	66.18	13
农林牧渔	20.72	16	9.01	15	63.96	14
建筑材料	19.23	17	15.38	8	55.13	18
基础化工	17.48	18	5.34	22	69.90	10
家用电器	16.13	19	1.08	29	68.82	11
石油石化	15.22	20	32.61	1	43.48	22
汽车	14.18	21	6.74	19	73.40	6
美容护理	12.50	22	0.00	30	71.88	8
电力设备	12.23	23	5.43	21	76.09	3
医药生物	11.79	24	3.46	25	73.78	5
机械设备	10.41	25	7.23	17	75.66	4
国防军工	10.22	26	30.66	2	55.47	17
纺织服饰	10.09	27	2.75	26	79.82	1
计算机	9.35	28	8.50	16	71.39	9
电子	9.30	29	3.59	24	68.50	12
通信	7.52	30	12.03	13	72.18	7
轻工制造	6.79	31	2.47	27	79.63	2
总计	18.92	—	8.56	—	63.63	—

资料来源：Wind，申万宏源研究。

2. 在传统产业中的资产规模和利润贡献占比相对较大

截至 2023 年末，地方国资上市公司总资产主要集中在食品饮料、煤炭、传媒、社会服务、环保等行业，占 A 股上市公司总资产的比例均超过 50%，分别为 69.43%、52.60%、52.26%、51.69%、50.25%（见图 4）。

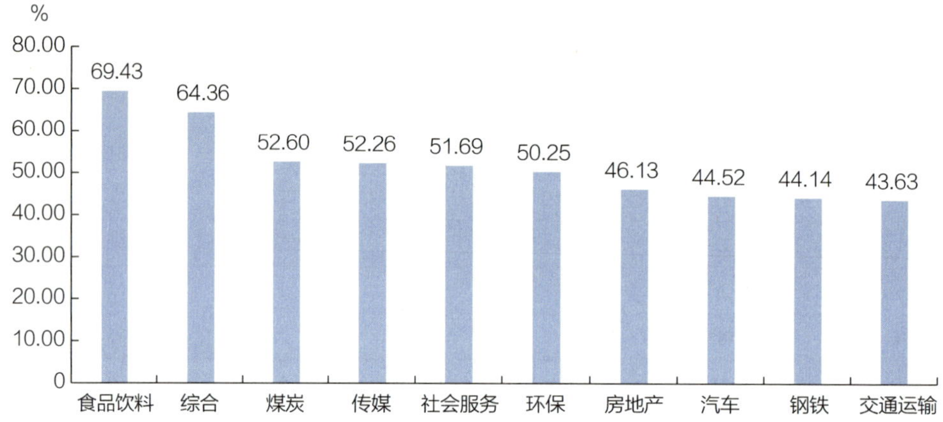

图 4　截至 2023 年末，地方国资上市公司总资产占 A 股上市公司总资产比例前十的行业

资料来源：Wind，申万宏源研究。

注：行业分类为申万一级行业。

2023 年，食品饮料、社会服务、传媒、煤炭、环保等行业的地方国资上市公司净利润占 A 股上市公司净利润的比例较大，占比均超过 50%，分别为 81.23%、79.69%、57.57%、55.47%、53.68%（见图 5）。

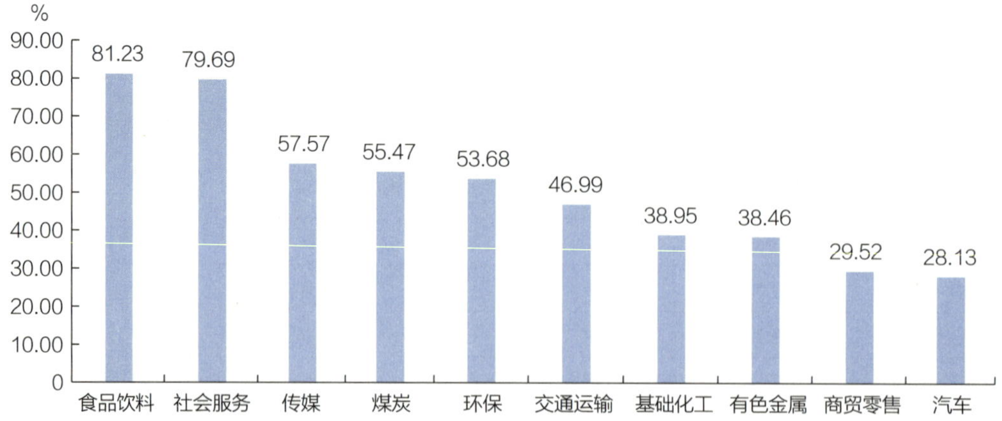

图 5　2023 年地方国资上市公司净利润占 A 股上市公司净利润比例前十的行业

资料来源：Wind，申万宏源研究。

注：行业分类为申万一级行业。

3. 在消费、金融、资源等行业中的市值占比排名靠前

截至2023年末，食品饮料、非银金融、银行、基础化工和有色金属等申万一级行业的地方国资上市公司市值占比位居前五，分别为22.38%、9.05%、8.62%、5.21%、4.88%，上述五个行业市值占比合计超过所有地方国资上市公司的50%（见图6）。

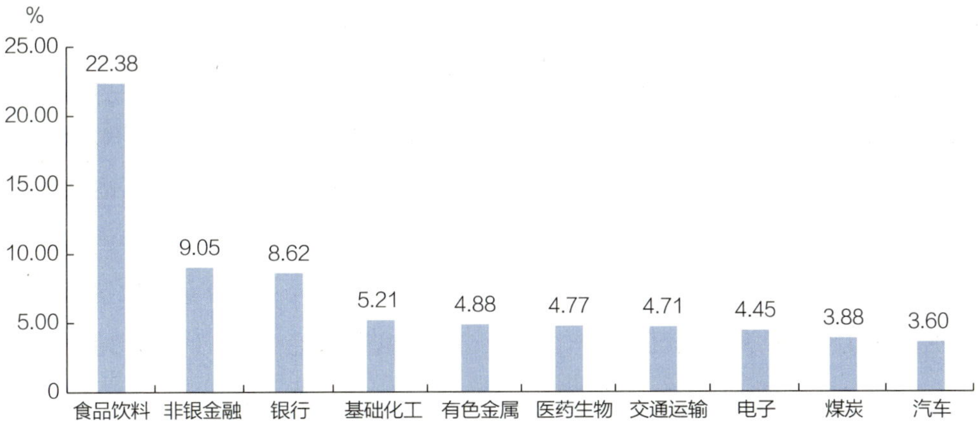

图6　2023年地方国资上市公司市值集中的前十大行业

资料来源：Wind，申万宏源研究。
注：行业分类为申万一级行业。

食品饮料、基础化工、有色金属等申万一级行业中的地方国资上市公司平均市值显著高于A股上市公司平均市值，二者的倍数分别为2.74、1.70、1.54（见图7）。这意味着，在上述产业领域中，地方国资上市公司的规模和市值占比均相对较高。

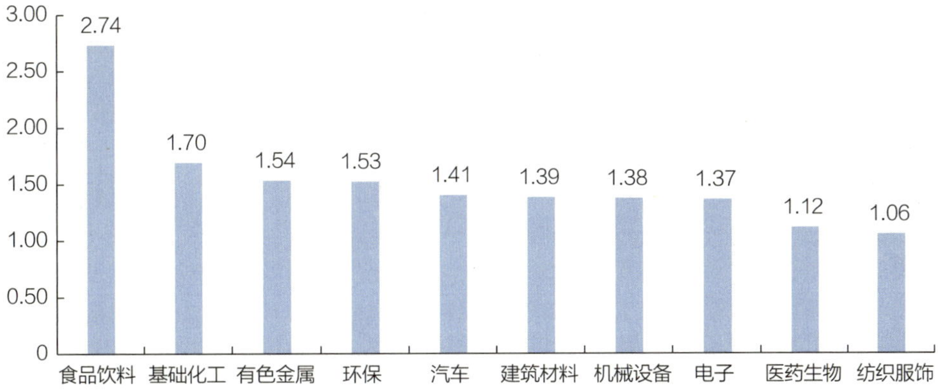

图7　2023年地方国资上市公司平均市值是A股上市公司平均市值倍数前十的行业

资料来源：Wind，申万宏源研究。
注：行业分类为申万一级行业。

（三）区域发展不均，且行业之间呈现明显分化

1. 经济较为发达地区地方国资上市公司发展相对较好

地方国资上市公司数量排名与地区经济排名相关，数量排名前十的区域，其地方经济水平也位于前列。截至2023年末，广东地方国资上市公司数量最多，共125家，也是31个省级行政区中地方国资上市公司数量超过100家的唯一省级行政区，同时，广东A股上市公司数量位居全国省级行政区第一。数量第二梯队的地区也集中在经济发达区域，其中，山东、上海、江苏、浙江、北京地方国资上市公司的数量分别为90家、85家、83家、77家和59家，位列第二到第六。数量第三梯队的地区主要是中西部经济较发达区域，地方国资上市公司数量为20~50家。数量第四梯队的地区为东北、中部、西部等区域，地方国资上市公司数量为10~20家。数量第五梯队的地区集中在经济欠发达地区，地方国资上市公司数量不足10家（见表3）。

表3　截至2023年末，地方国资上市公司数量前十的省级行政区

区域	地方国资上市公司数量（家）	地方国资上市公司数量排名	GDP排名
广东	125	1	1
山东	90	2	3
上海	85	3	10
江苏	83	4	2
浙江	77	5	4
北京	59	6	13
四川	46	7	5
福建	45	8	8
安徽	42	9	11
湖南	38	10	9

资料来源：Wind，申万宏源研究。

地方经济发展较好的区域地方国资上市公司经营效益更优。从总资产来看，截至2023年末，上海、福建、北京三地的地方国资上市公司总资产居前，分别为

23.17 万亿元、12.78 万亿元和 10.93 万亿元，占比分别为 25.42%、14.02% 和 11.99%，上述三个区域的地方国资上市公司总资产占比超过全国地方国资上市公司总资产的 50%。从营业收入来看，2023 年，上海、福建、广东和浙江的地方国资上市公司营业收入居前，分别为 3.31 万亿元、2.58 万亿元、1.87 万亿元和 1.66 万亿元，占比分别为 18.02%、14.03%、10.15% 和 9.00%，上述四个区域的地方国资上市公司营业收入的占比超过全国地方国资上市公司营业收入的 50%。从扣非净利润来看，2023 年上海、江苏、福建、浙江的地方国资上市公司扣非净利润居前，分别为 1417 亿元、1157 亿元、989 亿元和 889 亿元，占比分别为 13.95%、11.39%、9.74% 和 8.76%，上述四个区域的地方国资上市公司扣非净利润占比接近全国地方国资上市公司扣非净利润的 50%（见图 8）。

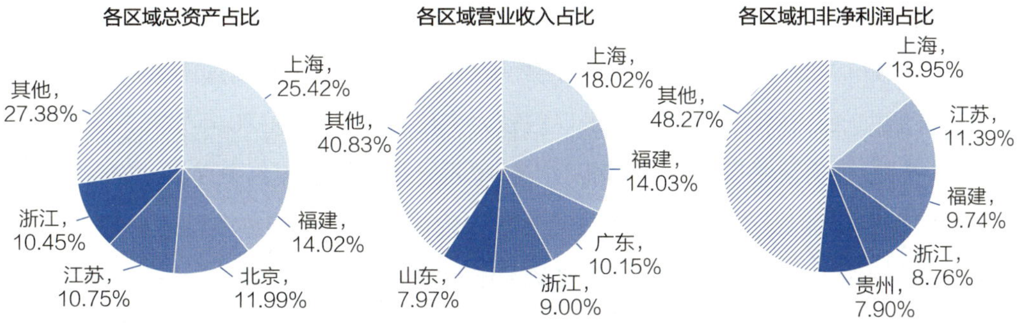

图 8　2023 年各省级行政区地方国资上市公司总资产、营业收入、扣非净利润占比

资料来源：Wind，申万宏源研究。

沿海地区地方国资上市公司资本市场表现较为突出（见表 4）。从市值表现来看，2023 年，上海、贵州、广东、山东、四川的地方国资上市公司市值较高，分别为 2.53 万亿元、2.29 万亿元、1.70 万亿元、1.67 万亿元和 1.54 万亿元。从再融资来看，2023 年，广东、浙江、山东、湖南、北京的地方国资上市公司开展再融资的公司数量最多，分别为 14 家、7 家、6 家、5 家、5 家；广东、浙江、上海的地方国资上市公司开展再融资募集金额最多，分别为 339.34 亿元、172.90 亿元、163.57 亿元。从并购案例来看，2023 年，江苏、广东、山东、四川的地方国资上市公司并购案例数量最多，分别为 19 个、15 个、13 个、13 个；山东、上海、广东的地方国资上市公司并购案例金额最大，分别为 175 亿元、171 亿元、163 亿元。

表 4　2023 年市值和再融资金额前五的省级行政区

排名	市值			再融资		
	区域	金额（亿元）	占比（%）	区域	金额（亿元）	占比（%）
1	上海	25283.12	12.45	广东	339.34	20.33
2	贵州	22904.71	11.28	浙江	172.90	10.36
3	广东	17016.43	8.38	上海	163.57	9.80
4	山东	16732.15	8.24	北京	128.20	7.68
5	四川	15402.22	7.59	山西	120.69	7.23

资料来源：Wind，申万宏源研究。

总体来看，地方国资上市公司发展较好的区域，积极出台政策助推地方国有企业上市和发展，企业在资本市场上的表现也较为突出。广东在 2020 年发布的《广东省人民政府转发国务院关于进一步提高上市公司质量意见的通知》中提出，推动、支持有实力的国有企业集团开展混合所有制改革，依托上市平台通过发行股份购买资产、吸收合并等方式实现整体上市；浙江 2021 年发布的《浙江省深入实施促进经济高质量发展“凤凰行动”计划（2021—2025 年）》提出，推动不同类型的优质国有企业在境内相应板块上市；北京 2021 年发布《关于进一步推动提高北京上市公司质量的若干措施》，专门提到支持国有上市公司发展的政策；江苏 2021 年发布的《江苏省上市公司高质量发展行动计划（2021—2025 年）》提出，鼓励国有企业规范开展混合所有制改革，整合优质资产打包上市；上海在 2021 年和 2023 年分别发布了《市国资委关于推动提高国有控股上市公司质量的实施意见》和《市国资委关于进一步深化提升国有控股上市公司质量专项行动的通知》，旨在提升上海国有控股上市公司质量。反映在资本市场表现上，2023 年上海、北京、江苏、广东、浙江和山东的地方国资上市公司市场表现优异，上述区域地方国资上市公司指数走势均优于沪深 300 指数（见图 9）。

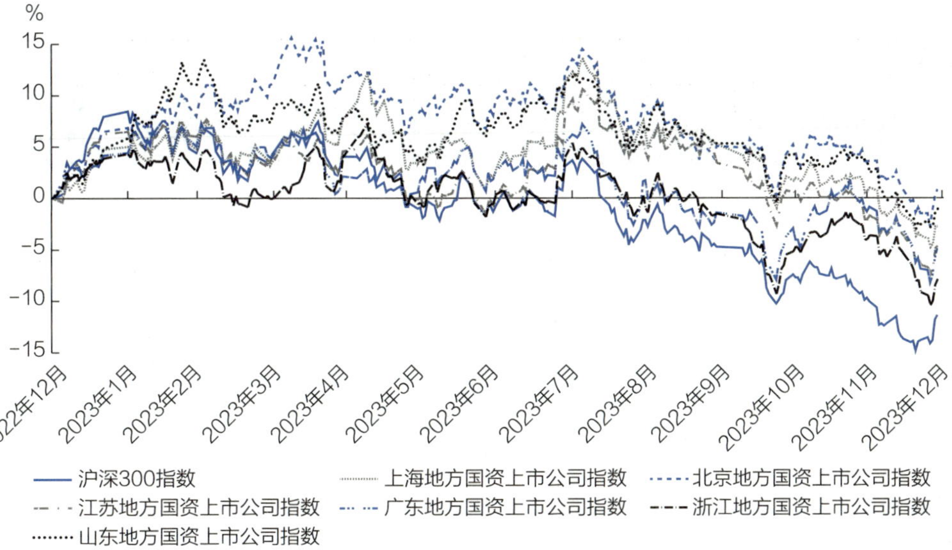

图 9　2022 年 12 月—2023 年 12 月部分区域地方国资上市公司指数

资料来源：Wind，申万宏源研究。

注：各指数经过归一化处理。

2. 环保、社会服务、传媒等领域的经营水平相对优异

从行业角度来看，各申万一级行业中的地方国资上市公司，与央企上市公司、民营上市公司、A 股上市公司的盈利水平出现分化。例如，在传媒、环保、汽车、社会服务、食品饮料和有色金属等行业，地方国资上市公司的平均营业收入和平均利润总额高于央企上市公司与民营上市公司，盈利水平较为突出；在美容护理、轻工制造和石油石化等行业，地方国资上市公司的平均营业收入和平均利润总额不及央企上市公司与民营上市公司（见表 5）。

表 5　2023 年地方国资上市公司与央企上市公司、民营上市公司、A 股上市公司平均营业收入、平均利润总额比较

单位：亿元

申万一级行业	平均营业收入				平均利润总额			
	地方国资上市公司	央企上市公司	民营上市公司	A 股上市公司	地方国资上市公司	央企上市公司	民营上市公司	A 股上市公司
传媒	52.44	29.29	24.26	38.56	3.97	2.87	1.93	2.72
电力设备	101.07	169.43	94.02	100.13	3.75	10.78	8.61	7.97
电子	94.64	117.22	43.12	63.74	−0.52	3.82	1.81	2.41

续表

申万一级行业	平均营业收入				平均利润总额			
	地方国资上市公司	央企上市公司	民营上市公司	A股上市公司	地方国资上市公司	央企上市公司	民营上市公司	A股上市公司
房地产	225.08	628.69	163.67	242.38	7.76	30.91	0.11	6.14
纺织服饰	101.48	241.65	28.38	44.00	5.59	6.19	2.70	3.46
非银金融	174.77	841.26	52.65	409.26	30.13	69.75	7.77	47.90
钢铁	574.20	874.91	133.58	494.62	4.40	12.34	8.87	8.38
公用事业	140.06	396.78	72.89	180.04	11.44	57.37	7.86	21.41
国防军工	18.25	115.59	8.97	42.89	2.69	6.59	0.64	2.66
环保	47.87	39.12	16.86	24.68	5.70	3.93	1.35	2.31
机械设备	70.99	138.12	16.21	33.51	4.72	7.97	1.59	2.51
基础化工	102.44	107.86	35.39	50.88	7.43	2.41	2.59	3.37
计算机	44.26	85.35	24.22	33.73	0.46	7.63	0.27	1.01
家用电器	224.67	178.49	93.87	159.99	9.67	−27.17	10.08	14.47
建筑材料	216.88	194.12	42.55	102.54	8.75	14.42	2.61	6.09
建筑装饰	250.72	3446.81	28.02	538.20	7.07	126.12	−0.09	18.54
交通运输	501.79	475.28	187.65	378.46	20.05	45.00	6.99	19.75
煤炭	317.96	1173.42	141.52	398.02	63.28	261.73	0.82	77.88
美容护理	18.79	—	28.17	27.74	1.46	—	4.34	3.61
农林牧渔	57.04	90.25	112.02	116.90	0.35	4.77	−1.49	−0.30
汽车	398.05	195.22	80.45	132.61	12.36	8.49	4.27	5.95
轻工制造	36.86	62.22	37.01	37.03	−1.59	−0.40	2.74	2.21
商贸零售	111.97	682.78	72.99	131.53	2.90	25.38	2.13	2.92
社会服务	22.13	20.75	13.89	17.75	3.13	1.61	0.43	1.67
石油石化	58.58	4719.81	518.49	1776.92	−0.85	338.02	9.83	115.64
食品饮料	187.31	16.64	35.22	82.74	64.92	3.11	4.53	22.26
通信	39.59	1223.35	28.94	183.39	0.01	146.70	1.44	19.50
医药生物	130.07	171.88	36.47	50.86	7.87	12.02	3.77	4.25
银行	392.62	5178.02	—	1344.46	154.25	2329.45	—	581.47
有色金属	489.27	329.34	123.54	235.92	24.84	19.31	11.52	15.68
综合	54.80	—	32.99	60.17	−4.27	—	−0.51	−2.17

资料来源：Wind，申万宏源研究。

注：①“—”表示在此行业中暂无该公司属性的上市公司；②蓝底表示该行业中地方国资上市公司平均营业收入和平均利润总额更高。

从盈利能力来看，地方国资上市公司在食品饮料、煤炭、纺织服饰、有色金属、社会服务、交通运输、国防军工、基础化工、环保、传媒等行业的净资产收益率相对高于央企上市公司和民营上市公司；而在公用事业、美容护理、汽车、电力设备、建筑材料、商贸零售、钢铁、计算机、通信、电子、石油石化、轻工制造等行业中，地方国资上市公司的净资产收益率低于央企上市公司和民营上市公司（见表6）。

表6　2023年地方国资上市公司与央企上市公司、民营上市公司、A股上市公司盈利能力靠前的行业

单位：%

申万一级行业	地方国资上市公司净资产收益率	央企上市公司净资产收益率	民营上市公司净资产收益率	A股上市公司净资产收益率
食品饮料	25.52	11.85	11.79	21.82
煤炭	18.17	14.70	−0.17	15.19
纺织服饰	14.49	5.42	7.62	8.51
有色金属	12.81	10.98	10.27	11.15
社会服务	10.83	3.67	1.34	6.19
家用电器	9.99	−32.58	17.70	17.31
银行	9.29	9.91	—	9.85
交通运输	9.15	6.67	8.69	7.87
国防军工	8.72	5.15	2.92	4.73
基础化工	8.55	1.66	7.01	6.80
医药生物	8.24	10.83	7.57	7.27
建筑装饰	8.21	9.47	−1.13	8.46
公用事业	8.02	9.47	10.07	9.06
机械设备	7.24	5.57	7.77	7.01
环保	6.50	3.98	5.55	5.43
传媒	6.48	4.89	5.04	5.51
非银金融	5.80	6.30	6.52	6.68
美容护理	5.16	—	12.99	10.78
汽车	4.49	10.15	10.10	7.94
电力设备	3.79	8.07	12.66	10.87
建筑材料	2.98	7.21	5.76	5.10
商贸零售	1.72	12.72	3.53	2.79
钢铁	1.17	2.65	9.85	3.11
计算机	0.90	8.80	1.31	2.93
农林牧渔	0.85	7.88	−3.27	−0.87
房地产	0.76	1.46	−4.90	−0.81
通信	0.47	8.93	5.19	8.54

续表

申万一级行业	地方国资上市公司净资产收益率	央企上市公司净资产收益率	民营上市公司净资产收益率	A 股上市公司净资产收益率
电子	-0.76	3.97	4.94	4.45
石油石化	-1.50	11.75	6.31	11.24
轻工制造	-3.69	-0.43	8.62	6.87
综合	-10.26	—	-2.31	-6.76
总体	8.09	9.21	7.28	8.52

资料来源：Wind，申万宏源研究。

注：①“—”表示在此行业中暂无该公司属性的上市公司；②蓝底表示该行业中净资产收益率更高的上市公司属性；③家用电器行业仅有 1 家央企上市公司，此处数字为该公司的情况。

总体来看，地方国资上市公司集中于具有特许经营性质的行业，在市场竞争充分的行业中与民营上市公司相比仍有一定差距。

二、地方国资上市公司三大亮点

在新一轮国资国企改革提速的背景下，地方国资上市公司积极利用资本市场工具加强资本运作，不断提升资源配置效率，加强与市场投资者的互动，为未来发展塑造新优势、培育新动能。

（一）增强科技创新，国有资本布局和结构优化

1. 研发投入持续提升，五年平均复合增速超 10%

在各地国资国企改革引领下，地方国资上市公司无论在研发投入的绝对量还是研发投入强度[①]上均有明显提升。在研发投入的绝对量上，地方国资上市公司研发投入从 2019 年的 1825 亿元增加至 2023 年的 3303 亿元，年复合增长率为 16%；在研发投入强度上，从 2019 年的 1.37% 提升至 2023 年的 1.80%，提高 0.43 个百分点（见图 10）。研发投入的持续提升，不仅体现了地方国资上市公司对发挥科技引领作用的重视和创新驱动发展理念的认同，更不断强化公司增长和可持续发展的内生动力，为实现做优做大做强国企目标提供保障。

① 研发投入强度 = 研发投入 / 营业收入。

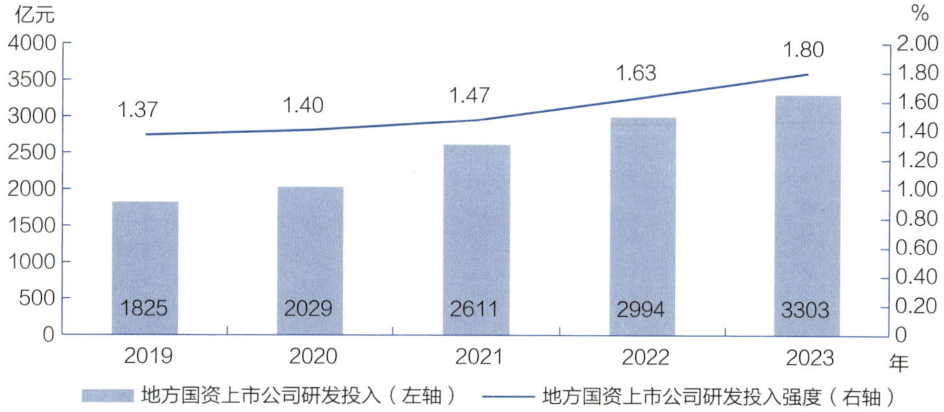

图 10　2019—2023 年地方国资上市公司研发投入及研发投入强度

资料来源：Wind，申万宏源研究。

从结构上看，地方国资上市公司研发投入超 20 亿元的有 37 家，占 A 股上市公司同等区间的 27.61%（见表 7）。这说明已经涌现出了一批依靠高研发投入驱动企业创新发展的大型地方国资上市公司，这 37 家地方国资上市公司中超一半公司集中于电子、电力设备、通信、计算机、汽车、医药生物等行业，表明国资国企充分发挥了科技创新和产业引领作用，尤其在汽车芯片、新能源装备、光学电子及生物医药等需要高研发投入的关键行业和重点领域，展现出地方国资上市公司的创新驱动发展理念和责任担当。

表 7　2023 年地方国资上市公司与 A 股上市公司研发投入结构对比

研发投入区间	地方国资上市公司数量（家）	地方国资上市公司占比（%）	A 股上市公司数量（家）	A 股上市公司占比（%）	地方国资上市公司占 A 股上市公司比例（%）
>20 亿元	37	3.67	134	2.51	27.61
>10 亿 ~20 亿元	30	2.98	140	2.63	21.43
>5 亿 ~10 亿元	59	5.85	294	5.52	20.07
>1 亿 ~5 亿元	255	25.30	1504	28.22	16.95
>0.5 亿 ~1 亿元	140	13.89	1043	19.57	13.42
0.1 亿 ~0.5 亿元	219	21.73	1493	28.02	14.67
<0.1 亿元	268	26.59	721	13.53	37.17
合计	1008	100.00	5329	100.00	18.92

资料来源：Wind，申万宏源研究。

2. 响应国家战略，超百家公司业务属于战略性新兴产业

根据 Wind 数据库，截至 2023 年末，地方国资上市公司中属于战略性新兴产业[①]的公司共有 108 家[②]，占所有地方国资上市公司数量的 10.71%。2019—2023 年，地方国资上市公司中属于战略性新兴产业的公司数量稳步增加（见图 11）。

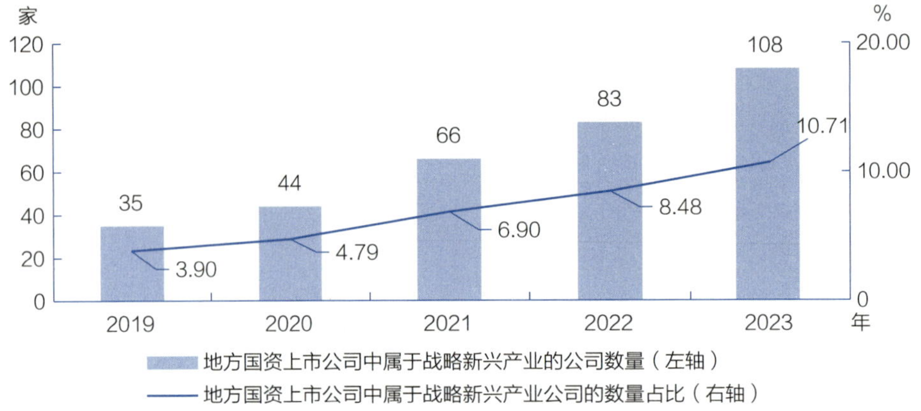

图 11　2019—2023 年地方国资上市公司中属于战略性新兴产业的公司数量及其占比

资料来源：Wind，申万宏源研究。

注：战略性新兴产业公司判断方式引用 Wind 的标准。

3. 硬科技属性增强，科创板上市公司数量增长快

科创板公司占比逐步提升。截至 2023 年末，地方国资上市公司以主板上市公司为主，数量占比为 85.12%，创业板、科创板和北交所公司数量占比分别为 10.22%、2.88% 和 1.78%，其中科创板公司数量占比提升较快，较 2019 年末增加 2.55 个百分点（见图 12）。

---

① 根据目前最新的《战略性新兴产业分类》，战略性新兴产业包括新一代信息技术产业、高端装备制造产业、新材料产业、生物产业、新能源汽车产业、新能源产业、节能环保产业、数字创意产业、相关服务业九大领域。

② 上市公司是否属于战略性新兴产业的判断方式：a. 在判断时根据上市公司公告确认是否披露了战略性新兴产业，如是，按照上市公司公告披露信息认定该公司属于战略性新兴产业；b. 公告中未披露战略性新兴产业时，根据该公司国民经济行业与战略性新兴产业的对应关系判断当前公司可能所属的战略性新兴产业，当国民经济行业与战略性新兴产业存在唯一对应关系时，参考公司主营判断是否符合战略性新兴产业，符合则根据公司所属国民经济行业与战略性新兴产业的对应关系认定该公司属于战略性新兴产业；c. 公告未披露战略性新兴产业时，根据该公司国民经济行业与战略性新兴产业的对应关系判断当前公司可能所属的战略性新兴产业，当国民经济行业与战略性新兴产业存在一对多关系时，参考公司主营判断是否符合多个战略性新兴产业中的一个，符合则认定该公司属于战略性新兴产业；d. 均不符合上述 3 种情况，则认定该公司不属于战略性新兴产业。

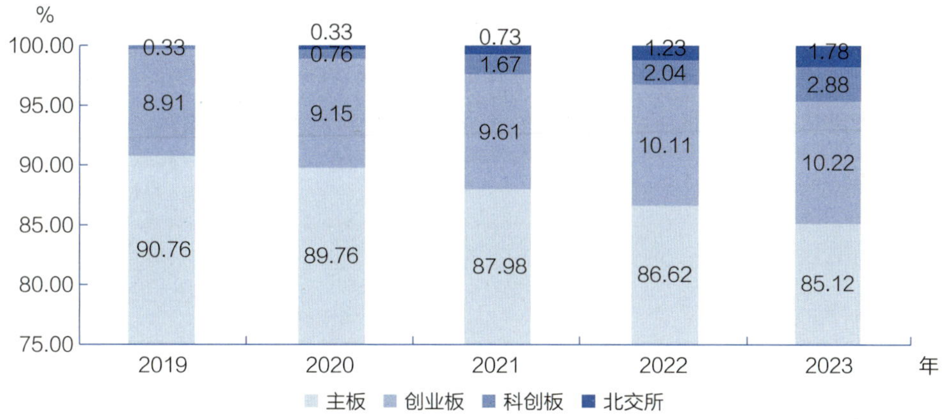

图 12　2019—2023 年地方国资上市公司在各上市板的数量占比

资料来源：Wind，申万宏源研究。

4. 专利累计超 40 万件，科技创新产出实现大跨越

新一轮国资国企改革要求提出，强化国有企业科技创新主体地位，加大关键核心技术攻关力度，推动国有企业提高核心竞争力、成为可靠的国家战略科技力量。根据 Wind 数据库，截至 2023 年末，全国地方国资上市公司累计专利数量为 42.61 万件，较上年末增加 6.95 万件（见图 13）。地方国资上市公司围绕核心技术的专利布局，促进了专利的不断产出。

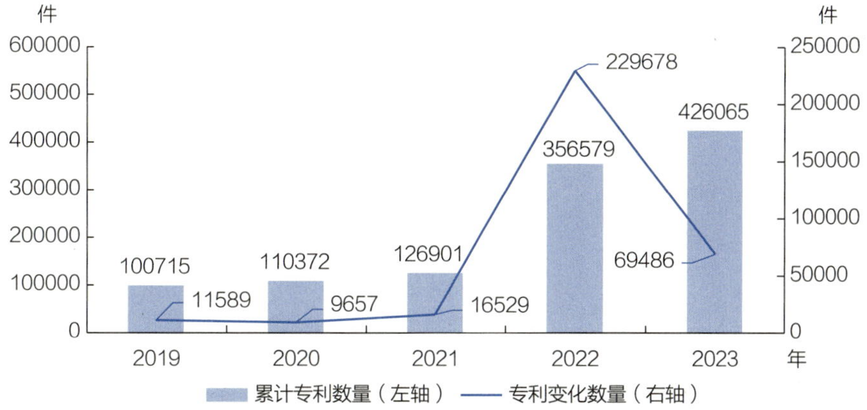

图 13　2019—2023 年地方国资上市公司累计专利数量和专利变化数量

资料来源：Wind，申万宏源研究。

从行业角度来看，截至 2023 年末，地方国资上市公司累计专利数量靠前的十大申万一级行业分别是电子（68165 件）、汽车（64545 件）、机械设备（44666 件）、

家用电器（40732 件）、建筑装饰（28976 件）、计算机（24420 件）、电力设备（24109 件）、基础化工（19813 件）、食品饮料（13144 件）和钢铁（12932 件）。前五大行业累计专利数量占 31 个申万一级行业累计专利数量的 58%，前十大行业累计专利数量占比为 80%（见图 14）。

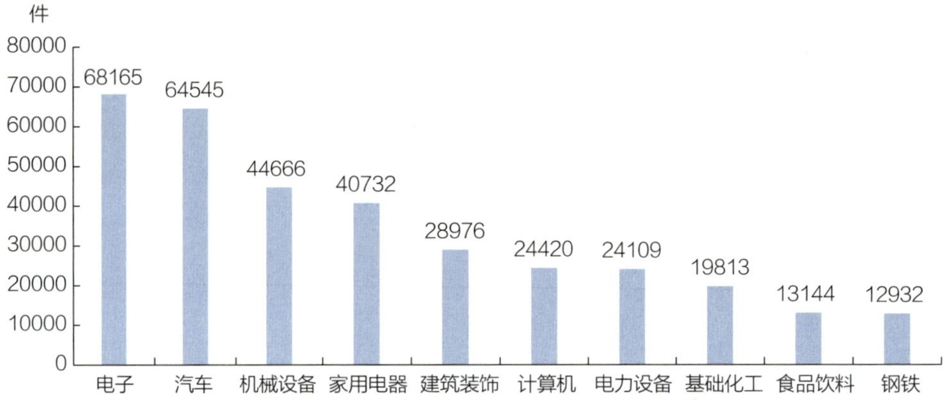

图 14　截至 2023 年末，地方国资上市公司累计专利数量靠前的十大申万一级行业

资料来源：Wind，申万宏源研究。

2023 年，地方国资上市公司专利变化数量靠前的十大申万一级行业分别是家用电器（9418 件）、电子（9155 件）、机械设备（8133 件）、建筑装饰（7643 件）、计算机（5562 件）、汽车（4675 件）、基础化工（4177 件）、公用事业（4145 件）、钢铁（2796 件）和有色金属（2751 件）。前五大行业专利变化数量占 31 个申万一级行业专利变化数量的 57%，前十大行业专利变化数量占比为 84%（见图 15）。

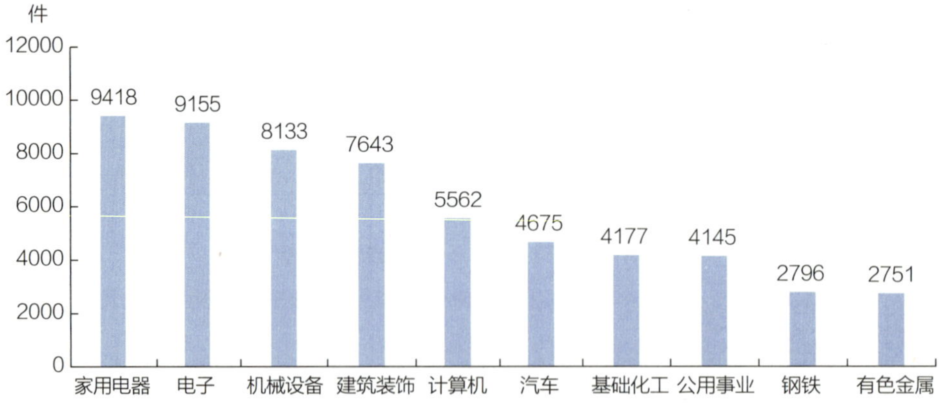

图 15　2023 年地方国资上市公司专利变化数量靠前的十大申万一级行业

资料来源：Wind，申万宏源研究。

（二）资本运作赋能，两类公司促产融结合深化

1. 29 家公司首发上市，首发募资金额破 700 亿元

2023年，地方国资上市公司IPO数量为29家，占A股上市公司IPO数量的9.27%；首发募资金额为 720.66 亿元，占 A 股上市公司首发募资金额的 20.21%（见表 8）。

表 8　2023 年地方国资上市公司 IPO 数量及首发募资情况

项目	地方国资上市公司	地方国资上市公司占 A 股上市公司的比例	较 2022 年的增速
IPO 数量（家）	29	9.27%	31.82%
首发募资金额（亿元）	720.66	20.21%	141.35%

资料来源：Wind，申万宏源研究。

地方国有资本投资、运营公司试点企业充分发挥市场化平台功能，以资本为纽带开展国有股权运营，动态优化投资组合，推动国有资本在流动中优化布局、提升价值、提高收益。2023 年，地方国有资本投资、运营公司试点企业及控股企业通过首发、分拆等方式实现 IPO 的有 9 家，占全部地方国资上市公司 IPO 数量的 34%；通过借壳、重组等方式实现上市的有 6 家，占全部地方国资并购上市公司数量的 19%。

2. 再融资规模近 1700 亿元，增发募资占比超 75%

2023 年共有 71 家地方国资上市公司开展再融资，共融资 1669.12 亿元，分别占 A 股上市公司的 15.78% 和 22.40%。其中，58 家地方国资上市公司进行增发，融资 1289.13 亿元，分别占 A 股上市公司的 18.53% 和 22.26%；3 家地方国资上市公司开展配股，募资 134.14 亿元，分别占 A 股上市公司的 60.00% 和 89.13%；11 家地方国资上市公司发行可转债，募资 245.85 亿元，分别占 A 股上市公司的 8.27% 和 17.45%（见表 9）。

表 9　2023 年地方国资上市公司再融资数量和募资金额及占 A 股上市公司的比例

项目	地方国资上市公司数量（家）	占 A 股上市公司数量的比例（%）	地方国资上市公司再融资总额（亿元）	占 A 股上市公司再融资总额的比例（%）
增发	58	18.53	1289.13	22.26
配股	3	60.00	134.14	89.13
可转债发行	11	8.27	245.85	17.45
再融资合计	71	15.78	1669.12	22.40

资料来源：Wind，申万宏源研究。

注：1 家地方国资上市公司采用两种再融资方式，故再融资家数合计与增发、配股、可转债发行家数三项加总数据略有不同。

（三）注重股东回报，信息披露质量进一步提升

1. 分红总额超 4700 亿元，分红比例提升至超 40%

分红能力不仅体现上市公司的价值创造能力，在一定程度上还反映了公司的治理水平和公司质量。2019—2023 年，地方国资上市公司现金分红[①]呈持续上升趋势，2023 年达到近五年最大值，为 4726 亿元，占 A 股上市公司现金分红金额的 22.32%，五年复合增长率为 11.73%（见图 16）。

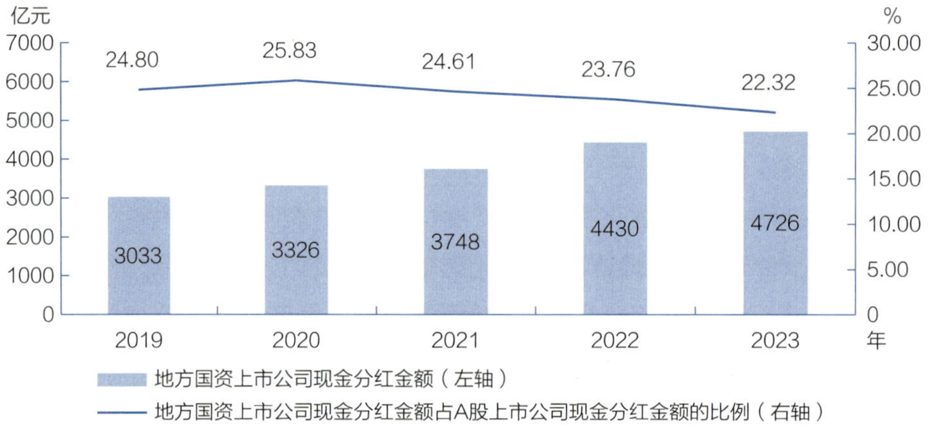

图 16　2019—2023 年地方国资上市公司现金分红金额及其占 A 股上市公司现金分红金额的比例

资料来源：Wind，申万宏源研究。

地方国资上市公司分红比例[②]高于 A 股上市公司分红比例。2019—2023 年，地方国资上市公司分红比例与 A 股上市公司分红比例均呈现总体上升的趋势，均于 2023 年达到最高值，分别为 40.37% 和 40.05%。五年间有四年地方国资上市公司分红比例高于 A 股上市公司分红比例（见图 17）。

① 现金分红：剔除特殊分红的金额。
② 分红比例 = 剔除特殊分红的现金分红 / 归母净利润。

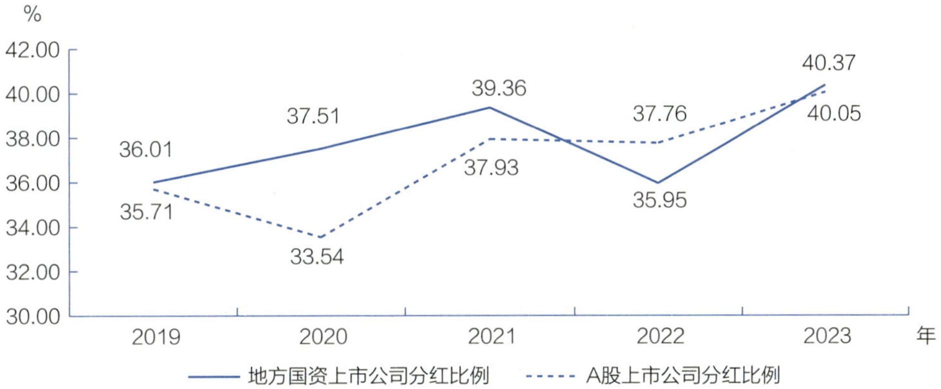

图 17　2019—2023 年地方国资上市公司与 A 股上市公司分红比例的比较

资料来源：Wind，申万宏源研究。

地方国资上市公司实现分红金额的逐年增长和较高比例分红，在很大程度上反映了地方国资上市公司持续回报投资者的优秀能力。

2. 超 200 家公司信披等级为 A，表现优于整体水平

地方国资上市公司信息披露质量优于 A 股整体上市公司水平。为提升上市公司信息披露质量，引导和督促上市公司及相关信息披露义务人做好信息披露及其相关工作，上海证券交易所和深圳证券交易所每年度都对上市公司进行信息披露评级工作。2022—2023 年度，共有 971 家地方国资上市公司参评，其中，获评 A 级和 B 级的公司数量占比分别为 21.32% 和 66.32%，合计 87.64%。A 股上市公司中获评 A 级和 B 级的公司数量占比分别为 18.23% 和 67.45%，合计 85.68%（见图 18）。

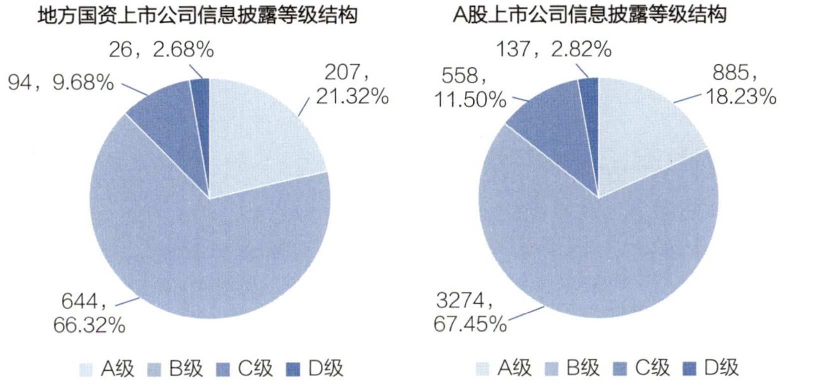

图 18　2022—2023 年度地方国资上市公司与 A 股上市公司信息披露结果的对比

资料来源：上海证券交易所，深圳证券交易所，申万宏源研究。

3. 并购助力产业链升级，积极寻找第二增长曲线

2023 年，共有 183 家地方国资上市公司完成并购，并购金额为 1641 亿元，分别占 A 股上市公司的 22.59% 和 28.79%，并购标的集中在材料、资本货物[①]、公用事业等领域。

除此之外，地方国资并购了 32 家上市公司并获得控制权。从收购目的来看，一是整合协同资源，地方国资通过并购控股上市公司平台，整合自身背景资源及产业链上下游资源，实现协同发展；二是优化产业布局，地方国有资本控股平台根据资本运作或者产业布局需要而发起并购，新增自身产业板块（见图 19）。从收购方属地来看，2023 年，山东、浙江国资在资本市场动作频频，均获得 5 家 A 股上市公司控股权。

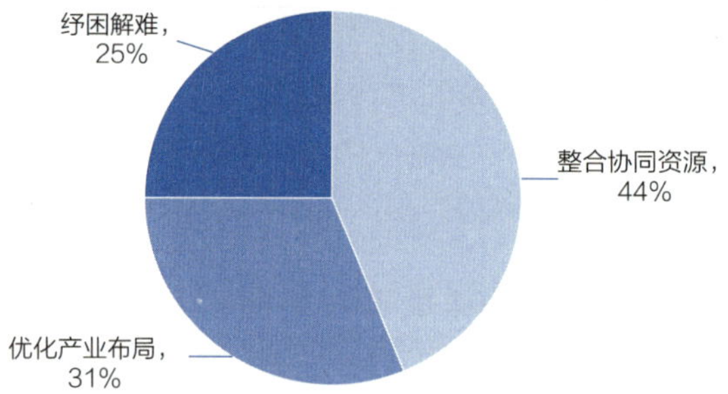

图 19　2023 年地方国资收购非国有上市公司的目的

资料来源：Wind，申万宏源研究。

两类公司利用国资上市公司开展市场化并购的数量为 42 家，占全部地方国资上市公司并购数量的 23%。地方国有资本投资、运营公司通过履行国有股东职能，在优化股权结构、增强国资控制力方面发挥更加积极的作用。通过市场化运作，进一步增进地方国资上市公司的市场认同和价值实现。

三、地方国资上市公司三大问题

通过全面分析盘点 A 股市场上地方国资上市公司的发展情况，本报告认为当前地方国资上市公司主要存在三大问题。

① 资本货物：负责生产用于创造商品或服务的商品产业，它们在促进各领域生产和工业活动方面发挥着基础性作用。

（一）产业布局、区域分布和资本结构有待优化

当前地方国资上市公司更多地集中在关系国计民生的行业领域，有力地支撑了区域经济平稳有序发展。与此同时，地方国资上市公司在产业布局、区域分布和资本结构等方面仍存在一定优化空间。

产业布局上，战略性新兴产业占比不高。从公司数量来看，根据 Wind 数据库，截至 2023 年末，属于战略性新兴产业的地方国资上市公司共 108 家，分别占地方国资上市公司和 A 股上市公司总数的 10.71% 和 2.03%；合计市值 1.11 万亿元，分别占地方国资上市公司和 A 股上市公司总市值的 5.47% 和 1.19%。从营业收入角度来看，属于战略性新兴产业的地方国资上市公司营业收入总和为 3894.81 亿元，分别占地方国资上市公司和 A 股上市公司营业收入的 2.10% 和 0.53%。从产业布局角度来看，地方国资上市公司整体产业结构偏传统，在战略性新兴产业领域布局偏少，国有企业科技创新和产业引领作用发挥不够充分（见图 20）。

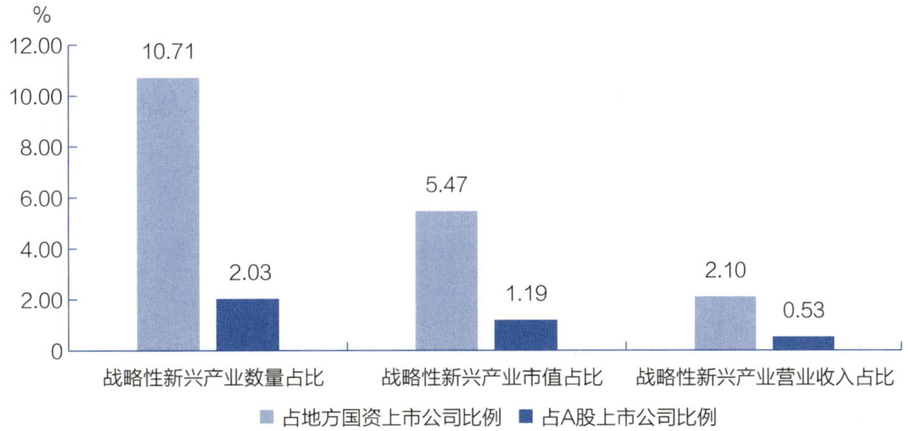

图 20　截至 2023 年末，地方国资上市公司与 A 股上市公司中战略性新兴产业占比的比较

资料来源：Wind，申万宏源研究，上海国资院。

注：战略性新兴产业公司判断方式引用 Wind 的标准。

区域分布上，资源禀赋与区域发展水平不匹配。从大区域[①]分布来看，东部、中部、东北、西部地区拥有战略性新兴产业地方上市公司的数量分别为 61 家、23

① 大区域：根据国家统计局网站公布的划分标准，东部地区包括北京、天津、河北、上海、江苏、浙江、福建、山东、广东和海南 10 省（市）；中部地区包括山西、安徽、江西、河南、湖北和湖南 6 省；西部地区包括内蒙古、广西、重庆、四川、贵州、云南、西藏、陕西、甘肃、青海、宁夏和新疆 12 省（区、市）；东北地区包括辽宁、吉林和黑龙江 3 省。

家、4 家和 20 家，分别占归属战略性新兴产业地方国资上市公司总数的 56.48%、21.30%、3.70% 和 18.52%；按市值计算，占比分别为 54.44%、20.93%、6.48% 和 18.16%（见图 21）。从各区域经济发展程度、资源禀赋的现实条件来看，并非所有区域都具备大力发展战略性新兴产业的能力；但从区域分布结构来看，东部地区作为全国经济最为发达的区域，集聚了更为优质的人才、资本、产业等科创要素，但当前战略性新兴产业地方国资上市公司的分布格局并未呈现显著向东部倾斜的特征，说明东部地区地方国资上市公司在战略性新兴产业的布局上可以发挥更多的资源优势。

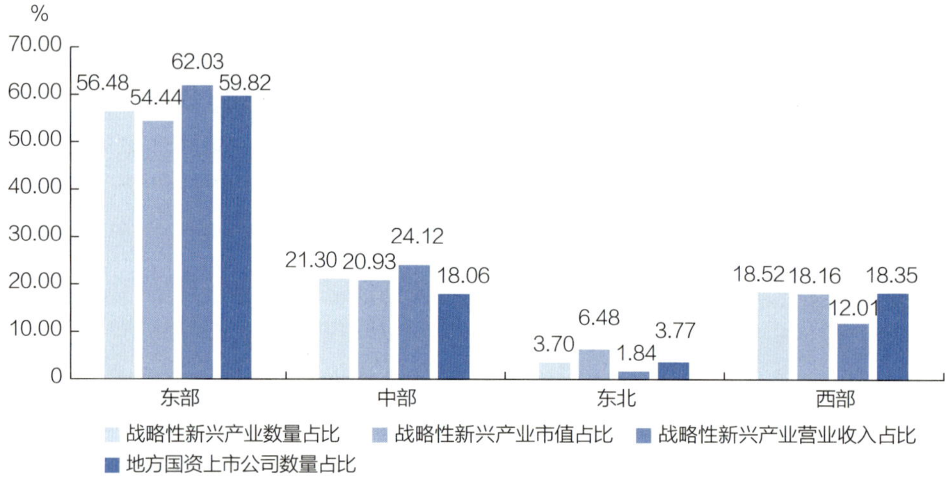

图 21　截至 2023 年末，分地区地方国资上市公司与 A 股上市公司中战略性新兴产业占比的比较

资料来源：Wind，申万宏源研究，上海国资院。

注：战略性新兴产业公司判断方式引用 Wind 的标准。

资本结构上，国资持股比例存在释放空间。从资本优化布局的视角来看，国有资本较高的持股比例若不能为公司获取超额回报，将不利于资源优化配置，这在一定程度上反映了公司股权结构有进一步优化，并可带动公司治理更趋完善的空间。截至 2023 年末，拥有实际控制人的地方国资上市公司共计 932 家，其中实际控制人持股比例大于 33.34% 的有 497 家，占比 53.33%；持股比例超 40% 的有 366 家，占比 39.27%；持股比例超 51% 的有 187 家，占比 20.06%；持股比例超 66.67% 的有 39 家，占比 4.18%。整体来看，地方国资上市公司中拥有一大批实际控制人持股比例偏高的公司，未来仍有很大的优化调整空间（见表 10）。

表 10　截至 2023 年末，地方国资上市公司实际控制人持股比例情况

持股比例	实际控制人（家）	占比（%）	第一大股东（家）	占比（%）
持股比例大于 33.34%	497	53.33	465	49.89
持股比例大于 40%	366	39.27	341	36.59
持股比例大于 51%	187	20.06	163	17.49
持股比例大于 66.67%	39	4.18	33	3.54

资料来源：Wind，申万宏源研究，上海国资院。

注：占比计算的分母为拥有实际控制人的地方国资上市公司总家数，共计 932 家。

（二）盈利水平、利润质量和创值能力有待提高

公司能否持续稳定盈利、能否创造高质量的利润、能否为股东创造价值，是衡量公司经营质效的三个重要维度。地方上市公司集中了各地国资企业中的优质资产，在地方政策支持、资源获得、融资条件方面，相对民营上市公司均有一定的比较优势，理应取得更高的盈利水平、更优的现金创造能力、更强的价值创造能力。从报告分析来看，目前地方国资上市公司经营质效仍有待进一步提升。

净资产收益率为 8.09%，低于民营上市公司。2023 年，地方国资上市公司净资产收益率为8.09%，扣非后净资产收益率为7.17%，相应地均低于A股上市公司的8.52%和 7.84%。从行业来看，地方国资上市公司盈利能力最强的前十大行业分别为食品饮料（主要是白酒）、煤炭、纺织服饰、有色金属、社会服务、家用电器、银行、交通运输、国防军工、基础化工，而民营上市公司盈利能力位列前十的行业分别是家用电器、美容护理、电力设备、食品饮料、有色金属、汽车、公用事业、钢铁、交通运输和轻工制造。不难看出，地方国资上市公司部分行业的高盈利得益于特许经营权，而在竞争较为充分的行业，盈利能力则不及民营上市公司。将每个行业捉对比较，在 30 个双方均有参与的行业中，地方国资上市公司仅有 14 个行业的资产收益率水平高于民营上市公司。

剔除金融企业后营业现金比率[①] 仅为 8.03%，低于 A 股平均水平。现金创造能力在很大程度上反映了企业盈利的质量，对地方国资上市公司的要求不仅是要实现“有利润的收入”，更重要的是要实现“有现金流的利润”。2023 年，地方国资上市公司营业现金比率为 18.6%，较 2021 年与 2022 年有所改善，但过去五年均低于 A 股上市公司平均水平，剔除金融企业后，地方国资上市公司营业现金比率为 8.03%，依然不及 A 股上市公司 10.11% 的平均水平，且差距在近两年有扩大之势（见图 22）。

① 营业现金比率 = 经营现金净流入 / 营业收入。

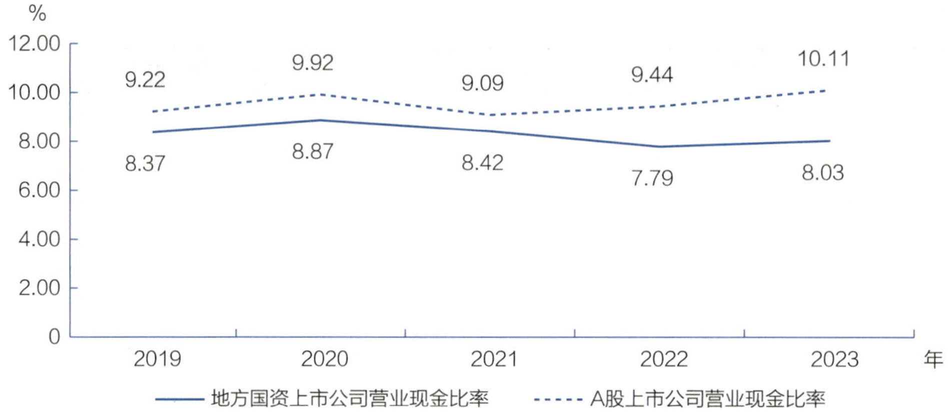

图 22　2019—2023 年地方国资上市公司与 A 股上市公司营业现金比率的比较（剔除金融企业）

资料来源：Wind，申万宏源研究。

具有创值能力[①]的公司占比偏低。创值能力比盈利能力更能准确地刻画上市公司质效。2023 年，共计 295 家地方国资上市公司具有创值能力，占 A 股具有创值能力上市公司数量的 17.8%，贡献率低于地方国资上市公司占 A 股上市公司总数的总比。复盘过去 20 年，累计具有创值能力年数达 10 年及以上的 A 股上市公司 45 家，其中地方国资上市公司仅 14 家，约占 1/3，而 A 股上市时间超 20 年的公司中有 4/5 为地方国资上市公司，显然，具有长期创值能力的地方国资上市公司数量和占比偏低（见图 23、图 24）。

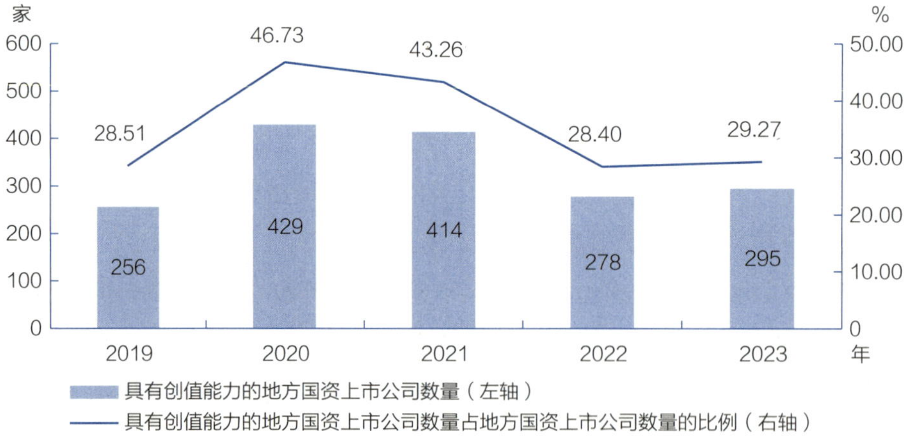

图 23　2019—2023 年具有创值能力的地方国资上市公司数量及其占地方国资上市公司数量的比例

资料来源：Wind，申万宏源研究。

① 投资资本回报率（ROIC）大于加权平均资本成本（WACC）且净利润增速大于0，被认定为具有创值能力，反之被认为不具有创值能力。$WACC=(Ke\times E+Kd\times D)/(D+E)$。其中：股权成本 $Ke=Rf+\beta\times(Rm-Rf)$，债务成本 $Kd=(SD\times TN+LD\times TB)/TD\times AF\times(1-TR)$，股权价值 E= 上市公司市值，债务价值 D= 债务资本 TD。

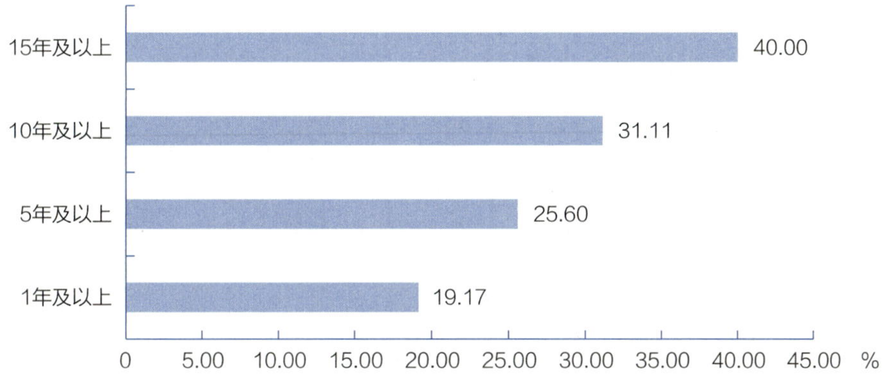

图 24　2004—2023 年具有长期创值能力的不同年数的地方国资上市公司数量占A 股上市公司数量的比例

资料来源：Wind，申万宏源研究。

（三）治理能力与市场化激励机制建设有待完善

不少地方国资上市公司是国企改革中率先实现混改并建立现代化企业制度的一批企业，但由于国有资产的特殊性，通常被施以强监管。出于国有资产流失等法律风险的顾虑，在市场化体制机制领域的改革推进较为谨慎。受各种因素掣肘，国有股东参与公司治理仍有边际提升空间。

公司治理能力有待进一步提升。近年来，尽管在国资国企改革及上市公司质量提升行动的推动下，地方国资上市公司日益重视公司治理能力建设，但与地方国资上市公司日常交流和调研中发现，地方国资上市公司，尤其是部分国有控股上市公司，在股权结构与董事会治理等方面，仍可进一步优化完善。

实施员工持股的比例仅为 1.29%。从总量来看，2019—2023 年地方国资上市公司实施员工持股的公司数量较为平稳，均值约为 15 家。从占比来看，近五年地方国资上市公司中实施员工持股的公司数量占比维持在 1%~2%，而 A 股上市公司中实施员工持股的公司数量占比呈先增高后降低的趋势，2023 年降至 3.72%。从两者比较来看，地方国资上市公司中实施员工持股的比例持续低于 A 股上市公司中实施员工持股的比例（见图 25）。

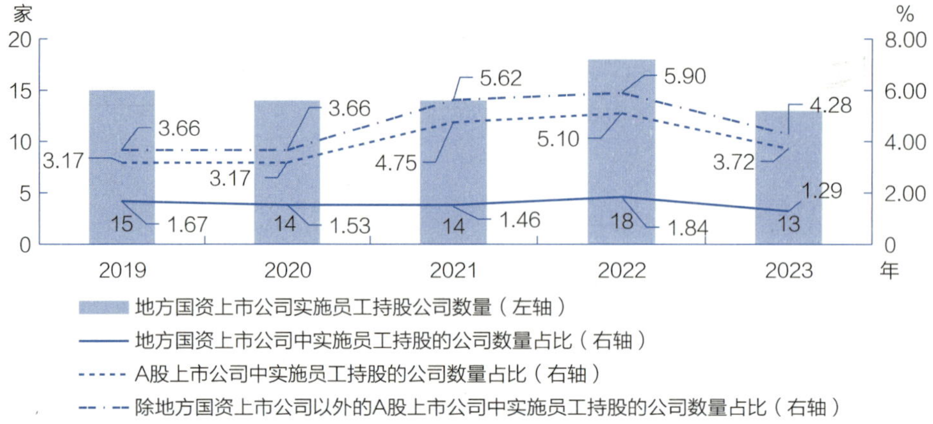

图 25　2019—2023 年地方国资上市公司与 A 股上市公司中实施员工持股公司数量及其占比的比较

资料来源：Wind，申万宏源研究。

实施股权激励的比例不足 4%。2023 年实施股权激励的地方国资上市公司有 34 家，占比为 3.37%。上市公司实施股权激励往往与企业上一年度盈利状况呈正相关关系，利润增长不仅会增强企业实施股权激励的底气与动力，也会增强员工对公司未来发展的信心，从而提高股权激励的吸引力和效果。从总量与占比来看，受盈利状况影响，2019—2023 年地方国资上市公司和 A 股上市公司实施股权激励的公司数量及其占比均呈现先上升后下降的趋势，2023 年分别为 34 家与 3.37%、743 家与 13.94%。从两者比较来看，由于体制机制存在一定差异，地方国资上市公司中实施股权激励的比例低于 A 股上市公司中实施股权激励的比例（见图 26）。

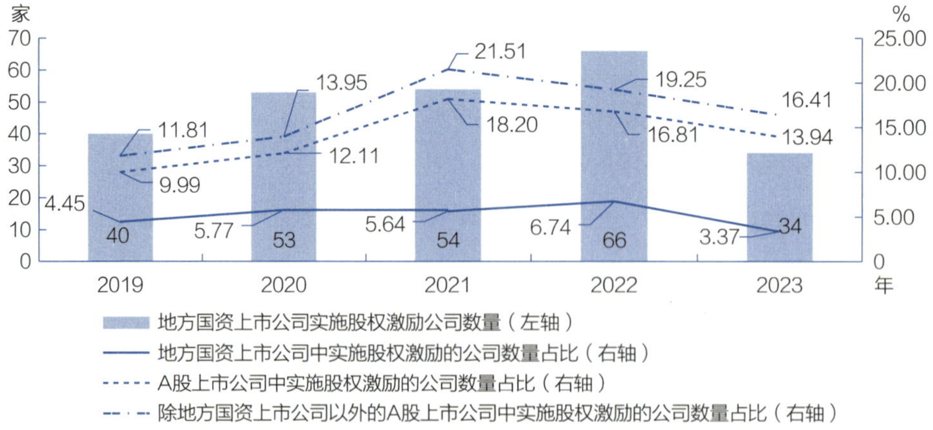

图 26　2019—2023 年地方国资上市公司与 A 股上市公司中实施股权激励公司数量及其占比的比较

资料来源：Wind，申万宏源研究。

四、地方国资上市公司三大建议

2024 年是国有企业改革深化提升行动落地实施的关键之年，也是承上启下的攻坚之年。为进一步推动地方国资上市公司高质量发展，围绕新一轮国资国企深化改革方向，针对前述分析的三大问题，本报告提出以下三个方面建议。

（一）优化国资布局，大力培育发展新质生产力

推进国有经济布局优化和结构调整是增强国有企业核心功能的主要内容，也是做强做优做大国有资本和国有企业的重要方式。针对前文分析中地方国资上市公司在产业布局、区域分布和资本结构方面所暴露的问题，本报告从地方国资上市公司和地方国资监管机构及控股股东两个层面提出以下建议。

对于地方国资上市公司而言，可根据当地资源禀赋，优化国资布局，提升核心竞争力。一方面，着力做大增量。大力推进科技创新，以科技创新推动产业创新，立足公司主责主业，采用孵化或并购等多种手段，积极培育战略性新兴产业和未来产业，构建公司持续盈利能力；探索相关培育业务分拆上市，以期做强做优做大新的业务。另一方面，挖掘存量潜能。根据主业特点，推动联合重组，加大对产业链上下游细分领域整合力度，持续推进产业升级；不断优化资产与业务结构，盘活、处置和退出低效资产；大力推动业务向数字化、智能化、绿色化、高端化转型，提升运营效率与竞争力，推动传统产业向新兴产业领域转型升级。

对于地方国资监管机构及控股股东而言，可充分借助资本市场，推进系统层面的国资优化布局，以期更好地承担使命、获得更好的资产配置收益。一是大力培育新兴产业上市。充分发挥科创基金和产业基金的引导孵化、培育赋能作用，积极推动战略性新兴产业公司上市。二是推进战略性重组整合。推动控股及投资的上市公司围绕主责主业，以资源整合协同、产业优化布局为目的进行专业化资产重组，优化资产结构，提升上市公司资产质量；与此同时，控股股东及地方国资监管机构可制定优化并购标准，强化投后赋能管理，提升并购质量和效果。三是提升重点区域引领功能。东部区域应更加重视产业布局优化调整，充分发挥资源禀赋优势，担当科技创新和产业引领的“头雁”。

（二）突出价值创造，强化价值管理与资本运作

随着地方政府依赖土地转让金收入的“土地财政”时代宣告终结，各地纷纷进入资本招商的新时代，未来“股权财政”有望接替“土地财政”成为地方财政新范式。在此背景下，本报告认为地方政府及地方国资监管部门可以着力推动地方国资上市公司质量提升和价值创造，更加重视价值管理，不断提升国有股权的市场价值和投资收益。具体建议如下：一是增强价值创造能力。以“一利五率”为抓手，优化绩效考核，针对传统行业，不断提升核心产品和服务的市场竞争力，提高毛利率和利润质量，针对战略性新兴产业要加大创新投入和资源倾斜力度，不断夯实增长的内生动力。二是强化资本运作能力。鼓励地方国企或地方国资上市公司通过并购、重组等多种方式推动优质资产上市，优化业务布局；合理运用优先股、配股、非公开发行、公司债等多种方式，拓展市场主体融资渠道；灵活运用资产证券化（ABS）、不动产投资信托基金（REITs）等资本市场工具，提升资产证券化水平。三是提高价值管理能力。围绕价值创造、价值传递、价值运用、价值优化推动地方国资上市公司价值提升工作；强化与市场沟通，维护投资者关系，不断增进市场认同和价值实现；建议地方国资监管机构构建以价值管理模型为基础的多维考核指标体系，综合各地过程考核和结果考核的试点经验，探索落实有效的市值管理考核，推动将市值管理绩效水平纳入任期考核目标。

（三）提升治理水平，优化监管机制与监管质效

建立现代企业制度是国有企业改革的方向，而有效的公司治理是现代企业制度建设的重点所在，同时是地方国资上市公司提质增效、做强做优做大的基本前提。本报告结合新一轮国资国企改革方向及提升上市公司质量的监管要求，对地方国资上市公司及其监管机构提出以下建议。

对于地方国资上市公司而言，要从以下三个方面着手全面提升治理能力，优化管理水平与市场化机制。一是完善公司治理体系。建立健全中国特色现代企业制度，推动股东治理结构多元化；鼓励国有股东多元持股，非控股股东董事积极参与公司治理；完善公司“三重一大”决策制度和决策授权管理制度；鼓励独立董事参与重大复杂项目研究论证；强化上市公司信息披露，加强与市场沟通；积极践行 ESG 理念，主动披露年度 ESG 报告。二是提升经营管理水平。聚焦主责主业，明确公司战略目

标与路径措施，不断提升上市公司核心竞争力；严格执行上市公司内控制度，建立健全内控规范体系，提升内控有效性和风险防范化解能力；推动解决同业竞争，减少关联交易。三是推进市场化激励机制。鼓励实行职业经理人制度，推进经理层成员市场化选聘，推行经理层人员任期制和契约化管理；鼓励有条件的公司实施灵活有效的股权激励和员工持股计划，构建与公司发展战略相协调、与创新转型相匹配、与市场规则相适应的中长期激励约束机制。

对于地方国资上市公司的监管机构而言，建议可重点聚焦监管模式创新和机制优化提升。具体来看：一是优化国资监管模式。结合上市公司的特点，探索差异化的国资监管模式，探索与科技创新和转型升级等特殊关键领域相匹配的特殊监管，留足试错空间，提升容忍度；运用信息化、数字化、智能化工具实现穿透式监管技术应用，打造高效立体监管模式。二是强化考核引导。围绕推动做强做优做大目标，设计优化“指挥棒”，创新完善考核奖惩和激励约束机制，引导地方国资上市公司统筹质的有效提升和量的合理增长，主动服务国家战略。三是探索新治理模式。开展无实控人国资上市公司模式研究，总结成熟经验，探索有效的国资上市公司治理模式，并推进模式复制推广。

政策篇

地方国资上市公司
发展历程与监管政策演变

一、全国地方国资上市公司改革持续深化

党的十八届三中全会以来，全国地方国资上市公司改革持续深化，以推进混合所有制为突破点的国有企业改革进入新阶段。根据党的十八届三中全会作出的积极发展混合所有制经济的决定，中共中央、国务院随即出台《关于深化国有企业改革的指导意见》，之后国务院国资委等部门相继发布系列改革方案，形成“1+N”的政策体系。回顾过去十年的改革历程，新阶段的国企改革依然遵循市场规律，旨在通过体制机制改革深化，做强做优做大国有企业和国有资本（见表 11）。

表 11　2013 年以来国资上市公司相关监管政策梳理

阶段	时间	部门	会议 / 行动 / 政策文件	主要内容
第一阶段：顶层设计	2013 年 11 月	党中央	党的十八届三中全会	积极发展混合所有制经济。国有资本、集体资本、非公有资本等交叉持股、相互融合的混合所有制经济，有利于国有资本放大功能、保值增值、提高竞争力，有利于各种所有制资本取长补短、相互促进、共同发展
	2015 年 8 月	中共中央、国务院	《关于深化国有企业改革的指导意见》	分类改革与监管。推进商业类国有企业改革。主业处于充分竞争行业和领域的商业类国有企业，原则上都要实行公司制股份制改革，并着力推进整体上市。 大力推动国有企业改制上市。积极引入各类投资者实现股权多元化，创造条件实现集团公司整体上市。 完善公司治理。提出健全治理结构的重点是推进董事会建设，建立健全权责对等、运转协调、有效制衡的决策执行监督机制
	2016 年 8 月	国务院国资委、财政部、证监会	《关于国有控股混合所有制企业开展员工持股试点的意见》	推进国有混改企业员工持股。对试点原则，试点企业条件，员工入股的范围、价格，入股后的股权管理等做了详细规定
	2017 年 11 月	国家发展改革委、财政部、人力资源社会保障部、国务院国资委等八部委	《关于深化混合所有制改革试点若干政策的意见》	回应并完善混改中的各方问题。对资产定价机制、劳动关系、土地处置、员工持股、工资总额管理等做了详细规定

续表

阶段	时间	部门	会议 / 行动 / 政策文件	主要内容
第一阶段：顶层设计	2018 年 8 月	国务院	国务院国企改革领导小组国企改革“双百行动”	实践总结，树立典型。打造一批治理结构科学完善、经营机制灵活高效、党的领导坚强有力、创新能力和市场竞争力显著提升的国企改革尖兵
第二阶段：提质增效	2019 年 10 月	国务院国资委	《关于进一步做好中央企业控股上市公司股权激励工作有关事项的通知》	支持中央企业控股上市公司建立健全长效激励约束机制。中央企业应当结合本集团产业发展规划，积极推动所控股上市公司建立规范、有效、科学的股权激励机制，综合运用多种激励工具，系统构建企业核心骨干人才激励体系。鼓励上市公司根据企业发展规划，采取分期授予方式实施股权激励，充分体现激励的长期效应
	2020 年 6 月	中央深改委	《国企改革三年行动方案（2020—2022 年）》	一是要完善中国特色现代企业制度，坚持“两个一以贯之”，形成科学有效的公司治理机制。二是推进国有资本布局优化和结构调整，聚焦主责主业，发展实体经济，推动高质量发展，提升国有资本配置效率。三是积极稳妥推进混合所有制改革，促进各类所有制企业取长补短、共同发展。四是要激发国有企业的活力，健全市场化经营机制，加大正向激励力度，也由此提高效率
	2020 年 10 月	国务院	《关于进一步提高上市公司质量的意见》	全面提升上市公司质量。提高上市公司治理水平；推动上市公司做优做强；健全上市公司退出机制；解决上市公司突出问题；提高上市公司及相关主体违法违规成本；形成提高上市公司质量的工作合力
	2022 年 5 月	国务院国资委	《提高央企控股上市公司质量工作方案》	提升国有上市公司质量。推动上市平台布局优化和功能发挥；促进上市公司完善治理和规范运作；强化上市公司内生增长和创新发展；增进上市公司市场认同和价值实现
	2022 年 11 月	证监会	《推动提高上市公司质量三年行动方案（2022—2025）》	上市公司质量深化提升方案。优化制度规则体系，提升监管规则的科学性；聚焦公司治理深层次问题，夯实上市公司规范发展的基础；完善信息披露制度，提高上市公司的透明度；优化上市公司整体结构，提升发展的韧性和活力；推动上市公司稳健发展，维护资本市场平稳运行；健全打击重大违法长效机制，营造上市公司发展良好环境；加快上市公司监管转型，提升监管效能；加强协作联动，形成推动上市公司高质量发展的强大合力

续表

阶段	时间	部门	会议 / 行动 / 政策文件	主要内容
第三阶段：深化提升	2023 年 6 月	中共中央办公厅、国务院办公厅	《国有企业改革深化提升行动方案（2023—2025 年）》	全方位改革深化提升。优化国有经济布局，加快建设现代产业体系；完善国有企业科技创新机制，加快实现高水平自立自强；强化国有企业对重点领域保障，支撑国家战略安全；以市场化方式推进整合重组，提升国有资本配置效率；推进中国特色国有企业现代公司治理和市场化经营机制长效化；健全以管资本为主的国资监管体制；营造更加市场化、法治化、国际化的公平竞争环境；全面加强国有企业党的领导和党的建设

资料来源：中国政府网，国务院国资委、证监会等各部委网站。

通过梳理改革相关政策文件内容，党的十八届三中全会以来的国资上市公司在以混合所有制改革为突破点的政策影响下，大致可分为三个阶段：第一阶段为顶层设计期（2013—2018 年），相关顶层设计与配套政策密集发布，2015 年中共中央、国务院《关于深化国有企业改革的指导意见》及其他相关配套政策发布，标志着新时期国企改革整体体系的基本确立，之后在实践中，通过试点探索、发现问题、总结实践经验，方案不断得到优化完善。第二阶段为提质增效期（2019—2022 年），国资国企改革全面推进，框架日臻清晰，内容愈加细化，主要呈现出系统深入、提升改革质量与成效的特征。第三阶段为深化提升期（2023 年以来），2023 年以来的新一轮国资国企改革，是在巩固深化国企改革三年行动成果的基础上，以服务国家战略为导向，以提高核心竞争力和增强核心功能为重点，旨在结合新形势新特点新要求，在上一轮改革的成果上继续巩固深化提升。

二、国资上市公司改革重点聚焦四个方向

国资上市公司相关政策可以梳理为以下四个方向：

一是优化国资布局，通过国有资本优化配置提升核心功能与企业竞争力。一方面，优化国有资本企业布局，聚焦主责主业，通过企业分类、资产整合、剥离等推动国有企业优质资产上市，优化国有资本配置结构，提升国有资本回报率。另一方面，优化国资上市公司产业布局，支持以国资上市公司为平台抓手，通过资本运作手段，布局整合上下游产业链资源，不断夯实在关系国家命脉和关乎国计民生领域的控制

力，持续提升在科技创新和战略性新兴产业等关键领域的产业引领力，不断增强国有资本核心功能和国资上市公司核心竞争力，为加快建成现代化产业体系提供有力支撑（见表 12）。

表 12　国资上市公司优化国资布局相关政策

时间	政策文件
2015 年 8 月	《关于深化国有企业改革的指导意见》
2020 年 6 月	《国企改革三年行动方案（2020—2022 年）》
2022 年 5 月	《提高央企控股上市公司质量工作方案》
2023 年 6 月	《国有企业改革深化提升行动方案（2023—2025 年）》

资料来源：中国政府网，国务院国资委、证监会等各部委网站。

二是围绕混合所有制改革，推动国有企业上市。党的十八届三中全会后，国资国企以混合所有制改革为重要抓手，积极利用国有资本、集体资本、非公有制资本等交叉持股、相互融合的所有制形式，取长补短，以期提升国有企业治理水平，激发企业发展活力。与此同时，推进两类公司试点改革，对处于竞争行业和领域的商业类国有企业，进行股份制改造，创造条件推动国企整体上市。进一步利用资本市场融资功能、价格发现和信号传递等市场机制促进国有企业和国有资本做优做大（见表 13）。

表 13　国资上市公司产权改革相关政策

时间	政策文件
2013 年 8 月	《关于推动国有股东与所控股上市公司解决同业竞争 规范关联交易的指导意见》
2017 年 11 月	《关于深化混合所有制改革试点若干政策的意见》
2018 年 5 月	《上市公司国有股权监督管理办法》

资料来源：中国政府网，国务院国资委、证监会等各部委网站。

三是强化国企提质增效，强化国有控股上市公司的价值创造和价值实现能力的培育。一方面，强调价值创造。国务院国资委将 2023 年央企目标管理体系调整为“一利五率”，在考核上更加注重提升增加值，重视投资质量、收入质量、利润质量，旨在引导中央企业提高企业经营质效，引导国有上市公司注重价值创造。另一方面，重视价值实现。相关政策强调通过提升信息披露水平与质量、鼓励强化上市公司分红、增进市场认同、与证券监管机构加强合作等方式提升上市公司规范水平。此外，完善中长期激励机制。新一轮改革旨在推动国有控股上市公司综合运用薪酬分类管理、员工持股等多种激励工具，系统构建企业核心骨干人才激励体系，健全国资上市公司市场化经营机制，增强企业活力和动力，为企业高质量发展提供微观制度保障（见表 14、表 15）。

表 14　国资上市公司价值创造相关政策

时间	政策文件
2020 年 10 月	《关于进一步提高上市公司质量的意见》
2022 年 5 月	《提高央企控股上市公司质量工作方案》
2022 年 11 月	《推动提高上市公司质量三年行动方案（2022—2025）》

资料来源：中国政府网，国务院国资委、证监会等各部委网站。

表 15　国资上市公司激励机制相关政策

时间	政策文件
2018 年 8 月	《关于修改〈上市公司股权激励管理办法〉的决定》
2019 年 1 月	《境内上市公司外籍员工参与股权激励资金管理办法》
2019 年 10 月	《关于进一步做好中央企业控股上市公司股权激励工作有关事项的通知》
2020 年 4 月	《中央企业控股上市公司实施股权激励工作指引》

资料来源：中国政府网，国务院国资委、证监会等各部委网站。

四是推动中国特色现代企业制度建设，改善公司治理机制。把党的领导融入国有企业公司治理是党的十八届三中全会以来，国企在完善公司治理结构方面的重要补充和鲜明特点。推动党建引领的中国特色现代企业制度，坚持“两个一以贯之”，加强党的领导和“依法治企”相结合，形成科学有效的公司治理机制。在国资上市公司治理方面，政策做了进一步完善和补充，支持通过引入积极股东的方式，优化股东治理结构；强调持续提升信息披露质量和上市公司透明度；强调坚持依法合规经营，防范化解重大风险；引导国有控股上市公司以完善的公司治理发挥示范引领作用（见表 16）。

表 16　国资上市公司治理机制相关政策

时间	政策文件
2018 年 9 月	《上市公司治理准则》
2022 年 1 月	《上市公司独立董事规则》
2023 年 4 月	《关于上市公司独立董事制度改革的意见》
2023 年 8 月	《上市公司独立董事管理办法》

资料来源：中国政府网，国务院国资委、证监会等各部委网站。

三、地方政策因地制宜细化落实改革措施

2020 年国务院印发《关于进一步提高上市公司质量的意见》以来，各地国资，尤其是国资上市公司较多的省市纷纷响应，陆续发布本辖区相关指导政策，并将提升国有上市公司质量作为国企改革的重要方向。从主要地区的政策文件来看，地方国资上市公司的改革政策秉持国务院指导意见的基本框架和思路，融合了本地国资改革方案和上市公司类型的特色。通过梳理各地有关国资上市公司的政策要求，可大致归纳为以下四个方面。

第一，优化国资国企布局。在国资布局优化上深化提升，围绕服务建设现代化产业体系，大力布局和发展新兴产业，推动传统产业高端化、智能化、绿色化、融合化发展。发挥两类公司作用，以资本为纽带开展国有股权运营，推动国有资本在流动中优化布局，提升国有资本运营和配置效率。市场化、法治化并购优质资产，解决无序竞争和关联交易，优化布局结构。利用资本市场优化国资国企战略布局，进一步深化混合所有制改革（见表 17）。

表 17　地方国资上市公司优化国资布局相关政策要点

时间	省市	政策文件	相关内容
2021 年 1 月	安徽	《安徽省人民政府办公厅关于贯彻落实国务院进一步提高上市公司质量意见有关事项的通知》	强力推进优质企业上市。支持政府引导基金、风险投资基金、创业投资基金、产业投资基金等私募股权投资基金以及国有资本投资布局科技创新产业
2021 年 3 月	深圳	《深圳市关于进一步提高上市公司质量的实施意见》	利用资本市场优化国资国企战略布局，提高国有资本运营和配置效率
2021 年 6 月	浙江	《浙江省国资国企改革发展“十四五”规划》	布局结构实现新拓展。盘活国资存量，加大重点产业领域的投资，加强战略性前瞻性产业布局，实施一批开放性市场化重组、专业化整合，国资产业集聚度和产业链高端布局力度进一步提升
2023 年 11 月	上海	《市国资委关于进一步深化提升国有控股上市公司质量专项行动的通知》	突出创新驱动，强化上市公司内生增长和创新发展：落实创新驱动的发展战略，聚焦主责主业，瞄准产业链前沿领域和重点方向，完善创新战略布局，加大创新投入和资源倾斜力度。支持市场化并购创新资源，完善创新生态

资料来源：各地政府网站。

第二，强化资本运作能力。积极推动优质企业上市，多地国资鼓励国有资产采取 IPO、重组、分拆等方式，加快企业集团整体上市或核心业务资产上市，提升资产证券化水平，并制定专项行动或上市目标；多路径开展资本运作，支持上市公司通过市场化并购重组、收购兼并等方式推动资源向重点行业、优势企业集中，加快产业升级和企业做大做强。积极发挥上市公司融资功能，如支持上市公司通过配股、非公开发行、可转债等方式优化资产负债结构，支持科创企业开展知识产权质押贷款等融资（见表 18）。

表 18　地方国资上市公司强化资本运作相关政策要点

时间	省市	政策文件	相关内容
2019 年 3 月	江西	《深入推进企业上市“映山红行动”工作方案》	推动更多企业改制上市、再融资、并购重组及创新发展，发挥上市公司产业引领带动作用。到 2020 年，全省境内外上市公司超过 120 家。实施省属国有企业上市促进计划，加快推进国有企业改制上市工作
2020 年 11 月	广东	《广东省人民政府转发国务院关于进一步提高上市公司质量意见的通知》	制定国有企业资本运营三年行动计划，推动、支持有实力的国有企业集团开展混合所有制改革，依托上市平台通过发行股份购买资产、吸收合并等方式实现整体上市
2021 年 1 月	安徽	《安徽省人民政府办公厅关于贯彻落实国务院进一步提高上市公司质量意见有关事项的通知》	强力推进优质企业上市。大力推进省属企业首发上市、整体上市，提升国有资本的竞争力和证券化水平
2021 年 3 月	浙江	《浙江省深入实施促进经济高质量发展“凤凰行动”计划（2021—2025 年）》	通过资金全过程参与、政策全周期支持和服务全链条保障，使浙江省资本市场发展持续保持全国领先地位。力争 5 年新增境内外上市公司 350 家以上，新增资本市场融资额 8000 亿元以上。支持国有企业深化混合所有制改革，推动不同类型的优质国有企业在境内相应板块上市
2021 年 6 月	浙江	《浙江省国资国企改革发展“十四五”规划》	加强上市公司资本运作。推动具备条件的上市公司加强市值管理，探索将上市公司市值管理纳入考核体系
2021 年 8 月	江西	《关于新时代推动江西资本市场高质量发展的若干措施》	充分发挥资本市场功能作用，更好服务助力全省经济社会高质量跨越式发展；力争到 2025 年末，全省境内外上市公司超过 135 家，A 股上市公司达到 100 家左右。支持国有企业深化混合所有制改革，推动不同类型的优质国有企业改制上市

续表

时间	省市	政策文件	相关内容
2021 年 10 月	江苏	《江苏省上市公司高质量发展行动计划（2021—2025 年）》	鼓励国有企业规范开展混合所有制改革，整合优质资产打包上市。国有控股上市公司应成为上市公司规范发展的典范
2022 年 6 月	安徽	《安徽省推进企业上市“迎客松行动”计划》	推进全省企业对接多层次资本市场上市融资。力争到 2026 年末，全省上市公司数量较 2021 年末翻一番，达到 300 家以上。发挥国有企业“领头羊”作用，推动省属企业加快国有资产资本化证券化进程
2023 年 11 月	上海	《市国资委关于进一步深化提升国有控股上市公司质量专项行动的通知》	强化资本运作，更好地发挥多层次资本市场作用：发挥多层次资本市场作用，拓展市场主体融资渠道。鼓励企业采取首次公开发行股票（IPO）或分拆等方式上市；鼓励具备科创属性的企业申请科创板上市；鼓励上市公司积极对接系统内外优质资源，实行资产注入

资料来源：各地政府网站。

第三，突出价值创造导向。新一轮国资国企改革主要围绕服务国家战略，强化核心功能与核心竞争力，突出强调价值创造导向，将强化价值创造能力摆在突出位置，强化考核引领，围绕国有股东和上市公司两大主体，从价值基础、价值创造和价值实现三个维度进行赋分考核，并将市值管理绩效纳入任期考核目标（见表 19）。

表 19 地方国资上市公司突出价值创造相关政策要点

时间	省市	政策文件	相关内容
2021 年 3 月	深圳	《深圳市关于进一步提高上市公司质量的实施意见》	鼓励支持各类创业投资基金、产业投资基金、国有资本投资布局科技创新产业，促进金融资本和科创要素深度融合
2021 年 4 月	北京	《关于进一步推动提高北京上市公司质量的若干措施》	发挥国有上市公司在提高北京上市公司质量工作中的引领作用，树立公司治理良好范本，引导上市公司合规经营、协调发展，主动回报社会和投资者
2023 年 11 月	上海	《市国资委关于进一步深化提升国有控股上市公司质量专项行动的通知》	聚焦主责主业，不断提升上市公司核心竞争力；提升资本回报，加快资产盘活，提高资产收益率

资料来源：各地政府网站。

第四，健全公司治理机制。各地遵循国务院指导意见的要求，将完善公司治理机制置于首要地位，提出要科学界定国有控股上市公司相关方的权责边界，健全国有控股上市公司治理机制，形成以管资本为主的国有资产监管体制。对于控股比例较高的上市公司，建议引入战略投资者，改善公司治理结构。部分省市支持符合条件的上市公司实施有效的股权激励和员工计划，推行经理层任期制和契约化管理，支持具备条件的国有控股上市公司实行职业经理人制度。通过完善公司治理提升上市公司运行质量，充分发挥国有上市公司引领示范作用（见表 20）。

表 20　地方国资上市公司健全公司治理相关政策要点

时间	省市	政策文件	相关内容
2021 年 3 月	深圳	《深圳市关于进一步提高上市公司质量的实施意见》	鼓励机构投资者、国有资本加大对深圳上市公司股权资产配置力度，并在上市公司治理中发挥积极作用；科学界定深圳国有控股上市公司治理相关方的权责，健全具有中国特色的国有控股上市公司治理机制
2021 年 4 月	北京	《关于进一步推动提高北京上市公司质量的若干措施》	科学界定国有控股上市公司治理相关方的权责，健全国有控股上市公司治理机制。 发挥国有上市公司在提高北京上市公司质量工作中的引领作用，树立公司治理良好范本，引导上市公司合规经营、协调发展，主动回报社会和投资者
2021 年 4 月	北京	《北京市国企改革三年行动实施方案（2020—2022 年）》	支持和引导国有股东持股比例高于 50% 的国有控股上市公司，引入持股 5% 及以上的战略投资者作为积极股东参与公司治理
2021 年 5 月	上海	《市国资委关于推动提高国有控股上市公司质量的实施意见》	主要任务：规范公司治理和内部控制，提升信息披露质量，加强上市公司风险管理，强化上市公司主体责任，持续提升监管效能，加大政策支持力度等
2023 年 11 月	上海	《市国资委关于进一步深化提升国有控股上市公司质量专项行动的通知》	促进上市公司完善治理和规范运作：鼓励国有控股股东积极履行职责，在保证国有股东的控制力和影响力的基础上优化持股比例；鼓励上市公司依法合规设立董事会审计委员会，鼓励独立董事提前参与重大复杂项目研究论证，促进其诚信勤勉履职

资料来源：各地政府网站。

总量篇

数量与资产规模、盈利水平、研发等相匹配

地方国资上市公司发展稳中向好。近年来，地方国资上市公司始终聚焦高质量发展，持续优化国有经济布局结构，不断增强服务国家战略的功能作用，实现了国有资产的保值增值，极大地推动了地方经济高质量发展。在规模上，2018 年末至 2023 年末，地方国资上市公司数量从 879 家上升至 1008 家，资产总额从 50.67 万亿元上升至 91.18 万亿元，营业收入从 11.92 万亿元上升至 18.39 万亿元，净利润从 0.94 万亿元升至 1.26 万亿元。在占比上，2023 年末地方国资上市公司数量占 A 股上市公司的 18.92%，总资产占 A 股上市公司的 21.63%，营业收入占 A 股上市公司的 25.32%，净利润占 A 股上市公司的 22.17%。总体而言，地方国资上市公司近六年实现了质的有效提升和量的合理增长（见表 21）。

表 21　2018—2023 年地方国资上市公司各指标占 A 股上市公司的比例　　单位：%

指标	2018 年	2019 年	2020 年	2021 年	2022 年	2023 年
数量占比	25.63	24.72	22.59	20.86	19.52	18.92
总资产占比	21.21	21.69	22.04	22.50	21.99	21.63
营业收入占比	26.81	26.72	27.45	27.34	25.75	25.32
利润总额占比	25.08	23.78	24.42	25.53	23.17	22.67
净利润占比	25.21	23.49	24.06	25.24	22.72	22.17
扣非净利润占比	23.47	23.49	23.51	24.98	21.39	20.90
剔除金融企业后的扣非净利占比	32.04	31.13	30.32	30.15	23.07	22.69

资料来源：Wind，申万宏源研究。

一、地方国资上市公司数量超千家，科创板占比提升

（一）数量逐年增多，新上市公司增速波动上升

地方国资上市公司数量稳步增加。地方国资上市公司数量的增加不仅是地方经济实力和竞争力的体现，也对促进地方经济发展、提升国有企业竞争力、优化资源配置、增强市场活力具有重要意义。在总量上，受益于宏观经济高质量发展与多层次资本市

场全面深化改革持续推进，注册制全面实施，地方国资上市公司数量由 2018 年末的 879 家上升至 2023 年末的 1008 家，数量逐年增多。在占比上，国家在支持国企发展的同时积极促进民营经济发展壮大，进一步激发民营经济发展活力，A 股上市公司中民营企业占比逐年增大，央企与地方国资上市公司占比相对略有下降。截至 2023 年末，地方国资上市公司数量占 A 股上市公司数量的比例为 18.92%（见图 27）。

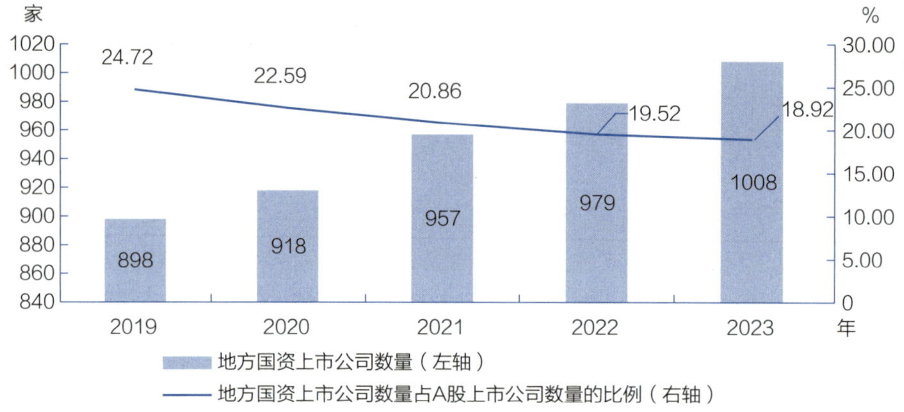

图 27　2019—2023 年地方国资上市公司数量及占其 A 股上市公司数量的比例

资料来源：Wind，申万宏源研究。

在变化趋势上，2019—2021 年，受益于宏观经济高速增长、资本市场持续完善和相关支持政策的落地，地方国资上市公司数量增速持续增长，从 2.16% 增长至 4.25%。2021—2023 年，受经济周期与相关政策收紧等因素的影响，地方国资上市公司数量增速与A股上市公司数量增速整体呈下降趋势。2023年地方国资上市公司数量增速为2.96%，略高于 2022 年的增速，与 A 股上市公司数量增速的差距进一步缩小（见图 28）。

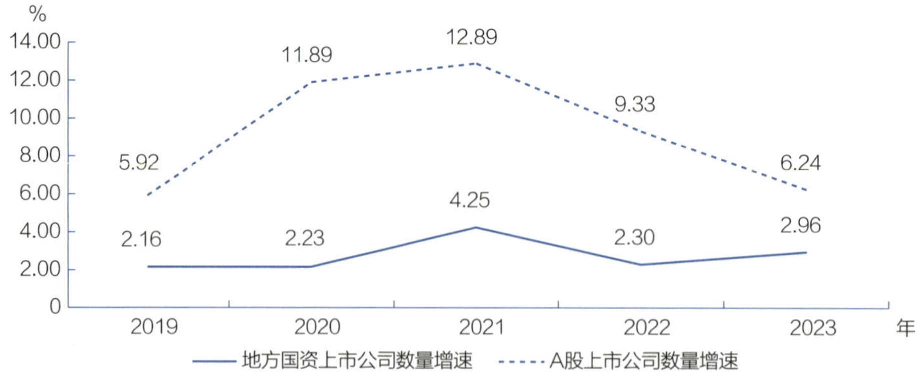

图 28　2019—2023 年地方国资上市公司与 A 股上市公司数量增速的比较

资料来源：Wind，申万宏源研究。

（二）主板为主，科创板公司数量占比增加最快

资本市场深化改革持续推进，股票发行注册制改革全面推行，多层次的资本市场持续构建，特别是科创板和北交所的设立与相关政策的实施，极大地促进了地方国资公司上市板块的选择，创业板、科创板、北交所的上市数量占比逐年增加。主板方面，截至 2018 年末，地方国资上市公司登陆主板数量为 802 家，占比为 91.24%；截至 2023 年末，主板公司数量为 858 家，占比下降至 85.12%，近六年占比相对缩减 6.12 个百分点。创业板方面，截至 2018 年末，地方国资上市公司登陆创业板数量为 77 家，占比为 8.76%；截至 2023 年末，创业板公司数量为 103 家，占比上升至 10.22%，近六年占比增加 1.46 个百分点。科创板方面，截至 2019 年末，地方国资上市公司登陆科创板数量为 3 家，占比为 0.33%；截至 2023 年末，科创板公司数量为 29 家，占比上升至 2.88%，增加 2.55 个百分点，占比提升较快。北交所方面，截至 2020 年末，地方国资上市公司登陆北交所数量为 3 家，占比为 0.33%；截至 2023 年末，北交所公司数量为 18 家，占比为 1.79%，增加 1.46 个百分点（见图 29）。

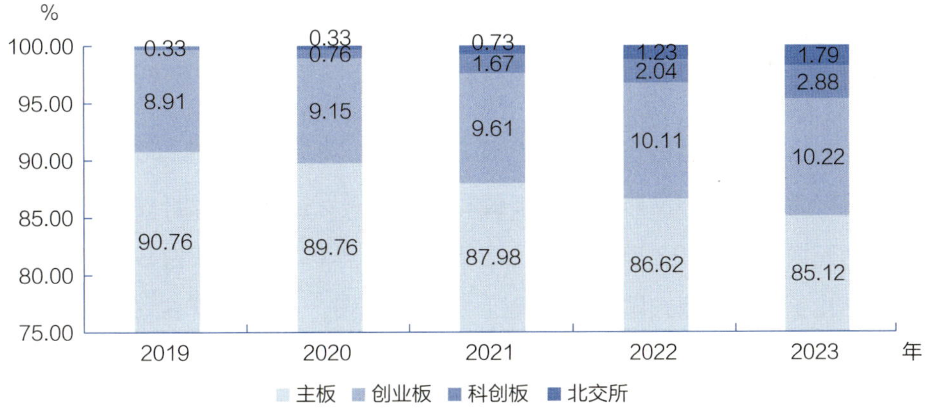

图 29　2019—2023 年地方国资上市公司在各上市板的数量占比

资料来源：Wind，申万宏源研究。

二、资产规模整体比较大，占 A 股的比例超过数量占比

（一）总资产稳步增长，规模已超过 90 万亿元

地方国资上市公司总资产占 A 股上市公司总资产的比例超过 21%。上市公

司的资产规模是衡量其整体实力和发展潜力的重要指标之一，对公司的战略规划、运营效率、市场竞争力和投资者关系管理都有重要影响。规模方面，地方国资上市公司资产总额持续增长，由2018年末的50.67万亿元增加至2023年末的91.18万亿元，六年年均复合增速为12.47%，高于A股上市公司12.03%的六年年均复合增速。占比方面，截至2023年末，地方国资上市公司总资产占A股上市公司总资产的比例为21.63%，近五年该比例稳定在21%~23%（见图30）。

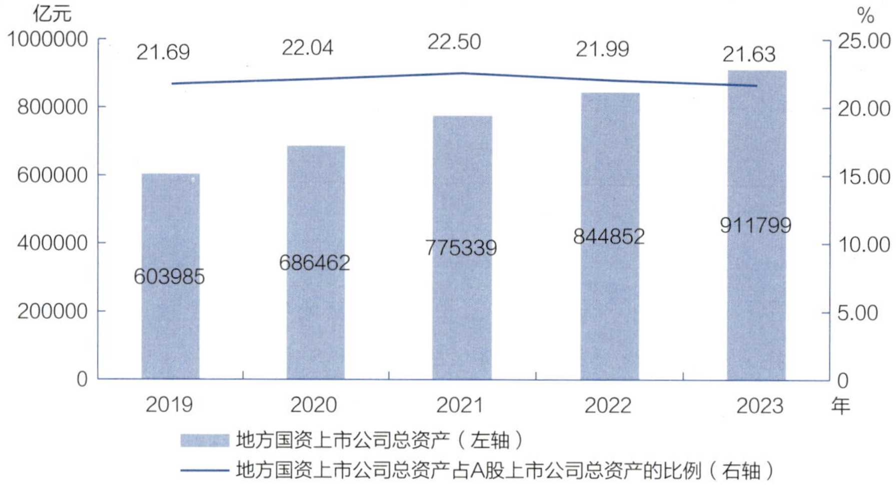

图30 2019—2023年地方国资上市公司总资产及其占A股上市公司总资产的比例

资料来源：Wind，申万宏源研究。

剔除金融企业后，地方国资上市公司总资产占A股上市公司总资产的比例有所提升。规模方面，地方国资非金融上市公司资产总额保持向好态势，由2018年末的18.11万亿元增加至2023年末的27.43万亿元，年均复合增速为8.65%。占比方面，截至2023年末，地方国资非金融上市公司总资产占A股非金融上市公司总资产的比例为26.94%，高于地方国资上市公司总资产占A股上市公司总资产的比例（见图31）。

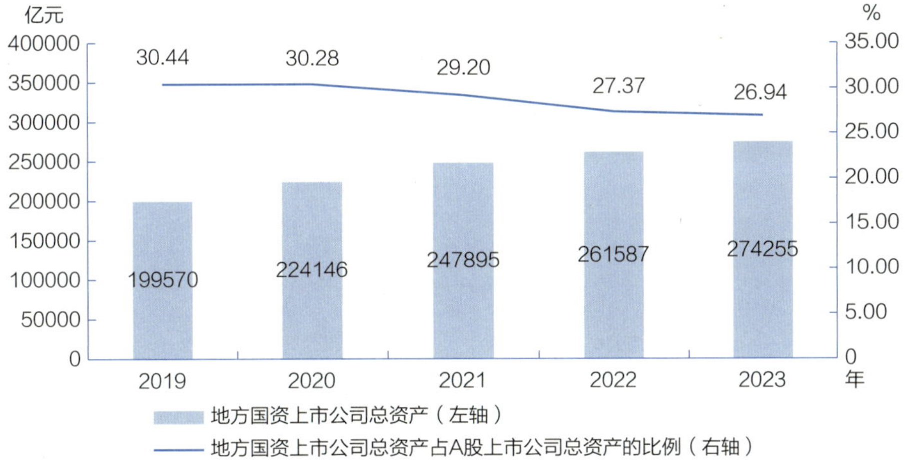

图 31　2019—2023 年地方国资上市公司总资产及其占 A 股上市公司总资产的比例（剔除金融企业）

资料来源：Wind，申万宏源研究。

地方国资上市公司总资产增速与 A 股上市公司总资产增速均略有下降。在整体趋势上，由于宏观经济增长承压等因素，地方国资上市公司总资产增速和 A 股上市公司总资产增速近五年呈波动下降趋势。截至 2023 年末，地方国资上市公司总资产增速为 7.92%，较 2022 年末下降 1.05 个百分点（见图 32）。

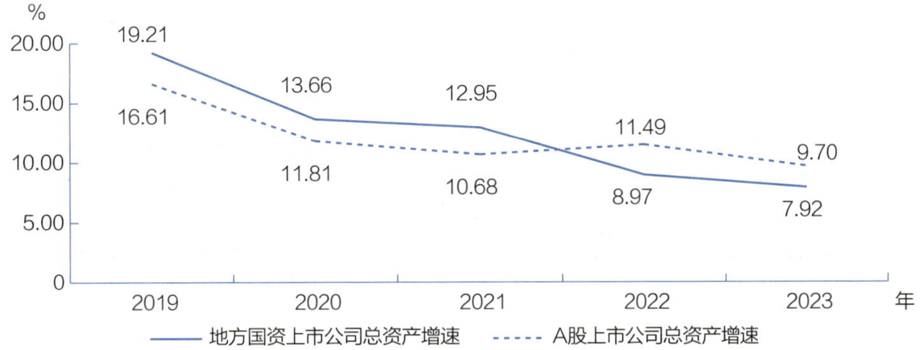

图 32　2019—2023 年地方国资上市公司与 A 股上市公司总资产增速的比较

资料来源：Wind，申万宏源研究。

剔除金融企业后，地方国资非金融上市公司总资产增速和 A 股非金融上市公司总资产增速近五年均呈先增长后下降的趋势。截至 2023 年末，地方国资非金融上市公司总资产增速与 A 股非金融上市公司总资产增速分别为 4.84%、6.50%（见图 33）。

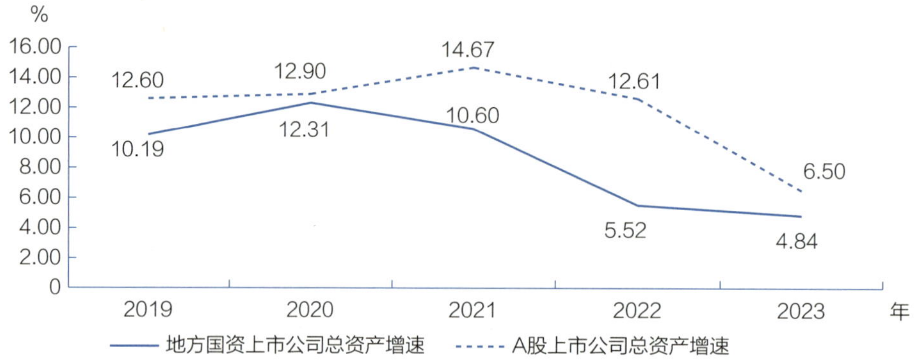

图 33　2019—2023 年地方国资上市公司与 A 股上市公司总资产增速的比较（剔除金融企业）

资料来源：Wind，申万宏源研究。

总资产规模越大的区间，地方国资上市公司数量占 A 股上市公司数量的比例往往越高。截至2023年末，地方国资上市公司总资产结构中占比最高的区间为>100亿~500 亿元，其占比为 31.25%，>500 亿元、>50 亿 ~100 亿元、10 亿 ~50 亿元的区间占比分别为 16.56%、17.26% 和 30.06%。作为对比的是，A 股上市公司总资产结构中占比最高的区间为 10 亿 ~50 亿元，其占比为 49.11%，>500 亿元、>100 亿 ~500 亿元、>50~100 亿元的区间占比分别为 7.47%、18.05% 和 16.53%。总体来看，地方国资上市公司总资产超过 100 亿元的公司数量占比约为 1/2，而 A 股上市公司总资产超过 100 亿元的公司数量仅占 1/4（见表 22）。

表 22　截至 2023 年末，地方国资上市公司与 A 股上市公司总资产结构对比

总资产区间	地方国资上市公司数量（家）	地方国资上市公司占比（%）	A 股上市公司数量（家）	A 股上市公司占比（%）	地方国资上市公司占 A 股上市公司的比例（%）
>1000 亿元	95	9.42	235	4.41	40.43
>500 亿 ~1000 亿元	72	7.14	163	3.06	44.17
>100 亿 ~500 亿元	315	31.25	962	18.05	32.74
>50 亿 ~100 亿元	174	17.26	881	16.53	19.75
10 亿 ~50 亿元	303	30.06	2617	49.11	11.58
<10 亿元	49	4.86	471	8.84	10.40
合计	1008	100.00	5329	100.00	18.92

资料来源：Wind，申万宏源研究。

剔除金融企业后，总资产规模较大的地方国资上市公司数量占比仍高于 A 股上市公司。在总资产 >500 亿元的区间，地方国资非金融上市公司占比为 11.89%，A 股

非金融上市公司占比为 5.81%；在总资产≤ 50 亿元的区间，地方国资非金融上市公司占比为 37.26%，A 股非金融上市公司占比为 59.22%（见表 23）。

表 23　截至 2023 年末，地方国资上市公司与 A 股上市公司总资产结构对比（剔除金融企业）

总资产区间	地方国资上市公司数量（家）	地方国资上市公司占比（%）	A 股上市公司数量（家）	A 股上市公司占比（%）	地方国资上市公司占 A 股上市公司的比例（%）
>1000 亿元	52	5.52	155	2.98	33.55
>500 亿 ~1000 亿元	60	6.37	147	2.83	40.82
>100 亿 ~500 亿元	306	32.48	941	18.09	32.52
>50 亿 ~100 亿元	173	18.37	878	16.88	19.70
10 亿 ~50 亿元	302	32.06	2613	50.24	11.56
<10 亿元	49	5.20	467	8.98	10.49
合计	942	100.00	5201	100.00	18.11

资料来源：Wind，申万宏源研究。

由于区域与行业属性，截至 2023 年末，总资产前十的地方国资上市公司均为金融企业，主要为东部沿海经济强省（市）控股的银行与保险企业，平均资产规模为 4.41 万亿元。在前十企业名单中，银行占 9 家，其中兴业银行总资产达 10.16 万亿元，是资产规模最大的地方国资上市企业；浦发银行、华夏银行总资产分别为 9.01 万亿元和 4.25 万亿元，位列第二、第三；排名第十的南京银行总资产规模也达到了 2.29 万亿元。唯一的非银企业为中国太保，2023 年总资产为 2.34 万亿元，位列第九（见表 24）。

表 24　截至 2023 年末，总资产前十的地方国资上市公司

排名	证券代码	证券简称	总资产（亿元）
1	601166.SH	兴业银行	101583.26
2	600000.SH	浦发银行	90072.47
3	600015.SH	华夏银行	42547.66
4	601169.SH	北京银行	37486.79
5	600919.SH	江苏银行	34033.62
6	601916.SH	浙商银行	31438.79
7	601229.SH	上海银行	30855.16
8	002142.SZ	宁波银行	27116.62
9	601601.SH	中国太保	23439.62
10	601009.SH	南京银行	22882.76

资料来源：Wind，申万宏源研究。

资产规模前十的地方国资非金融上市公司主要是经济发达地区的采用重资产运营模式的企业。在行业分布上，剔除金融企业后，截至 2023 年末，总资产前十的地方国资非金融上市公司主要是房地产、汽车、交通运输、电子设备制造、能源等重资产行业的企业。在区域分布上，广东、上海、福建、北京等经济发达地区强大的经济基础为本区域地方国资非金融上市公司发展提供了坚实的基础，这些企业往往占据着资产规模榜单较为靠前的位置。在具体排名上，2023 年末万科 A 总资产达 1.50 万亿元，是资产规模最大的地方国资非金融上市公司；绿地控股、上汽集团、建发股份、华发股份总资产分别为 1.19 万亿元、1.01 万亿元、0.82 万亿元、0.45 万亿元，位居第二至第五（见表 25）。

表 25　截至 2023 年末，总资产前十的地方国资上市公司（剔除金融企业）

排名	证券代码	证券简称	总资产（亿元）
1	000002.SZ	万科 A	15048.50
2	600606.SH	绿地控股	11939.22
3	600104.SH	上汽集团	10066.50
4	600153.SH	建发股份	8208.52
5	600325.SH	华发股份	4516.99
6	000725.SZ	京东方 A	4191.87
7	600170.SH	上海建工	3820.78
8	600188.SH	兖矿能源	3542.78
9	600248.SH	陕建股份	3466.96
10	601899.SH	紫金矿业	3430.06

资料来源：Wind，申万宏源研究。

（二）净资产持续增多，占 A 股比例近 1/4

地方国资上市公司净资产占 A 股上市公司净资产的比例超过 23%，高于总资产占比。相较于总资产，净资产更能反映上市公司的内在价值、财务稳定性和股东权益等情况。在规模方面，地方国资上市公司净资产稳步提升，由 2018 年末的 9.72 万亿元上升至 2023 年末的 16.56 万亿元，年均复合增速为 11.25%，与资产总额复合增速相当；同期，A 股上市公司净资产由 39.05 万亿元升至 71.24 万亿元，年均复合增速为 12.78%。在占比方面，地方国资上市公司净资产近五年占 A 股上市公司净资产的比例在 23%~25%。整体而言，地方国资上市公司净资产规模近年来持续向好增长，占 A 股上市公司净资产的比例稳定在 23% 以上，略高于同期总资产占比（见图 34）。

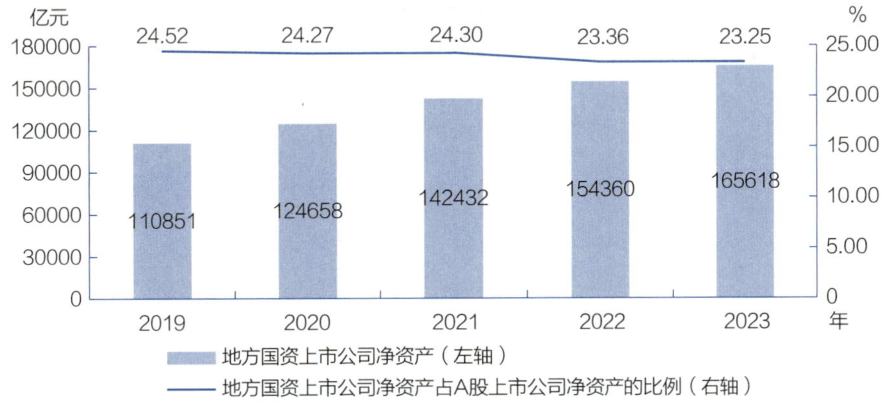

图 34　2019—2023 年地方国资上市公司净资产及其占 A 股上市公司净资产的比例

资料来源：Wind，申万宏源研究。

剔除金融企业后，地方国资上市公司净资产占 A 股上市公司净资产的比例进一步提高。在规模方面，地方国资非金融上市公司净资产由 2018 年末的 6.64 万亿元上升至 2023 年的 10.57 万亿元，年均复合增速为 9.75%；同期，A 股非金融上市公司净资产由 23.17 亿元升至 42.99 万亿元，年均复合增速为 13.16%。在占比方面，2019—2023 年，地方国资非金融上市公司净资产占 A 股非金融上市公司净资产的比例从 27.93% 下降至 24.58%，降幅为 3.35 个百分点。剔除金融企业后，地方国资上市公司净资产占 A 股上市公司净资产的比例相较于剔除前提升 1~3 个百分点（见图 35）。

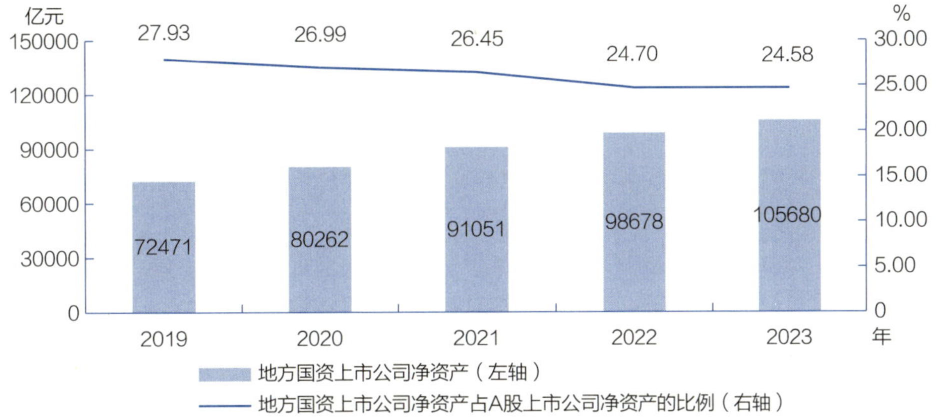

图 35　2019—2023 年地方国资上市公司净资产及其占 A 股上市公司净资产的比例（剔除金融企业）

资料来源：Wind，申万宏源研究。

地方国资上市公司净资产增速总体呈波动下滑趋势。在整体趋势上，由于宏观经济增长承压等因素，地方国资上市公司和 A 股上市公司的净资产变化趋势基本与资产总额相同，近五年增速均呈下降趋势。2019—2023 年，地方国资上市公司净资产增速从 14.04% 降至 7.29%，降幅为 6.75 个百分点；A 股上市公司净资产增速从 15.76% 下滑至 7.83%，降幅为 7.93 个百分点（见图 36）。

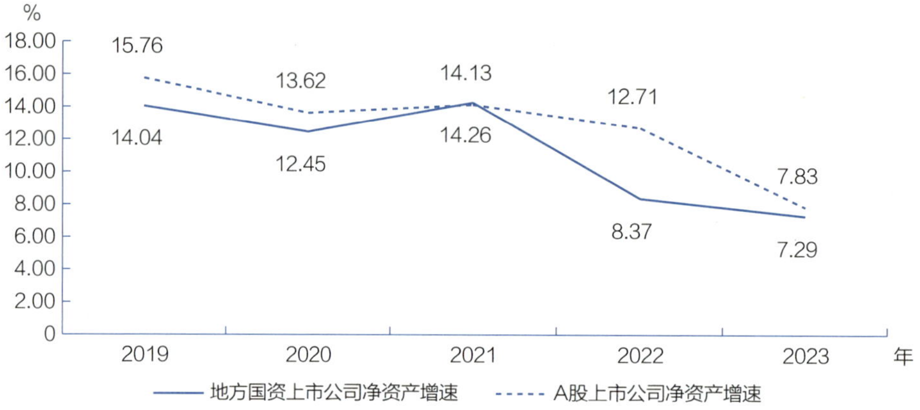

图 36　2019—2023 年地方国资上市公司与 A 股上市公司净资产增速的比较

资料来源：Wind，申万宏源研究。

地方国资非金融上市公司净资产增速和 A 股非金融上市公司净资产增速近五年均呈先增长后下降趋势。截至 2023 年末，地方国资非金融上市公司净资产增速与 A 股非金融上市公司净资产增速分别降至 7.10%、7.60%，较 2019 年分别降低 2.11 个百分点和 4.35 个百分点，地方国资非金融上市公司净资产增速表现出更高的韧性（见图 37）。

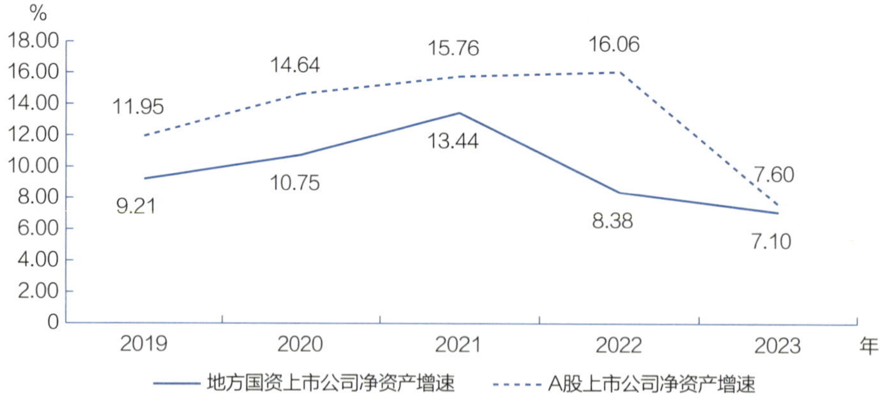

图 37　2019—2023 年地方国资上市公司与 A 股上市公司净资产增速的比较（剔除金融企业）

资料来源：Wind，申万宏源研究。

与总资产规模结构特征相同，净资产规模越大的区间，地方国资上市公司占A股上市公司的比例往往越高。截至2023年末，地方国资上市公司净资产结构中占比最高的区间为>50亿元，其占比为46.03%，10亿~50亿元、<10亿元的区间占比分别为39.09%和14.88%。作为对比的是，A股上市公司净资产结构中占比最高的区间为10亿~50亿元，其占比为53.31%，>50亿元、<10亿元的区间占比分别为26.47%和20.21%。总体而言，2023年地方国资上市公司净资产规模主要集中在50亿元以上，而A股上市公司净资产规模主要集中在50亿元及以下（见表26）。

表26　截至2023年末，地方国资上市公司与A股上市公司净资产结构对比

净资产区间	地方国资上市公司数量（家）	地方国资上市公司占比（%）	A股上市公司数量（家）	A股上市公司占比（%）	地方国资上市公司占A股上市公司的比例（%）
>1000亿元	32	3.18	94	1.76	34.04
>500亿~1000亿元	33	3.27	79	1.48	41.77
>100亿~500亿元	224	22.22	606	11.37	36.96
>50亿~100亿元	175	17.36	632	11.86	27.69
10亿~50亿元	394	39.09	2841	53.31	13.87
<10亿元	150	14.88	1077	20.21	13.93
合计	1008	100.00	5329	100.00	18.92

资料来源：Wind，申万宏源研究。

剔除金融企业后，净资产规模较大的地方国资上市公司数量占比仍高于A股上市公司。在剔除金融企业后的净资产结构中，地方国资上市公司与A股上市公司净资产规模较大的企业占比均小幅下降。在净资产>50亿元的区间，地方国资非金融上市公司占比为42.46%，A股非金融上市公司占比为24.93%；在10亿~50亿元的区间，地方国资非金融上市公司占比为41.61%，A股非金融上市公司占比为54.46%；在<10亿元的区间，地方国资非金融上市公司占比为15.92%，A股非金融上市公司占比为20.61%（见表27）。

表 27　截至 2023 年末，地方国资上市公司与 A 股上市公司净资产结构对比（剔除金融企业）

净资产区间	地方国资上市公司数量（家）	地方国资上市公司占比（%）	A 股上市公司数量（家）	A 股上市公司占比（%）	地方国资上市公司占 A 股上市公司的比例（%）
>1000 亿元	15	1.59	55	1.06	27.27
>500 亿 ~1000 亿元	25	2.65	66	1.27	37.88
>100 亿 ~500 亿元	186	19.75	549	10.56	33.88
>50 亿 ~100 亿元	174	18.47	626	12.04	27.80
10 亿 ~50 亿元	392	41.61	2833	54.46	13.84
<10 亿元	150	15.92	1072	20.61	13.99
合计	942	100	5201	100	18.11

资料来源：Wind，申万宏源研究。

相较于其他行业，金融企业净资产规模较大。在行业分布上，截至 2023 年末，净资产前十的地方国资上市公司主要分布在金融（7 家）、房地产（1 家）、汽车（1 家）、交通运输（1 家）等行业。在规模上，前十大地方国资上市公司平均净资产规模高达 3926.95 亿元，其中兴业银行净资产达 8077.19 亿元，是净资产与总资产规模最大的地方国资上市公司；浦发银行、万科 A 净资产分别为 7328.84 亿元和 4029.34 亿元，位列第二、第三；排名第十的建发股份净资产规模也高达 2246.39 亿元（见表 28）。在区域分布上，净资产前十的地方国资上市公司主要分布在经济实力较强的地区，其中上海 4 家、北京 2 家、福建 2 家、广东和江苏各 1 家。

表 28　截至 2023 年末，净资产前十的地方国资上市公司

排名	证券代码	证券简称	净资产（亿元）
1	601166.SH	兴业银行	8077.19
2	600000.SH	浦发银行	7328.84
3	000002.SZ	万科 A	4029.34
4	600104.SH	上汽集团	3429.07
5	601169.SH	北京银行	3282.32
6	600015.SH	华夏银行	3217.62
7	601601.SH	中国太保	2677.04
8	600919.SH	江苏银行	2591.16
9	601229.SH	上海银行	2390.49
10	600153.SH	建发股份	2246.39

资料来源：Wind，申万宏源研究。

剔除金融企业后，净资产前十的地方国资非金融上市公司的行业分布比较分散，主要为重资产运营行业，其中房地产 2 家、交通运输 2 家、食品饮料 2 家，汽车、建筑材料、电子、有色金属各 1 家。在规模上，前十大地方国资非金融上市公司平均净资产规模为 2141.96 亿元，较剔除金融企业前减少 1784.99 亿元。万科 A 净资产达 4029.34 亿元，是净资产与总资产规模最大的地方国资非金融上市公司；上汽集团、建发股份净资产分别为 3429.07 亿元和 2246.39 亿元，位列第二、第三；排名第十的五粮液净资产规模为 1323.49 亿元（见表 29）。在区域分布上，与剔除金融企业前相同，净资产前十的地方国资非金融上市公司主要分布在经济实力较强的地区，其中上海 3 家、福建 2 家，广东、贵州、安徽、北京、四川各 1 家。

表 29　截至 2023 年末，净资产前十的地方国资上市公司（剔除金融企业）

排名	证券代码	证券简称	净资产（亿元）
1	000002.SZ	万科 A	4029.34
2	600104.SH	上汽集团	3429.07
3	600153.SH	建发股份	2246.39
4	600519.SH	贵州茅台	2236.56
5	600585.SH	海螺水泥	1979.69
6	000725.SZ	京东方 A	1977.99
7	600606.SH	绿地控股	1451.54
8	601899.SH	紫金矿业	1383.63
9	600018.SH	上港集团	1361.86
10	000858.SZ	五粮液	1323.49

资料来源：Wind，申万宏源研究。

（三）非金融公司资产负债率约 61%，呈现下降趋势

资产负债率是衡量企业财务状况和偿债能力的一个重要指标，反映了企业利用债权人提供资金进行经营活动的能力以及债权人发放贷款的安全程度。截至 2023 年末，地方国资上市公司资产负债率与 A 股上市公司资产负债率分别为 81.84%、83.10%。2019—2023 年，地方国资上市公司资产负债率基本稳定在 81% 左右，A 股上市公司资产负债率维持在 83% 左右（见图 38）。

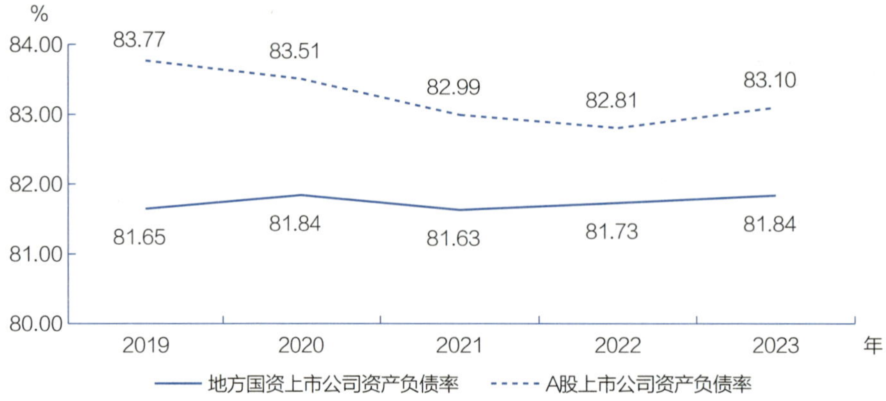

图 38 2019—2023 年地方国资上市公司与 A 股上市公司资产负债率的比较

资料来源：Wind，申万宏源研究。

由于行业属性，金融企业相较于其他企业往往具有更高的财务杠杆。剔除金融企业后，地方国资非金融上市公司资产负债率与 A 股非金融上市公司资产负债率均呈下降趋势。2019—2023 年，地方国资非金融上市公司资产负债率从 63.69% 降至 61.47%，降幅为 2.22 个百分点；A 股非金融上市公司资产负债率从 60.43% 降至 57.77%，降幅为 2.66 个百分点（见图 39）。

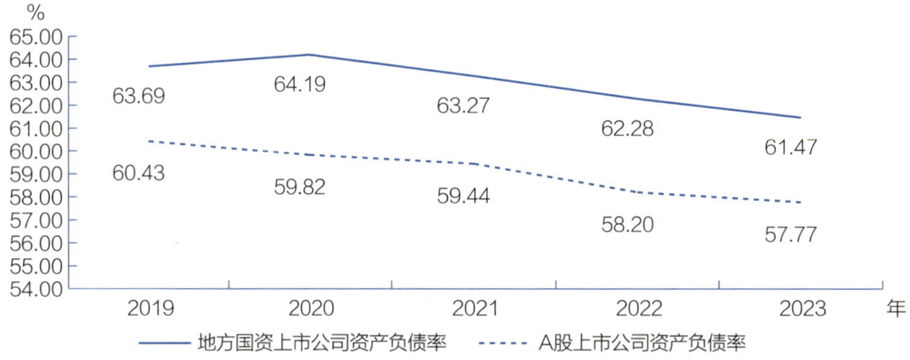

图 39 2019—2023 年地方国资上市公司与 A 股上市公司资产负债率的比较（剔除金融企业）

资料来源：Wind，申万宏源研究。

地方国资上市公司资产负债率主要集中在 >50%~70%。截至 2023 年末，地方国资上市公司资产负债率结构中占比最高的区间为 >50%~70%，其占比为 30.36%，>70%、30%~50%、<30% 的区间占比分别为 23.31%、27.28% 和 19.05%。作为对比的是，A 股上市公司资产负债率结构中占比最高的区间为 <30%，其占比为 35.15%，>70%、>50%~70%、30%~50% 的区间占比分别为

10.88%、23.08% 和 30.89%。此外，资产负债率越高的区间，地方国资上市公司占 A 股上市公司的比例往往越高。总体来看，地方国资上市公司资产负债率集中在 30%~70%，A 股上市公司资产负债率集中在 50% 及以下（见表 30）。

表 30　截至 2023 年末，地方国资上市公司与 A 股上市公司资产负债率结构对比

资产负债率区间	地方国资上市公司数量（家）	地方国资上市公司占比（%）	A 股上市公司数量（家）	A 股上市公司占比（%）	地方国资上市公司占 A 股上市公司的比例（%）
>70%	235	23.31	580	10.88	40.52
>50%~70%	306	30.36	1230	23.08	24.88
30%~50%	275	27.28	1646	30.89	16.71
<30%	192	19.05	1873	35.15	10.25
合计	1008	100.00	5329	100.00	18.92

资料来源：Wind，申万宏源研究。

剔除金融企业后，资产负债率较高区间的地方国资上市公司占比进一步下降。由于非金融企业具有较低的财务杠杆，剔除金融企业后，2023 年资产负债率 >70% 的地方国资上市公司共 177 家，区间占比从 23.31% 降至 18.79%；>50%~70% 的地方国资上市公司有 301 家，占比从 30.36% 升至 31.95%；30%~50% 的地方国资上市公司有 273 家，占比从 27.28% 升至 28.98%，增幅最多；资产负债率 <30% 的地方国资上市公司有 191 家，占比从 19.05% 升至 20.28%。此外，A 股上市公司的资产负债水平在剔除金融企业后也有所下降，与地方国资上市公司的变化趋势相同（见表 31）。

表 31　截至 2023 年末，地方国资上市公司与 A 股上市公司资产负债率结构对比（剔除金融企业）

资产负债率区间	地方国资上市公司数量（家）	地方国资上市公司占比（%）	A 股上市公司数量（家）	A 股上市公司占比（%）	地方国资上市公司占 A 股上市公司的比例（%）
>70%	177	18.79	478	9.19	37.03
>50%~70%	301	31.95	1219	23.44	24.69
30%~50%	273	28.98	1638	31.49	16.67
<30%	191	20.28	1866	35.88	10.24
合计	942	100.00	5201	100.00	18.11

资料来源：Wind，申万宏源研究。

三、经营效益表现稳健，为 A 股贡献约 1/4 的营业收入

（一）营业收入稳中有升，总额接近 19 万亿元

地方国资上市公司营业收入占 A 股上市公司营业收入的比例超过 1/4。营业收入对于企业来说具有重要意义，它不仅是企业运营成果的直接体现，也是企业财务健康和持续发展的关键指标。在规模方面，地方国资上市公司营业收入稳步提升，由 2018 年末的 11.92 万亿元上升至 2023 年末的 18.39 万亿元，年均复合增速为 9.05%；同期，A 股上市公司营业收入由 44.48 万亿元升至 72.63 万亿元，年均复合增速为 10.31%。在占比方面，近五年地方国资上市公司营业收入占 A 股上市公司营业收入的比例基本稳定在 25%~28%。总体而言，近年来地方国资上市公司营业收入实现了较好较快增长，占 A 股上市公司营业收入的比例在 25% 以上（见图 40）。

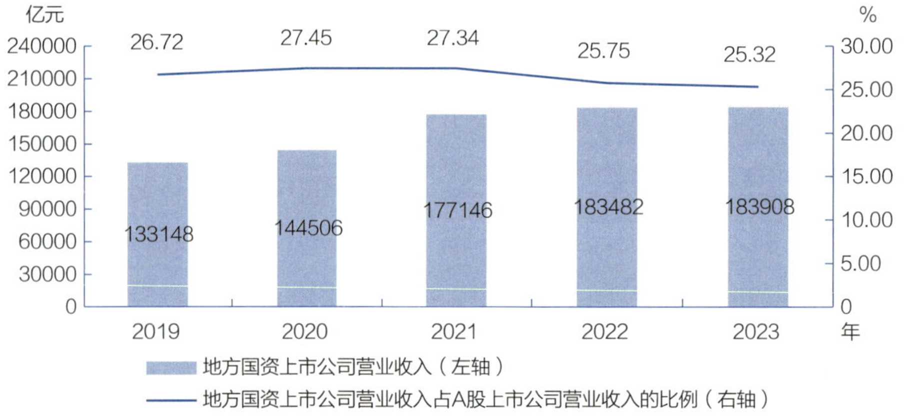

图 40　2019—2023 年地方国资上市公司营业收入及其占 A 股上市公司营业收入的比例

资料来源：Wind，申万宏源研究。

剔除金融企业后，地方国资上市公司营业收入占 A 股上市公司营业收入比例有所提升。在规模方面，地方国资非金融上市公司营业收入总额稳步向好，由 2018 年的 10.72 万亿元上升至 2023 年的 16.63 万亿元，年均复合增速为 9.17%，高于同期所有地方国资上市公司总营业收入 9.05% 的年均复合增速；同期，A 股非金融上市公司营业收入由 37.16 万亿元升至 63.46 万亿元，年均复合增速为 11.30%。在占比方面，剔除金融企业后，地方国资上市公司营业收入占 A 股上市公司营业收入的比例近五年维持在 26%~30%，相较于剔除前的营业收入比例有所提升（见图 41）。

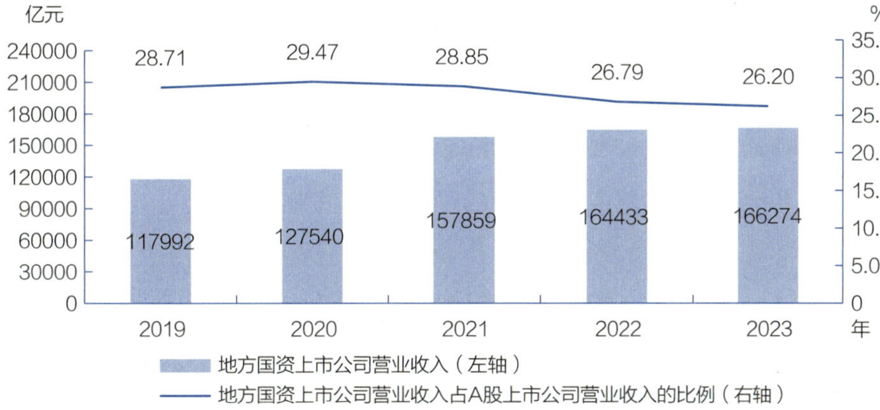

图41　2019—2023年地方国资上市公司营业收入及其占A股上市公司营业收入的比例（剔除金融企业）

资料来源：Wind，申万宏源研究。

地方国资上市公司营业收入增速和A股上市公司营业收入增速均出现较大波动，整体呈倒“N”形。地方国资上市公司营业收入增速2019年为11.67%，下调后再增长至2021年的22.59%，2023年降至近五年最低增速（0.23%）；A股上市公司营业收入增速由2019年的12.03%波动增长至2021年的23.06%，2023年降至1.91%（见图42）。

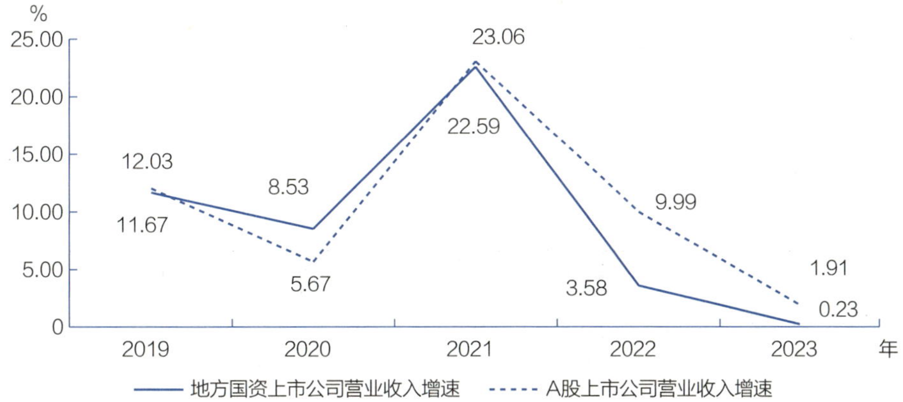

图42　2019—2023年地方国资上市公司与A股上市公司营业收入增速的比较

资料来源：Wind，申万宏源研究。

剔除金融企业后，2023年地方国资非金融上市公司营业收入增速有一定提升。剔除金融企业后，地方国资非金融上市公司营业收入增速与剔除金融企业前的整体变化趋势相同。2023年地方国资非金融上市公司营业收入增速为1.12%，高于剔除金融企业前的增速（见图43）。

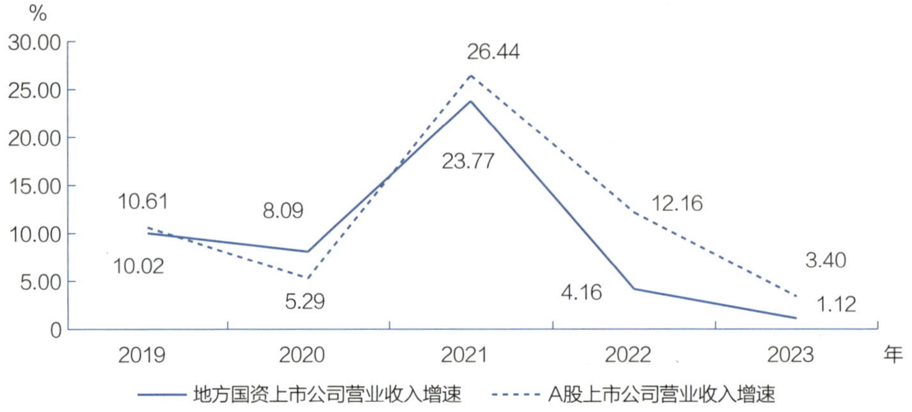

图 43　2019—2023 年地方国资上市公司与 A 股上市公司营业收入增速的比较（剔除金融企业）

资料来源：Wind，申万宏源研究。

营业收入规模越大的区间，地方国资上市公司占 A 股上市公司的比例往往越高。2023 年，地方国资上市公司营业收入结构中占比最高的两个区间为 10 亿 ~50 亿元、>100 亿 ~500 亿元，其占比分别为 38.39%、20.44%，>500 亿元、>50 亿 ~100 亿元、<10 亿元的区间占比分别为 7.24%、14.98% 和 18.95%，营业收入 >50 亿元的企业占比合计为 42.66%。作为对比的是，A 股上市公司营业收入结构中占比最高的两个区间为 10 亿 ~50 亿元、<10 亿元，其占比分别为 39.84%、34.21%，>500 亿元、>100 亿 ~500 亿元、>50 亿 ~100 亿元的区间占比分别为 4.25%、11.48% 和 10.23%。总体来看，2023 年，地方国资上市公司营业收入集中在 10 亿 ~50 亿元和 >100 亿 ~500 亿元两个区间，而 A 股上市公司营业收入集中在 50 亿元及以下（见表 32）。

表 32　2023 年地方国资上市公司与 A 股上市公司营业收入结构对比

营业收入区间	地方国资上市公司数量（家）	地方国资上市公司占比（%）	A 股上市公司数量（家）	A 股上市公司占比（%）	地方国资上市公司占 A 股上市公司的比例（%）
>1000 亿元	33	3.27	117	2.20	28.21
>500 亿 ~1000 亿元	40	3.97	109	2.05	36.70
>100 亿 ~500 亿元	206	20.44	612	11.48	33.66
>50 亿 ~100 亿元	151	14.98	545	10.23	27.71
10 亿 ~50 亿元	387	38.39	2123	39.84	18.23
<10 亿元	191	18.95	1823	34.21	10.48
合计	1008	100.00	5329	100.00	18.92

资料来源：Wind，申万宏源研究。

剔除金融企业后，营业收入较大的地方国资上市公司占比略有下降。在剔除金融企业后的营业收入结构中，地方国资上市公司与A股上市公司较大营业收入规模企业的占比均出现小幅下滑。在营业收入>100亿元的区间，地方国资非金融上市公司占比从27.68%降至26.00%，A股非金融上市公司占比从15.73%降至14.86%；在≤50亿元的区间，地方国资非金融上市公司占比从57.34%升至58.81%，A股非金融上市公司占比从74.05%升至74.95%。剔除金融企业后，较小营业收入规模企业的占比出现小幅上升，地方国资比A股有更高比例较大营业收入规模上市公司的特征不变（见表33）。

表33 2023年地方国资上市公司与A股上市公司营业收入结构对比（剔除金融企业）

营业收入区间	地方国资上市公司数量（家）	地方国资上市公司占比（%）	A股上市公司数量（家）	A股上市公司占比（%）	地方国资上市公司占A股上市公司的比例（%）
>1000亿元	30	3.18	100	1.92	30.00
>500亿~1000亿元	34	3.61	101	1.94	33.66
>100亿~500亿元	181	19.21	572	11.00	31.64
>50亿~100亿元	143	15.18	530	10.19	26.98
10亿~50亿元	365	38.75	2085	40.09	17.51
<10亿元	189	20.06	1813	34.86	10.42
合计	942	100.00	5201	100.00	18.11

资料来源：Wind，申万宏源研究。

2023年，建发股份是营业收入规模最大的地方国资上市公司。在营业收入规模上，前十大地方国资上市公司平均营业收入高达4992.34亿元，其中建发股份营业收入为7636.78亿元，是2023年营业收入最大的地方国资上市公司；上汽集团、物产中大营业收入分别为7447.05亿元和5801.61亿元，位列第二、第三；排名第十的上海建工营业收入也高达3046.28亿元。在行业分布上，2023年营业收入前十的地方国资上市公司中交通运输4家（建发股份、物产中大、厦门国贸和厦门象屿）、房地产2家，汽车、有色金属、金融、建筑装饰行业各1家，行业分布较为分散。尽管在总资产与净资产排名前十的榜单中金融企业占大多数，但在营业收入前十名榜单中金融企业仅占1家，即2023年营业收入为3239.45亿元的中国太保（见表34）。在区域分布上，营业收入前十的地方国资上市公司主要分布在经济实力较强的地区，其中上海 4 家、福建 3 家，浙江、广东和江西各 1 家。剔除金融企业后，营业收入前十大榜单基本不变，紫金矿业（2934.03 亿元）上榜前十。

表 34　2023 年营业收入前十的地方国资上市公司

排名	证券代码	证券简称	营业收入（亿元）
1	600153.SH	建发股份	7636.78
2	600104.SH	上汽集团	7447.05
3	600704.SH	物产中大	5801.61
4	600362.SH	江西铜业	5218.93
5	600755.SH	厦门国贸	4682.47
6	000002.SZ	万科 A	4657.39
7	600057.SH	厦门象屿	4590.35
8	600606.SH	绿地控股	3603.12
9	601601.SH	中国太保	3239.45
10	600170.SH	上海建工	3046.28

资料来源：Wind，申万宏源研究。

（二）利润增长略承压，占 A 股比例超 1/5

地方国资上市公司利润总额占 A 股上市公司利润总额的比例在 22%~26%。企业利润总额是衡量企业经营成果的重要财务指标，反映了企业在一定时期内通过其经营活动所获得的收益，对公司的长期发展、股东利益、员工福利以及社会责任等有着重要影响。在规模方面，尽管近五年资产与营业收入总额持续增长，地方国资上市公司利润总额却先上升再下降，由 2019 年的 1.24 万亿元升至 2021 年的 1.69 万亿元后再降至 2023 年的 1.56 万亿元。这反映出在新冠疫情后的三年中，国内宏观经济增长承压，市场有效需求不足和企业成本上升，企业盈利能力在竞争持续加剧的情况下面临诸多挑战。同时，A 股上市公司利润总额近五年保持相同的变化趋势，2023 年其总额降为 6.89 万亿元。在占比方面，近五年地方国资上市公司利润总额占 A 股上市公司利润总额的比例先上升后下降，位于 22%~26%（见图 44）。

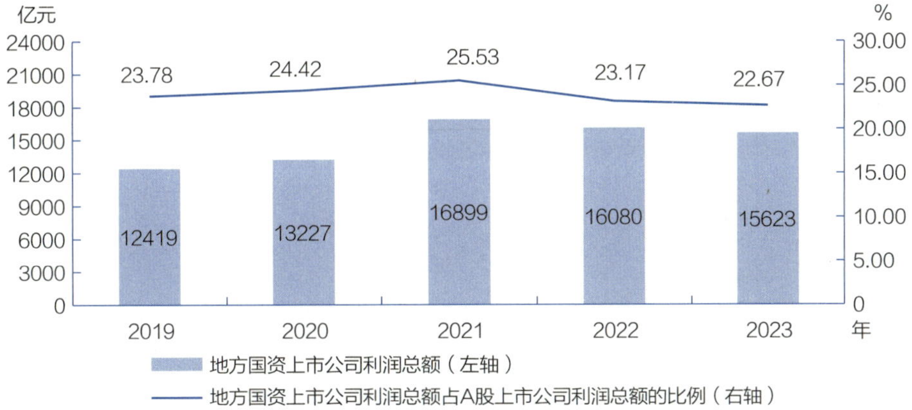

图 44　2019—2023 年地方国资上市公司利润总额及其占 A 股上市公司利润总额的比例

资料来源：Wind，申万宏源研究。

剔除金融企业后，地方国资上市公司利润总额占 A 股上市公司利润总额的比例有所提升。在规模方面，地方国资非金融上市公司利润总额由 2019 年的 0.80 万亿元升至 2021 年的 1.11 万亿元，之后降至 2023 年的 1.02 万亿元；同期，A 股上市公司利润总额由 2019 年的 2.67 万亿元升至 2022 年的 4.11 万亿元，再降至 2023 年的 4.04 万亿元。在占比方面，2019—2023 年，地方国资非金融上市公司利润总额占 A 股非金融上市公司利润总额的比例处于 25%~30%，相较于剔除金融企业前的利润总额占比有较大幅度的提升（见图 45）。

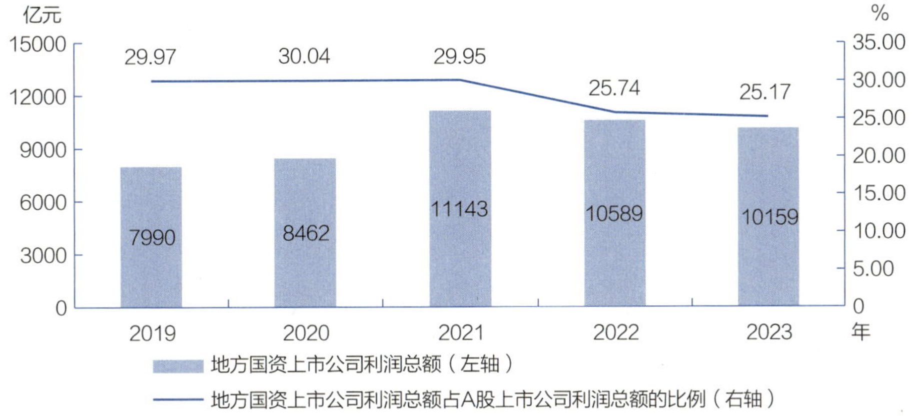

图45　2019—2023年地方国资上市公司利润总额及其占A股上市公司利润总额的比例（剔除金融企业）

资料来源：Wind，申万宏源研究。

地方国资上市公司利润总额增速和 A 股上市公司利润总额增速在 2023 年均为负值。地方国资上市公司利润总额增速先增长后下降，由 2019 年的 4.80% 增长至

2021 年的 27.76%，再降至 2023 年的 −2.84%。2022 年和 2023 年地方国资上市公司利润总额增速均不及 A 股上市公司利润总额增速（见图 46）。

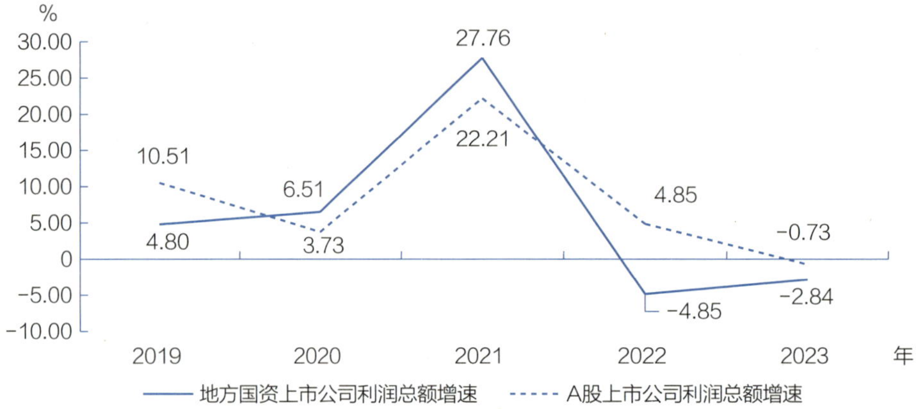

图 46　2019—2023 年地方国资上市公司与 A 股上市公司利润总额增速的比较

资料来源：Wind，申万宏源研究。

剔除金融企业后，2023 年地方国资上市公司利润总额增速有所下降。地方国资非金融上市公司利润总额增速变化趋势与剔除金融企业前相同，总体呈先增长后下降趋势，由 2019 年的 −5.38% 增长至 2021 年的 31.68%，再降至 2023 年的 −4.06%。剔除金融企业后，地方国资上市公司利润总额增速整体的波动幅度进一步扩大，而且整体增速有所下降。2023 年，地方国资非金融上市公司利润总额增速和 A 股非金融上市公司利润总额增速较剔除金融企业前进一步降低，地方国资非金融上市公司利润总额增速整体不及 A 股非金融上市公司利润总额增速（见图 47）。

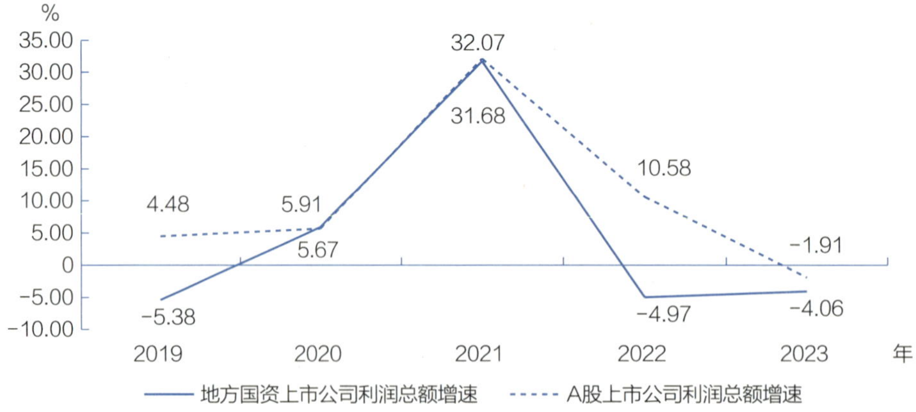

图 47　2019—2023 年地方国资上市公司与 A 股上市公司利润总额增速的比较（剔除金融企业）

资料来源：Wind，申万宏源研究。

利润总额越大的区间，地方国资上市公司占 A 股上市公司的比例往往较高。在 2023 年地方国资上市公司利润总额结构中，>50 亿元、>5 亿 ~50 亿元、1 亿 ~5 亿元、<1 亿元的区间占比分别为 6.84%、29.27%、26.19% 和 37.70%，超过 5 亿元的公司数量占比合计为 36.11%，而 A 股上市公司利润总额超过 5 亿元的公司数量占比仅为 21.93%（见表 35）。

表 35　2023 年地方国资上市公司与 A 股上市公司利润总额结构对比

利润总额区间	地方国资上市公司数量（家）	地方国资上市公司占比（%）	A 股上市公司数量（家）	A 股上市公司占比（%）	地方国资上市公司占 A 股上市公司的比例（%）
>100 亿元	36	3.57	101	1.90	35.64
>50 亿 ~100 亿元	33	3.27	82	1.54	40.24
>10 亿 ~50 亿元	167	16.57	521	9.78	32.05
>5 亿 ~10 亿元	128	12.70	464	8.71	27.59
1 亿 ~5 亿元	264	26.19	1585	29.74	16.66
<1 亿元	380	37.70	2576	48.33	14.75
合计	1008	100.00	5329	100.00	18.92

资料来源：Wind，申万宏源研究。

剔除金融企业后，利润总额较大的地方国资上市公司占比略有下降。在剔除金融企业后的利润总额结构中，地方国资非金融上市公司与 A 股非金融上市公司利润总额为 >100 亿元、>50 亿 ~100 亿元、>10 亿 ~50 亿元、>5 亿 ~10 亿元的区间占比均出现下滑。在利润总额 >5 亿元的区间，地方国资非金融上市公司占比从 36.11% 降至 32.70%，A 股非金融上市公司占比从 21.93% 降至 20.50%；在 <1 亿元的区间，地方国资非金融上市公司占比从 37.70% 升至 39.92%，A 股非金融上市公司占比从 48.33% 升至 49.28%。整体而言，剔除金融企业后，地方国资上市公司比 A 股上市公司有更高比例较大利润总额上市公司的特征不变（见表 36）。

表 36　2023 年地方国资上市公司与 A 股上市公司利润总额结构对比（剔除金融企业）

利润总额区间	地方国资上市公司数量（家）	地方国资上市公司占比（%）	A 股上市公司数量（家）	A 股上市公司占比（%）	地方国资上市公司占 A 股上市公司的比例（%）
>100 亿元	20	2.12	69	1.33	28.99
>50 亿 ~100 亿元	27	2.87	69	1.33	39.13
>10 亿 ~50 亿元	143	15.18	479	9.21	29.85

续表

利润总额区间	地方国资上市公司数量（家）	地方国资上市公司占比（%）	A股上市公司数量（家）	A股上市公司占比（%）	地方国资上市公司占A股上市公司比例（%）
>5亿~10亿元	118	12.53	449	8.63	26.28
1亿~5亿元	258	27.39	1572	30.22	16.41
<1亿元	376	39.92	2563	49.28	14.67
合计	942	100.00	5201	100.00	18.11

资料来源：Wind，申万宏源研究。

2023年，贵州茅台是利润总额最大的地方国资上市公司。在盈利规模上，前十大地方国资上市公司平均利润总额为487.30亿元，其中贵州茅台利润总额高达1036.63亿元，是2023年利润总额最大的地方国资上市公司；兴业银行、陕西煤业利润总额分别为843.29亿元和422.74亿元，位列第二、第三；排名第十的紫金矿业利润总额为312.87亿元（见表37）。在行业分布上，2023年利润总额前十的地方国资上市公司中金融5家、食品饮料2家、煤炭2家、有色金属1家。在区域分布上，利润总额前十的地方国资上市公司区域分布较为分散，其中上海2家、福建2家，贵州、陕西、四川、江苏、山东、北京各1家。

表37　2023年利润总额前十的地方国资上市公司

排名	证券代码	证券简称	利润总额（亿元）
1	600519.SH	贵州茅台	1036.63
2	601166.SH	兴业银行	843.29
3	601225.SH	陕西煤业	422.74
4	000858.SZ	五粮液	419.13
5	600000.SH	浦发银行	406.92
6	600919.SH	江苏银行	386.94
7	600188.SH	兖矿能源	370.09
8	600015.SH	华夏银行	354.39
9	601601.SH	中国太保	320.01
10	601899.SH	紫金矿业	312.87

资料来源：Wind，申万宏源研究。

剔除金融企业后，利润总额前十的地方国资非金融上市公司主要集中在食品饮料等行业。由于全部地方国资上市公司利润总额前十名榜单中金融企业占5家，剔除金融企业后的地方国资非金融上市公司利润总额前十大榜单有较大变化。在盈利规模上，前十大地方国资非金融上市公司平均利润总额为 370.53 亿元，其中第一名依然是利润总额高达 1036.63 亿元的贵州茅台；陕西煤业、五粮液利润总额分别为 422.74 亿元和 419.13 亿元，位列第二、第三。在行业分布上，2023 年，利润总额前十的地方国资非金融上市公司中食品饮料 3 家、煤炭 2 家，有色金属、房地产、汽车、交通运输、基础化工行业各 1 家。在区域分布上，利润总额前十的地方国资非金融上市公司分布比较分散，其中四川、山东、福建各 2 家，贵州、陕西、广东和上海各 1 家。

（三）净利润小幅下调，扣非净利润仍超万亿元

2023 年地方国资上市公司净利润略有下降。相比利润总额，净利润更能体现企业的经营成果和盈利能力，直接关系到企业的分红能力和股价表现，也是投资者和股东最关心的财务指标。近五年，地方国资上市公司净利润及其占比变化情况与利润总额变化趋势基本相同。在规模方面，地方国资上市公司净利润先增长后减少，由 2019 年的 0.99 万亿元升至 2021 年的 1.36 万亿元后降至 2023 年的 1.26 万亿元。同期，A 股上市公司净利润由 2019 年的 3.74 万亿元稳步增长至 2022 年的 5.73 万亿元，2023 年为 5.70 万亿元，与 2022 年基本持平。在占比方面，近五年地方国资上市公司净利润占 A 股上市公司净利润的比例与同期利润总额占比保持相同的变化趋势，且基本一致，位于 22%~26%（见图 48）。

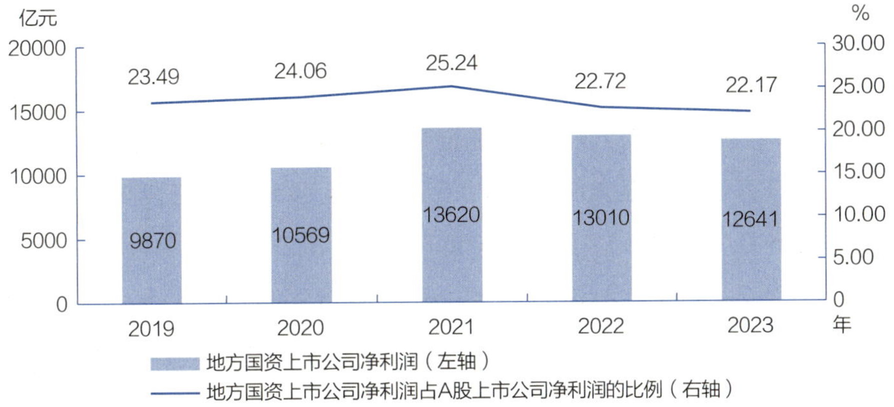

图 48　2019—2023 年地方国资上市公司净利润及其占 A 股上市公司净利润的比例

资料来源：Wind，申万宏源研究。

扣除非经常性损益后，地方国资上市公司净利润略有下降，占 A 股上市公司扣非净利润的比例为 20%~25%。非经常性损益是指与公司正常经营业务无直接关系，

以及虽与正常经营业务相关，但由于其性质特殊和偶发性，影响报表使用人对公司经营业绩和盈利能力做出正常判断的各项交易和事项产生的损益①。扣非净利润可以更准确、更公允地反映企业的主营业务盈利能力。在规模方面，地方国资上市公司净利润在扣除非经常性损益后小幅下降，变化趋势基本与扣除前保持一致，2019—2023 年分别为 0.82 万亿元、0.83 万亿元、1.13 万亿元、1.05 万亿元和 1.02 万亿元；同期，A 股上市公司扣非净利润分别为 3.49 万亿元、3.53 万亿元、4.51 万亿元、4.90 万亿元和 4.86 万亿元。在占比方面，2019—2023 年，地方国资上市公司扣非净利润占 A 股上市公司扣非净利润的比例先上升后下降，2023 年为 20.90%，始终处于 20%~25%，相较于扣除非经常性损益前的净利润占比有一定下滑（见图 49）。

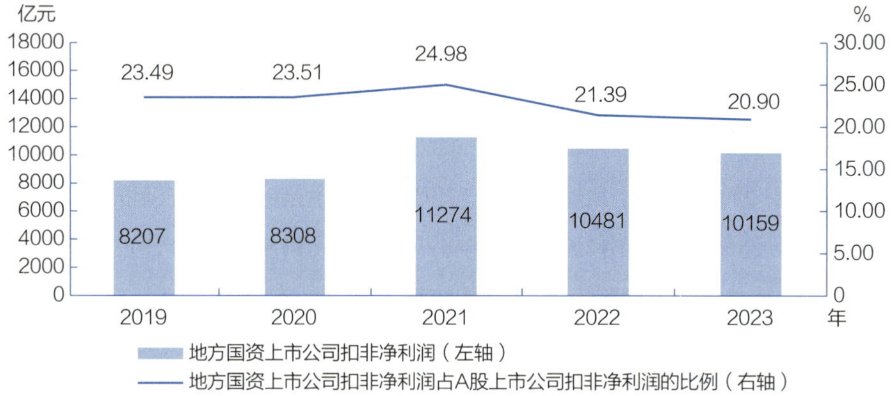

图 49　2019—2023 年地方国资上市公司扣非净利润及其占 A 股上市公司扣非净利润的比例

资料来源：Wind，申万宏源研究。

剔除金融企业后，地方国资上市公司扣非净利润占 A 股上市公司扣非净利润的比例呈下降趋势。在规模方面，地方国资非金融上市公司扣非净利润先上升后下降，由 2019 年的 0.45 万亿元升至 2021 年的 0.65 万亿元后降至 2023 年的 0.56 万亿元，近五年总体提升 0.11 万亿元；同期，A 股非金融上市公司扣非净利润由 2019 年的 1.46 万亿元升至 2022 年的 2.52 万亿元后降至 2023 年的 2.46 万亿元，近五年总体提升 1.00 万亿元。在占比方面，2019—2023 年，地方国资非金融上市公司扣非净利润占 A 股非金融上市公司扣非净利润的比例持续下滑。同时，相较于剔除金融企业前的比重，地方国资非金融上市公司扣非净利润占 A 股非金融上市公司扣非净利润的比例有一定提升（见图 50）。

① 来自证监会《公开发行证券的公司信息披露解释性公告第 1 号——非经常性损益（2023 年修订）》。

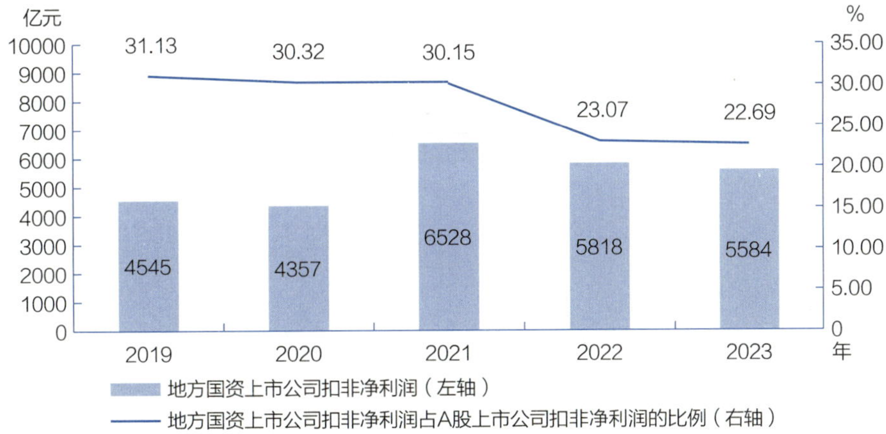

图 50　2019—2023 年地方国资上市公司扣非净利润及其占 A 股上市公司扣非净利润的比例（剔除金融企业）

资料来源：Wind，申万宏源研究。

地方国资上市公司净利润增速总体呈先增长后下降的趋势。地方国资上市公司净利润增速由 2019 年的 4.69% 增长至 2021 年的 28.86%，再降至 2023 年的 −2.84%。与利润总额增速相同，2023 年地方国资上市公司净利润增速和 A 股上市公司净利润增速均小于零（见图 51）。

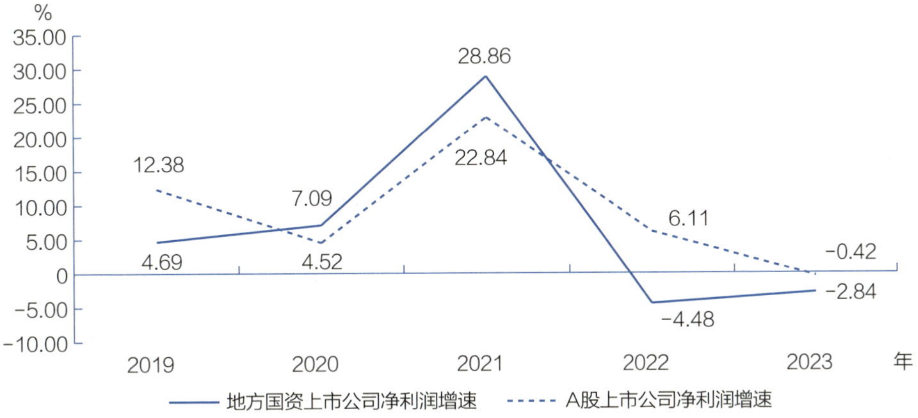

图 51　2019—2023 年地方国资上市公司与 A 股上市公司净利润增速的比较

资料来源：Wind，申万宏源研究。

扣除非经常性损益后，地方国资上市公司扣非净利润增速有较大的波动性，整体呈“W”形。2019—2023 年，地方国资上市公司扣非净利润增速分别为 11.86%、1.23%、35.71%、−7.04% 和 −3.07%。与扣除非经常性损益前相同，2023 年地方国资上市公司扣非净利润增速和 A 股上市公司扣非净利润增速均为负值（见图 52）。

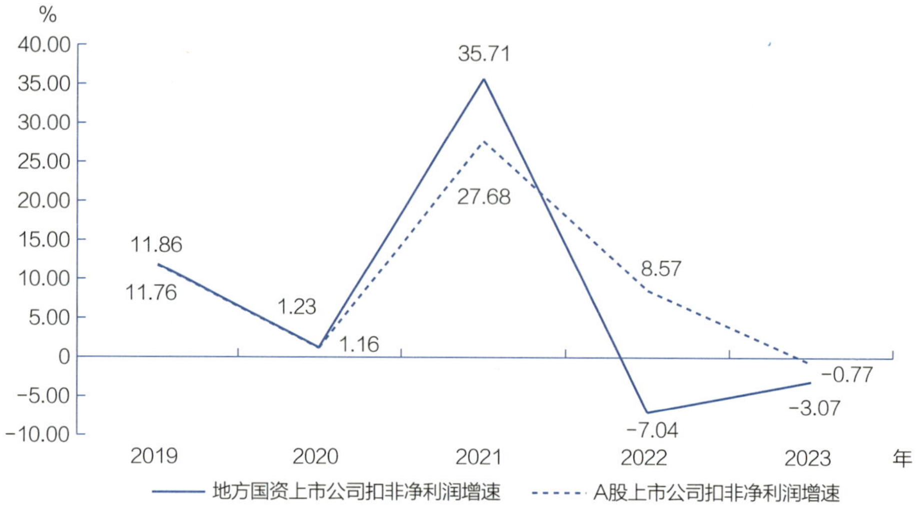

图 52　2019—2023 年地方国资上市公司与 A 股上市公司扣非净利润增速的比较

资料来源：Wind，申万宏源研究。

与剔除金融企业前变化趋势相同，地方国资非金融上市公司扣非净利润增速整体也呈“W”形。2019—2023 年，地方国资非金融上市公司扣非净利润增速分别为 -0.31%、-4.15%、49.84%、-10.89% 和 -4.01%，仅有一年增速为正，反映出地方国资非金融上市公司真实的业务盈利能力近期正面临较大的压力与挑战。近五年，地方国资非金融上市公司扣非净利润增速均低于 A 股非金融上市公司扣非净利润增速（见图 53）。

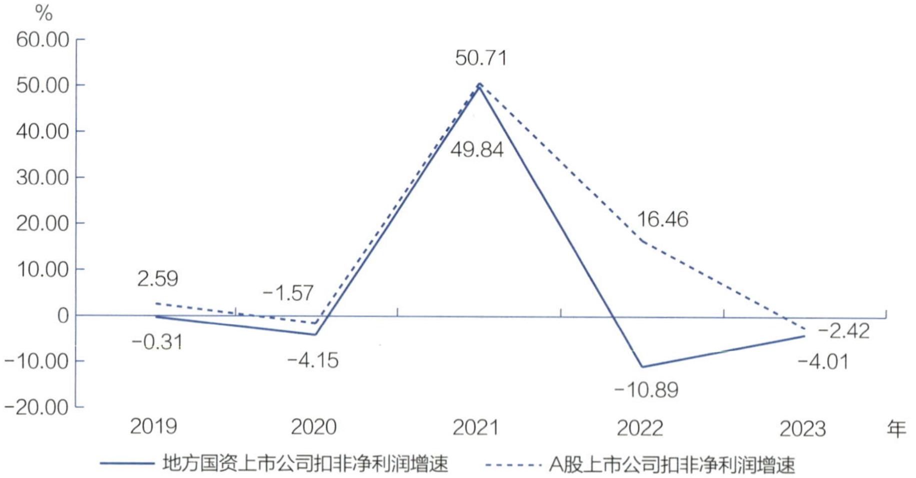

图 53　2019—2023 年地方国资上市公司与 A 股上市公司扣非净利润增速的比较（剔除金融企业）

资料来源：Wind，申万宏源研究。

净利润越大的区间，地方国资上市公司占 A 股上市公司的比例往往越高。在

2023 年地方国资上市公司净利润结构中，>50 亿元、>5 亿 ~50 亿元、1 亿 ~5 亿元、<1 亿元的区间占比分别为 5.56%、27.38%、25.50% 和 41.57%。2023 年，地方国资上市公司净利润超过 5 亿元的公司数量占比合计为 32.94%，而 A 股上市公司净利润超过 5 亿元的公司数量占比合计仅为 19.93%（见表 38）。

表 38　2023 年地方国资上市公司与 A 股上市公司净利润结构对比

净利润区间	地方国资上市公司数量（家）	地方国资上市公司占比（%）	A 股上市公司数量（家）	A 股上市公司占比（%）	地方国资上市公司占 A 股上市公司的比例（%）
>100 亿元	31	3.08	88	1.65	35.23
>50 亿 ~100 亿元	25	2.48	67	1.26	37.31
>10 亿 ~50 亿元	151	14.98	472	8.86	31.99
>5 亿 ~10 亿元	125	12.40	435	8.16	28.74
1 亿 ~5 亿元	257	25.50	1531	28.73	16.79
<1 亿元	419	41.57	2736	51.34	15.31
合计	1008	100.00	5329	100.00	18.92

资料来源：Wind，申万宏源研究。

扣除非经常性损益后，地方国资上市公司净利润结构特征不变。扣除非经常性损益后，地方国资上市公司与 A 股上市公司净利润出现不同程度的下滑。在 2023 年地方国资上市公司扣非净利润结构中，>50 亿元、>5 亿 ~50 亿元、1 亿 ~5 亿元的区间占比较扣除非经常性损益前下降，分别下降至 4.46%、24.21%、22.52%，<1 亿元的区间占比上升至 48.81%（见表 39）。

表 39　2023 年地方国资上市公司与 A 股上市公司扣非净利润结构对比

扣非净利润区间	地方国资上市公司数量（家）	地方国资上市公司占比（%）	A 股上市公司数量（家）	A 股上市公司占比（%）	地方国资上市公司占 A 股上市公司的比例（%）
>100 亿元	26	2.58	73	1.37	35.62
>50 亿 ~100 亿元	19	1.88	59	1.11	32.20
>10 亿 ~50 亿元	131	13.00	408	7.66	32.11
>5 亿 ~10 亿元	113	11.21	363	6.81	31.13
1 亿 ~5 亿元	227	22.52	1384	25.97	16.40
<1 亿元	492	48.81	3042	57.08	16.17
合计	1008	100.00	5329	100.00	18.92

资料来源：Wind，申万宏源研究。

剔除金融企业后，扣非净利润较大的地方国资上市公司占比略有下降。在剔除金融企业后的扣非净利润结构中，地方国资非金融上市公司与 A 股非金融上市公司扣非净利润为 >100 亿元、>50 亿 ~100 亿元、>10 亿 ~50 亿元、>5 亿 ~10 亿元的区间占比均出现下滑。在扣非净利润 >5 亿元的区间，地方国资非金融上市公司占比从 28.67% 降至 25.06%，A 股非金融上市公司占比从 16.95% 降至 15.52%；在 <1 亿元的区间，地方国资非金融上市公司占比从 48.81% 升至 51.80%，A 股非金融上市公司占比从 57.08% 升至 58.18%（见表 40）。

表 40　2023 年地方国资上市公司与 A 股上市公司扣非净利润结构对比（剔除金融企业）

扣非净利润区间	地方国资上市公司数量（家）	地方国资上市公司占比（%）	A 股上市公司数量（家）	A 股上市公司占比（%）	地方国资上市公司占 A 股上市公司的比例（%）
>100 亿元	11	1.17	43	0.83	25.58
>50 亿 ~100 亿元	14	1.49	48	0.92	29.17
>10 亿 ~50 亿元	106	11.25	368	7.08	28.80
>5 亿 ~10 亿元	105	11.15	348	6.69	30.17
1 亿 ~5 亿元	218	23.14	1368	26.30	15.94
<1 亿元	488	51.80	3026	58.18	16.13
合计	942	100.00	5201	100.00	18.11

资料来源：Wind，申万宏源研究。

2023 年，兴业银行是净利润最大的地方国资上市公司。净利润前十名上榜企业名单与利润总额前十名企业名单一致，只是排名略有不同。在规模上，前十大地方国资上市公司平均净利润为 398.47 亿元，其中兴业银行净利润高达 776.54 亿元，是 2023 年净利润最高的地方国资上市公司；贵州茅台、浦发银行净利润分别为 775.21 亿元和 374.29 亿元，位列第二、第三；排名第十的紫金矿业净利润为 265.40 亿元（见表 41）。在行业分布上，2023 年，净利润前十的地方国资上市公司中金融 5 家、食品饮料 2 家、煤炭 2 家、有色金属 1 家。在区域分布上，利润总额前十的地方国资上市公司区域分布较为分散，其中上海 2 家、福建 2 家，贵州、陕西、四川、江苏、山东、北京各 1 家。行业和区域分布特征与利润总额前十榜单相同。

表 41　2023 年净利润前十的地方国资上市公司

排名	证券代码	证券简称	净利润（亿元）
1	601166.SH	兴业银行	776.54
2	600519.SH	贵州茅台	775.21
3	600000.SH	浦发银行	374.29
4	601225.SH	陕西煤业	358.87
5	000858.SZ	五粮液	315.21
6	600919.SH	江苏银行	300.13
7	601601.SH	中国太保	279.11
8	600188.SH	兖矿能源	271.51
9	600015.SH	华夏银行	268.45
10	601899.SH	紫金矿业	265.40

资料来源：Wind，申万宏源研究。

扣除非经常性损益后，2023 年扣非净利润前十的地方国资上市公司榜单稍有不同。在规模上，前十大地方国资上市公司平均扣非净利润为 372.44 亿元，前三名依然是兴业银行、贵州茅台、浦发银行，扣非净利润分别为 765.23 亿元、747.53 亿元和 338.82 亿元；排名第十的陕西煤业扣非净利润为 246.80 亿元。在上榜企业上，相较于扣非前的净利润榜单，扣非后的净利润榜单中宁波银行与北京银行替代了兖矿能源与紫金矿业（见表 42）。在行业分布上，2023 年扣非净利润前十的地方国资上市公司中金融企业数量提升至 7 家，食品饮料维持 2 家，煤炭降至 1 家。在区域分布上，扣非净利润前十的地方国资上市公司区域分布较为分散，其中上海与北京各 2 家，福建、贵州、陕西、四川、江苏、浙江各 1 家。

表 42　2023 年扣非净利润前十的地方国资上市公司

排名	证券代码	证券简称	扣非净利润（亿元）
1	601166.SH	兴业银行	765.23
2	600519.SH	贵州茅台	747.53
3	600000.SH	浦发银行	338.82
4	000858.SZ	五粮液	301.16
5	600919.SH	江苏银行	282.45
6	601601.SH	中国太保	271.35
7	600015.SH	华夏银行	262.73

续表

排名	证券代码	证券简称	扣非净利润（亿元）
8	002142.SZ	宁波银行	254.26
9	601169.SH	北京银行	254.11
10	601225.SH	陕西煤业	246.80

资料来源：Wind，申万宏源研究。

2023 年，贵州茅台是扣非净利润最大的地方国资非金融上市公司。由于全部地方国资上市公司扣非净利润前十名榜单中金融企业占 7 家，剔除金融企业后的地方国资非金融上市公司扣非净利润前十大榜单有较大变化。在规模上，前十大地方国资非金融上市公司平均扣非净利润为 274.07 亿元，其中第一名是贵州茅台，扣非净利润高达 747.53 亿元；五粮液、陕西煤业扣非净利润分别为 301.16 亿元和 246.80 亿元，位列第二、第三。在行业分布上，2023 年扣非净利润前十的地方国资非金融上市公司中食品饮料 4 家、煤炭 2 家，有色金属、基础化工、交通运输、汽车行业各 1 家。在区域分布上，扣非净利润前十的地方国资非金融上市公司分布比较分散，其中四川、山东、上海各 2 家，贵州、陕西、福建和山西各 1 家。

（四）净资产收益率约 8%，与 A 股整体水平相当

地方国资上市公司净资产收益率走势与 A 股上市公司净资产收益率走势基本一致，呈“N”字形波动。净资产收益率能够衡量企业权益资本的投入产出效率，反映企业为股东创造价值的能力，体现了国资委履行保障出资人权益、防止国有资产损失的法定职责，以及国资委作为出资人对地方国资上市公司资本回报质量的要求，符合以管资本为主的监管导向，有利于引导国有企业更加注重投入产出效率，加大亏损企业治理力度，加快“两非”“两资”剥离处置，盘活存量资产，提高资产使用效率，提升净资产创利能力和收益水平。2023 年，地方国资上市公司净资产收益率为 8.09%，较 2022 年下降 0.79 个百分点，下降的幅度略小于 A 股上市公司的 0.89 个百分点。地方国资上市公司净资产收益率不及 A 股上市公司净资产收益率，近五年中只有 2021 年小幅超过 A 股上市公司，超过 0.37 个百分点，其余年份均低于 A 股上市公司（见图 54）。由于部分地方国资上市公司承担了支持地方国计民生发展的任务，不完全以追求经济利益为目标，同时要兼顾社会利益，因此盈利能力略低于民营上市公司等其他公司属性的上市公司。

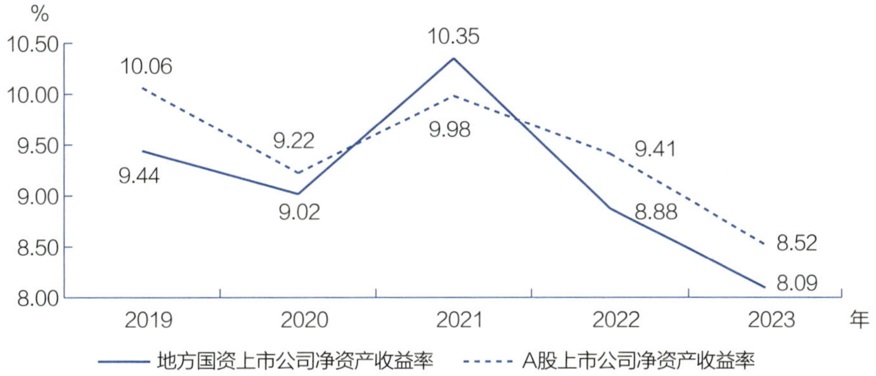

图 54　2019—2023 年地方国资上市公司与 A 股上市公司净资产收益率的比较

资料来源：Wind，申万宏源研究。

扣除非经常性损益后，地方国资上市公司扣非净资产收益率走势和 A 股上市公司扣非净资产收益率走势与扣非前基本一致。2023 年，地方国资上市公司扣非净资产收益率为 7.17%，较 2022 年下降 0.78 个百分点，下降的幅度略小于 A 股上市公司的 0.88 个百分点。地方国资上市公司扣非净资产收益率不及 A 股上市公司扣非净资产收益率，近五年中只有 2021 年小幅超过 A 股上市公司，超过 0.35 个百分点，其余年份均低于 A 股上市公司（见图 55）。

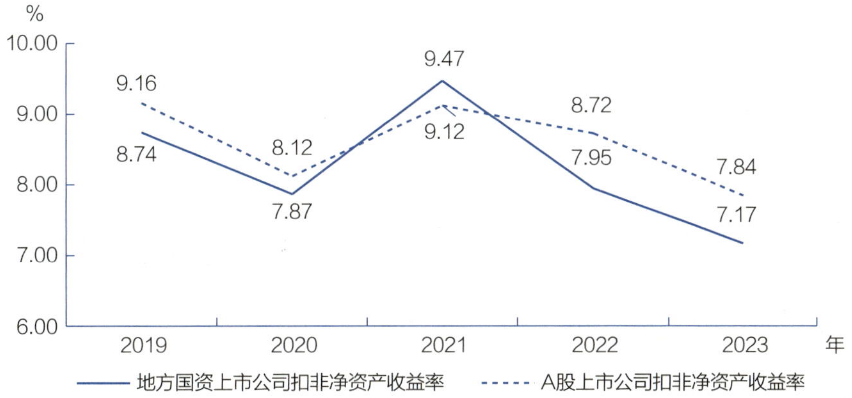

图 55　2019—2023 年地方国资上市公司与 A 股上市公司扣非净资产收益率的比较

资料来源：Wind，申万宏源研究。

剔除金融企业后，地方国资上市公司扣非净资产收益率与 A 股上市公司扣非净资产收益率的差距明显缩小。剔除金融企业后，2019—2021 年，地方国资上市公司扣非净资产收益率高于 A 股上市公司扣非净资产收益率，高出幅度分别为 0.68 个百分点、0.67 个百分点和 1.16 个百分点；2022—2023 年，地方国资上市公司扣非净资产收益率低于 A 股上市公司扣非净资产收益率，落后幅度分别为 0.57 个百分点和 0.32 个百分点（见图 56）。

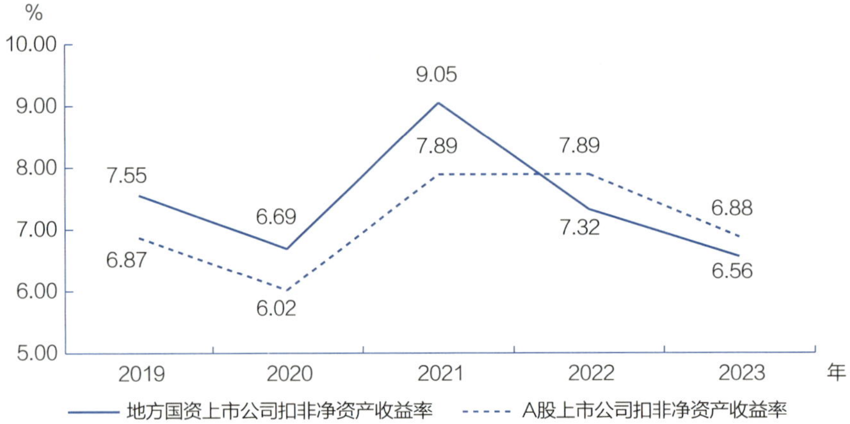

图 56　2019—2023 年地方国资上市公司与 A 股上市公司扣非净资产收益率的比较（剔除金融企业）

资料来源：Wind，申万宏源研究。

2023 年，地方国资上市公司盈利能力与 A 股上市公司相当。净资产收益率 <2% 是地方国资上市公司净资产收益率和 A 股上市公司净资产收益率最集中的区间，分别占比 31.94% 和 30.87%，约为各自的 1/3。在每个净资产收益率区间内，地方国资上市公司占 A 股上市公司的比例较为接近，均在 17%~20% 内小幅波动（见表 43）。地方国资上市公司盈利能力与 A 股上市公司相当，这与地方国资上市公司的提质增效行动计划息息相关，提质增效行动计划有效地提高了地方国资公司的盈利能力。

表 43　2023 年地方国资上市公司与 A 股上市公司净资产收益率结构对比

净资产收益率区间	地方国资上市公司数量（家）	地方国资上市公司占比（%）	A 股上市公司数量（家）	A 股上市公司占比（%）	地方国资上市公司占 A 股上市公司的比例（%）
>20%	45	4.46	245	4.60	18.37
>10%~20%	202	20.04	1115	20.92	18.12
>5%~10%	271	26.88	1386	26.01	19.55
2%~5%	168	16.67	938	17.60	17.91
<2%	322	31.94	1645	30.87	19.57
合计	1008	100.00	5329	100.00	18.92

资料来源：Wind，申万宏源研究。

扣除非经常性损益后，2023 年地方国资上市公司盈利能力与 A 股上市公司相当。

与净资产收益率结构指标类似，扣非净资产收益率 <2% 是地方国资上市公司扣非净资产收益率和 A 股上市公司扣非净资产收益率最集中的区间，分别占比 39.78% 和 37.51%。在每个扣非净资产收益率区间内，地方国资上市公司占 A 股上市公司的比例较为接近，均在 19% 左右小幅波动（见表 44）。

表 44 2023 年地方国资上市公司与 A 股上市公司扣非净资产收益率结构对比

扣非净资产收益率区间	地方国资上市公司数量（家）	地方国资上市公司占比（%）	A 股上市公司数量（家）	A 股上市公司占比（%）	地方国资上市公司占 A 股上市公司的比例（%）
>20%	32	3.17	171	3.21	18.71
>10%~20%	170	16.87	931	17.47	18.26
>5%~10%	243	24.11	1306	24.51	18.61
2%~5%	162	16.07	922	17.30	17.57
<2%	401	39.78	1999	37.51	20.06
合计	1008	100.00	5329	100.00	18.92

资料来源：Wind，申万宏源研究。

剔除金融企业后，地方国资非金融上市公司盈利能力与 A 股非金融上市公司相当。各扣非净资产收益率区间内的地方国资非金融上市公司数量占比和 A 股非金融上市公司数量占比基本一致，说明地方国资非金融上市公司的盈利能力与 A 股非金融上市公司整体水平保持一致（见表 45）。

表 45 2023 年地方国资上市公司与 A 股上市公司扣非净资产收益率结构对比（剔除金融企业）

扣非净资产收益率区间	地方国资上市公司数量（家）	地方国资上市公司占比（%）	A 股上市公司数量（家）	A 股上市公司占比（%）	地方国资上市公司占 A 股上市公司的比例（%）
>20%	32	3.40	171	3.29	18.71
>10%~20%	153	16.24	897	17.25	17.06
>5%~10%	218	23.14	1263	24.28	17.26
2%~5%	147	15.61	893	17.17	16.46
<2%	392	41.61	1977	38.01	19.83
合计	942	100.00	5201	100.00	18.11

资料来源：Wind，申万宏源研究。

（五）营业现金比率回升，略低于 A 股整体水平

地方国资上市公司营业现金比率呈波动上升趋势，与 A 股上市公司营业现金比率波动趋势一致。营业现金比率能更好地反映“要有利润的收入和要有现金的利润”的要求，更直接反映企业经营活动的变现能力，有利于落实国有资产保值增值责任，有利于

推动地方国资上市公司在关注账面利润基础上，更加关注现金流的安全，更加关注可持续投资能力的提升，从而全面提高企业经营业绩的“含金量”，真正实现高质量的发展。2023 年，地方国资上市公司营业现金比率为 18.55%，是近五年的最高水平；A 股上市公司营业现金比率为 20.85%，略高于地方国资上市公司水平（见图 57）。

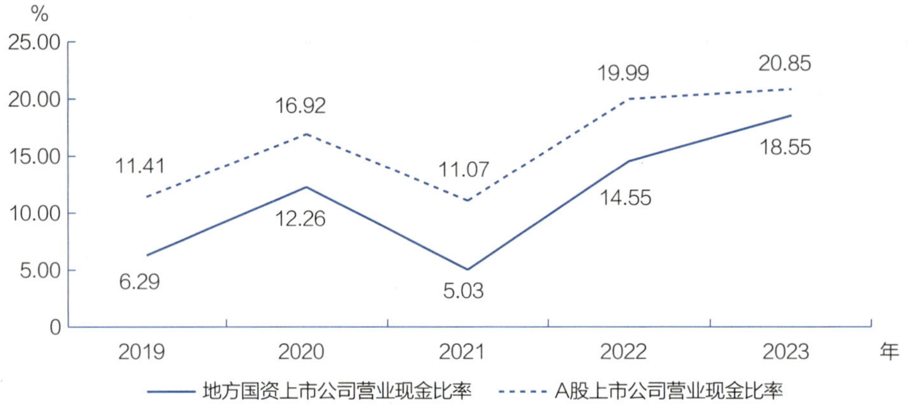

图 57　2019—2023 年地方国资上市公司与 A 股上市公司营业现金比率的比较

资料来源：Wind，申万宏源研究。

剔除金融企业后，地方国资非金融上市公司营业现金比率与 A 股非金融上市公司的水平仍有 2 个百分点左右的差距。剔除金融企业后，地方国资非金融上市公司营业现金比率和 A 股非金融上市公司营业现金比率均下降。2023 年，A 股非金融上市公司的营业现金比率为 10.11%，地方国资非金融上市公司的营业现金比率为 8.03%，近五年水平基本持平（见图 58）。

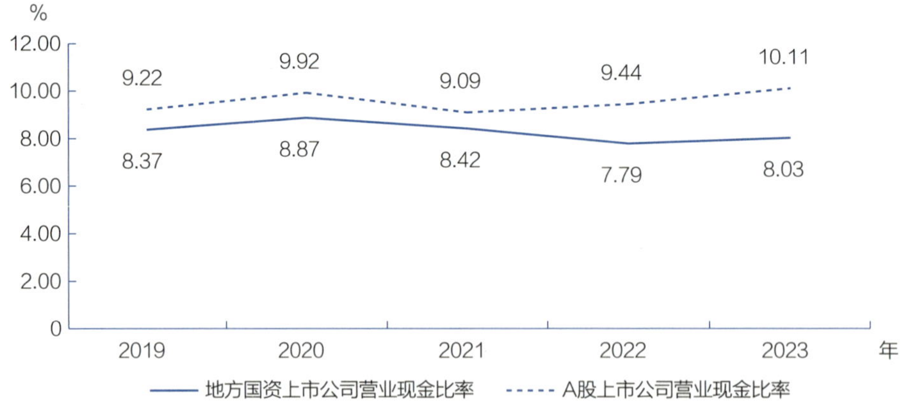

图 58　2019—2023 年地方国资上市公司与 A 股上市公司营业现金比率的比较（剔除金融企业）

资料来源：Wind，申万宏源研究。

地方国资上市公司营业现金比率集中在 20% 及以下，与 A 股上市公司营业现金比率结构类似。虽然在部分区间内地方国资上市公司营业现金比率不及 A 股上市公司，但在营业现金比率超过 40% 的区间内，地方国资上市公司数量占比远远超过 A 股上市公司数量占比（见表 46）。在地方国资上市公司中，也不乏营业现金水平较好的公司。

表 46 2023 年地方国资上市公司与 A 股上市公司营业现金比率结构对比

营业现金比率区间	地方国资上市公司数量（家）	地方国资上市公司占比（%）	A 股上市公司数量（家）	A 股上市公司占比（%）	地方国资上市公司占 A 股上市公司的比例（%）
>40%	101	10.02	295	5.54	34.24
>30%~40%	57	5.65	253	4.75	22.53
>20%~30%	102	10.12	647	12.14	15.77
>10%~20%	229	22.72	1389	26.06	16.49
2%~10%	254	25.20	1383	25.95	18.37
<2%	265	26.29	1362	25.56	19.46
合计	1008	100.00	5329	100.00	18.92

资料来源：Wind，申万宏源研究。

剔除金融企业后，地方国资上市公司营业现金比率结构变化不大，主要集中在 20% 及以下。较大的变化体现在营业现金比率超过 40% 的地方国资上市公司数量占比有所降低（见表 47）。

表 47 2023 年地方国资上市公司与 A 股上市公司营业现金比率结构对比（剔除金融企业）

营业现金比率区间	地方国资上市公司数量（家）	地方国资上市公司占比（%）	A 股上市公司数量（家）	A 股上市公司占比（%）	地方国资上市公司占 A 股上市公司的比例（%）
>40%	73	7.75	238	4.58	30.67
>30%~40%	54	5.73	246	4.73	21.95
>20%~30%	98	10.40	641	12.32	15.29
>10%~20%	225	23.89	1383	26.59	16.27
2%~10%	251	26.65	1376	26.46	18.24
<2%	241	25.58	1317	25.32	18.30
合计	942	100.00	5201	100.00	18.11

资料来源：Wind，申万宏源研究。

金融企业营业现金比率表现较好。2023 年营业现金比率前十的地方国资上市公司均为金融机构，以银行和证券上市公司为主（见表 48）。

表 48　2023 年营业现金比率前十的地方国资上市公司

排名	证券代码	证券简称	营业现金比率（%）
1	601528.SH	瑞丰银行	692
2	000166.SZ	申万宏源	322
3	601916.SH	浙商银行	305
4	600919.SH	江苏银行	288
5	002142.SZ	宁波银行	282
6	600015.SH	华夏银行	272
7	601162.SH	天风证券	264
8	601288.SH	农业银行	263
9	601665.SH	齐鲁银行	242
10	600000.SH	浦发银行	224

资料来源：Wind，申万宏源研究。

剔除金融企业后，地方国资上市公司中，营业现金比率居前的公司以房地产公司为主（见表 49）。

表 49　2023 年营业现金比率前十的地方国资上市公司（剔除金融企业）

排名	证券代码	证券简称	营业现金比率（%）
1	000029.SZ	深深房 A	197
2	000722.SZ	湖南发展	126
3	300368.SZ	ST 汇金	124
4	600663.SH	陆家嘴	107
5	600185.SH	格力地产	106
6	600082.SH	海泰发展	99
7	600791.SH	京能置业	96
8	600649.SH	城投控股	82
9	000429.SZ	粤高速 A	79
10	603881.SH	数据港	77

资料来源：Wind，申万宏源研究。

四、研发投入持续加大，科技创新产出实现大跨越

（一）研发投入破 3000 亿元，占 A 股比例有所回升

地方国资上市公司研发投入持续增长。2023 年地方国资上市公司研发投入合计 3303 亿元，占 A 股上市公司研发投入的比例达到 19.29%。2019—2023 年，地方国资上市公司研发投入持续增长，由 2018 年的 1642 亿元增长至 2023 年的 3303 亿元，六年年均复合增速为 15.00%，且每年增幅较为接近。从占比来看，近五年地方国资上市公司研发投入占 A 股上市公司研发投入的比例小幅下滑，由 2019 年的 21.45% 下滑至 2023 年的 19.29%。总体来看，地方国资上市公司研发投入呈稳步上升趋势（见图 59）。

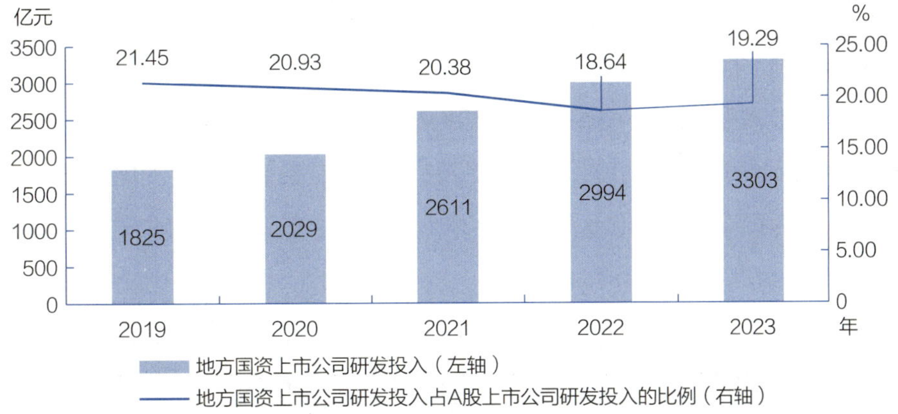

图 59　2019—2023 年地方国资上市公司研发投入及其占 A 股上市公司研发投入的比例

资料来源：Wind，申万宏源研究。

地方国资上市公司研发投入增速总体呈先增长后下降的趋势，与 A 股上市公司研发投入增速趋势一致。2021 年科创类上市公司新增数量较大，导致该年研发投入增速较高。以科创板为例，2021 年科创板上市公司达 162 家，为近五年最高水平。在整体趋势上，地方国资上市公司近五年研发投入增速先增长后下降，由 2019 年的 11.10% 增长至 2021 年的 28.70%，再降至 2023 年的 10.33%。在两者比较上，2019—2022 年，地方国资上市公司研发投入增速均低于 A 股上市公司研发投入增速，2020 年差距最小，2022 年差距最大，分别相差 2.76 个百分点和 10.67 个百分点；2023 年，地方国资上市公司研发投入增速近五年第一次超过 A 股上市公司，高

出 3.72 个百分点（见图 60）。

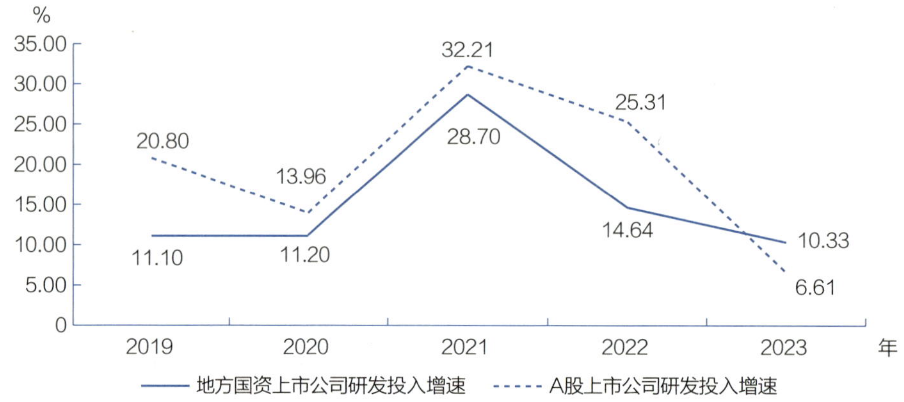

图 60　2019—2023 年地方国资上市公司与 A 股上市公司研发投入增速的比较

资料来源：Wind，申万宏源研究。

地方国资上市公司研发投入结构多集中在 5 亿元及以下。地方国资上市公司多集中在基础设施、能源等传统行业，这些行业的研发需求相对较低。2023 年，地方国资上市公司和 A 股上市公司研发投入结构集中在 >1 亿 ~5 亿元，在这一区间的公司数量分别占到各自的 25.30% 和 28.22%，均超过各自的 1/4。地方国资上市公司研发投入结构在 0.1 亿 ~0.5 亿元和 <0.1 亿元区间的公司占比也很高，分别达到 21.73% 和 26.59%（见表 50）。

表 50　2023 年地方国资上市公司与 A 股上市公司研发投入结构对比

研发投入区间	地方国资上市公司数量（家）	地方国资上市公司占比（%）	A 股上市公司数量（家）	A 股上市公司占比（%）	地方国资上市公司占 A 股上市公司的比例（%）
>20 亿元	37	3.67	134	2.51	27.61
>10 亿 ~20 亿元	30	2.98	140	2.63	21.43
>5 亿 ~10 亿元	59	5.85	294	5.52	20.07
>1 亿 ~5 亿元	255	25.30	1504	28.22	16.95
>0.5 亿 ~1 亿元	140	13.89	1043	19.57	13.42
0.1 亿 ~0.5 亿元	219	21.73	1493	28.02	14.67
<0.1 亿元	268	26.59	721	13.53	37.17
合计	1008	100.00	5329	100.00	18.92

资料来源：Wind，申万宏源研究。

2023 年研发投入前十的地方国资上市公司集中在汽车行业。在投入规模方面，2023 年研发投入前十的地方国资上市公司平均研发投入为 92.58 亿元，第一是上汽集团，达到 220.13 亿元，第十是徐工机械，研发投入为 50.39 亿元（见表 51）。在行业分布方面，汽车行业的公司有 4 家，电子、建筑装饰、钢铁、有色金属、电力设备、机械设备行业的公司也各有 1 家上榜。

表 51 2023 年研发投入前十的地方国资上市公司

排名	证券代码	证券简称	研发投入（亿元）
1	600104.SH	上汽集团	220.13
2	000725.SZ	京东方 A	125.63
3	600170.SH	上海建工	108.15
4	000338.SZ	潍柴动力	89.83
5	601238.SH	广汽集团	83.88
6	600741.SH	华域汽车	71.22
7	000932.SZ	华菱钢铁	68.31
8	600362.SH	江西铜业	54.42
9	601727.SH	上海电气	53.81
10	000425.SZ	徐工机械	50.39

资料来源：Wind，申万宏源研究。

（二）研发投入强度提升，与 A 股仍存在一定差距

地方国资上市公司研发投入强度不及 A 股上市公司。研发投入强度是研发投入和营业收入的比值，是衡量企业创新能力和发展潜力的重要指标，反映了企业在经营活动中对研发活动的投入力度，体现了企业对技术创新和产品研发的重视程度。地方国资上市公司研发投入强度逐年平稳上升，由 2019 年的 1.37% 增长至 2023 年的 1.80%。由于行业布局等存在差异，2019—2023 年地方国资上市公司研发投入强度均小于 A 股上市公司研发投入强度，且两者差距小幅增加（见图 61）。

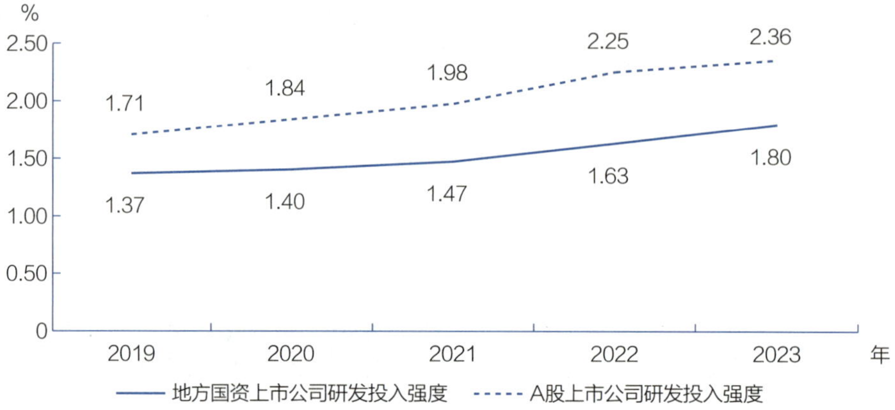

图 61　2019—2023 年地方国资上市公司与 A 股上市公司研发投入强度的比较

资料来源：Wind，申万宏源研究。

地方国资上市公司研发投入强度多集中在 >1%~5%。2023 年，地方国资上市公司和 A 股上市公司研发投入强度均集中在 >1%~5%，分别达到各自的 39.38% 和 39.20%，超过各自的 1/3，集中程度较为明显。在高研发投入强度区间内，地方国资上市公司占 A 股上市公司的比例较小。在所有区间内，<0.5% 和 0.5%~1% 区间的地方国资上市公司占 A 股上市公司比例最高，分别达到 41.84% 和 34.43%（见表 52）。总体来看，地方国资上市公司研发投入强度不及 A 股上市公司整体研发投入强度水平。

表 52　2023 年地方国资上市公司与 A 股上市公司研发投入强度对比

研发投入强度区间	地方国资上市公司数量（家）	地方国资上市公司占比（%）	A 股上市公司数量（家）	A 股上市公司占比（%）	地方国资上市公司占 A 股上市公司的比例（%）
>10%	61	6.05	899	16.87	6.79
>5%~10%	143	14.19	1325	24.86	10.79
>1%~5%	397	39.38	2089	39.20	19.00
0.5%~1%	84	8.33	244	4.58	34.43
<0.5%	323	32.04	772	14.49	41.84
合计	1008	100.00	5329	100.00	18.92

资料来源：Wind，申万宏源研究。

研发投入强度前十的地方国资上市公司集中在计算机、医药生物等行业。研发投入强度最高的 3 家地方国资上市公司分别为四维图新、航宇微、达安基因，研发投入强度分别为 56%、47%、45%（见表 53）。高研发投入强度的地方国资上市公司集中在计算机、医药生物等行业的主要原因为：一是部分行业如计算机技术迭代更新较快，需要不断研发提高竞争力；二是部分行业如医药生物的研发需要大量资金和时间，需要大量的试验和实验室研究；三是这些行业优秀的研发人才较为稀缺，为了留住人才而支付了高额研发人员薪酬。

表 53　2023 年研发投入强度前十的地方国资上市公司

排名	证券代码	证券简称	研发投入强度（%）
1	002405.SZ	四维图新	56
2	300053.SZ	航宇微	47
3	002030.SZ	达安基因	45
4	002038.SZ	双鹭药业	37
5	688385.SH	复旦微电	34
6	002912.SZ	中新赛克	33
7	688247.SH	宣泰医药	25
8	688739.SH	成大生物	24
9	300530.SZ	领湃科技	24
10	300579.SZ	数字认证	23

资料来源：Wind，申万宏源研究。

（三）专利累计超 40 万件，科技创新产出实现大跨越

新一轮国资国企改革要求提出，强化国有企业科技创新主体地位，加大关键核心技术攻关力度，推动国有企业提高核心竞争力、成为可靠的国家战略科技力量。根据 Wind 数据库，截至 2023 年末，全国地方国资上市公司累计专利数量为 42.61 万件，较上年末增加 6.95 万件（见图 62）。地方国资上市公司围绕核心技术的专利布局，促进了专利的不断产出。

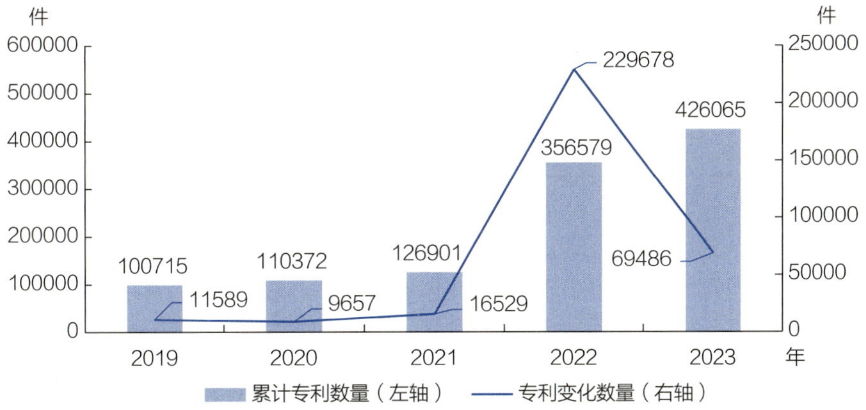

图 62　2019—2023 年地方国资上市公司累计专利数量和专利变化数量

资料来源：Wind，申万宏源研究。

从行业角度来看，截至2023年末，地方国资上市公司累计专利数量靠前的十大申万一级行业分别是电子（68165件）、汽车（64545件）、机械设备（44666件）、家用电器（40732件）、建筑装饰（28976件）、计算机（24420件）、电力设备（24109件）、基础化工（19813件）、食品饮料（13144件）和钢铁（12932件）。前五大行业累计专利数量占31个申万一级行业累计专利数量的58%，前十大行业累计专利数量占比为80%（见图63）。

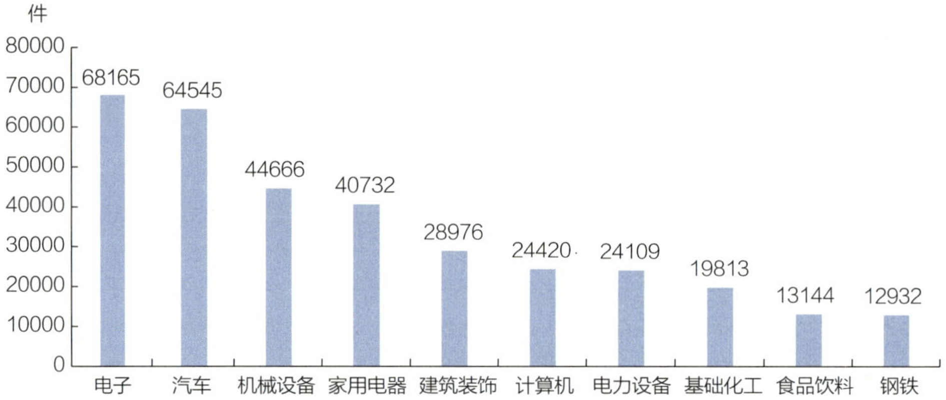

图63　截至2023年末，地方国资上市公司累计专利数量靠前的十大申万一级行业

资料来源：Wind，申万宏源研究。

2023年，地方国资上市公司专利变化数量靠前的十大申万一级行业分别是家用电器（9418件）、电子（9155件）、机械设备（8133件）、建筑装饰（7643件）、计算机（5562件）、汽车（4675件）、基础化工（4177件）、公用事业（4145件）、钢铁（2796件）和有色金属（2751件）。前五大行业专利变化数量占31个申万一级行业专利变化数量的57%，前十大行业专利变化数量占比为84%（见图64）。

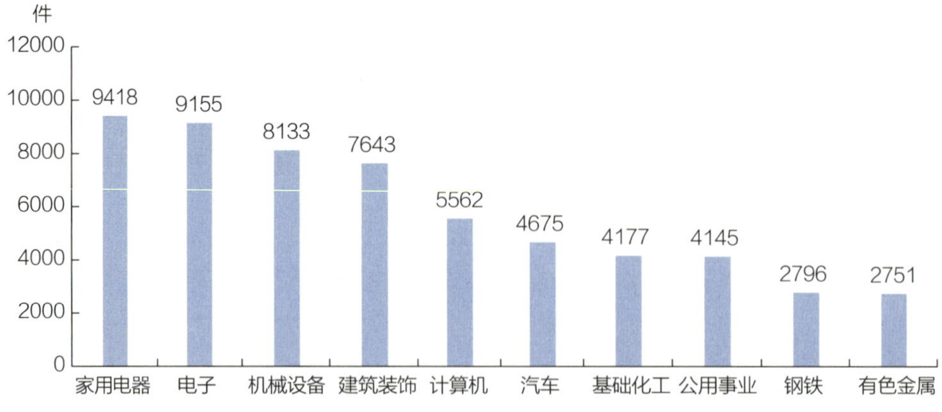

图64　2023年地方国资上市公司专利变化数量靠前的十大申万一级行业

资料来源：Wind，申万宏源研究。

五、近 30% 公司具有创值能力，创值能力有所提高

评价上市公司不仅看其实现营业收入、利润的能力，也要关注公司是否真正能创造价值。我们通常用 *ROIC/WACC* 这个指标来衡量一个企业创造价值的能力，*ROIC* 是投资资本回报率，*WACC* 是加权平均资本成本①。只有当 *ROIC* 大于 *WACC* 时（*ROIC/WACC*>1），且净利润增速 >0，才说明企业是在创造价值，企业的增长才真正有意义。

2023 年，共有 1656 家 A 股上市公司具有创值能力（*ROIC/WACC*>1，且净利润增速 >0），其中包括 295 家地方国资上市公司，约占 A 股具有创值能力上市公司数量的 17.81%（见图 65）。

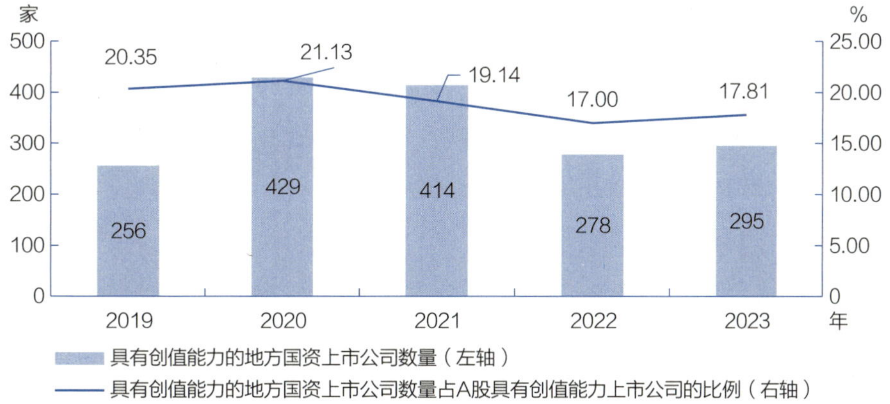

图 65　2019—2023 年具有创值能力的地方国资上市公司数量及其占 A 股具有创值能力上市公司数量的比例

资料来源：Wind，申万宏源研究。

在地方国资上市公司中，约 30% 的公司具有创值能力。2023 年，1008 家地方国资上市公司中，有 29.27% 的公司具有创值能力，比重略高于 2022 年的水平（见图 66）。主要是 2023 年新冠疫情管控结束与宏观经济回升致使净利润增速为正的地方国资上市公司数量有所上升。

---

① $WACC=(Ke\times E+Kd\times D)/(D+E)$。其中：股权成本 $Ke=Rf+\beta\times(Rm-Rf)$，债务成本 $Kd=(SD\times TN+LD\times TB)/TD\times AF\times(1-TR)$，股权价值 E= 上市公司市值，债务价值 D= 债务资本 TD。

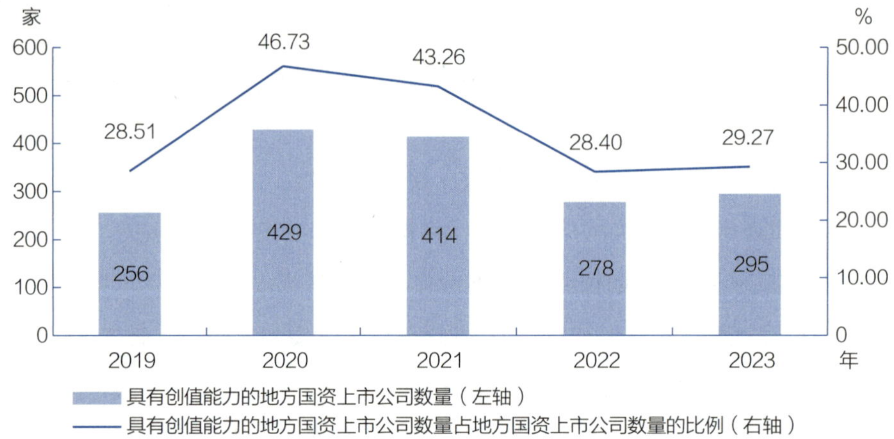

图 66　2019—2023 年具有创值能力的地方国资上市公司数量及其占地方国资上市公司数量的比例

资料来源：Wind，申万宏源研究。

2004—2023 年，A 股上市公司中共有 45 家上市公司累计具有创值能力的年数达到 10 年及以上，其中有 14 家地方国资上市公司，占比约为 31.11%；共有 754 家 A 股上市公司累计具有创值能力的年数达 5 年及以上，其中有 193 家地方国资上市公司，占比约为 25.60%（见图 67、图 68）。

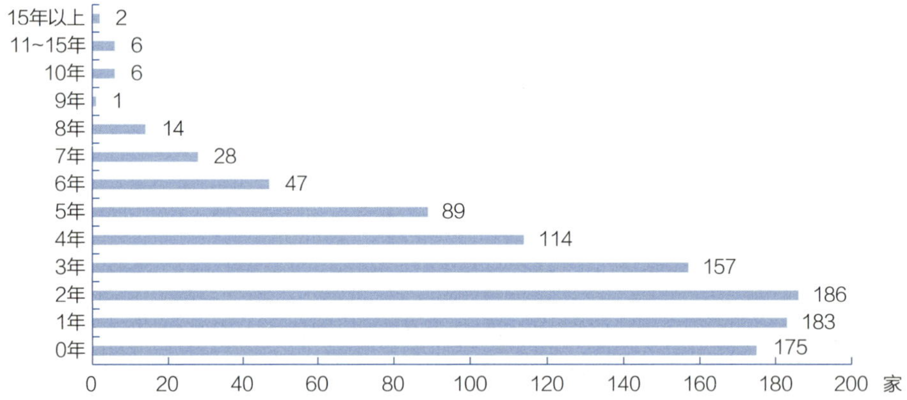

图 67　2004—2023 年具有创值能力的不同年数的地方国资上市公司数量

资料来源：Wind，申万宏源研究。

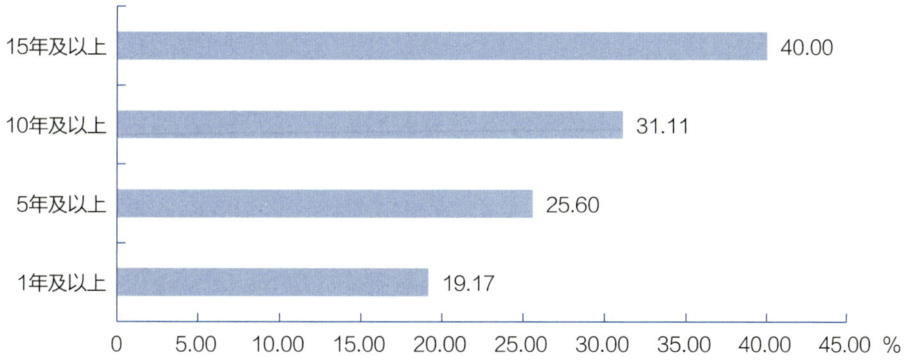

图 68　2004—2023 年具有创值能力的不同年数的地方国资上市公司数量占 A 股上市公司数量的比例

资料来源：Wind，申万宏源研究。

市场篇

市值较大，估值稳步修复，资本运作能力逐渐提高

地方国资上市公司充分利用资本市场开展运作，不断提高在资本市场上的价值。

一、市值规模较大，大市值公司数量占比高于 A 股总体

（一）市值规模 20 万亿元，市场份额超 1/5

地方国资上市公司总市值小幅下滑。市值是体现上市公司财务状况和未来发展前景的重要指标。2023 年，A 股上市公司总市值为 93.12 万亿元，其中地方国资上市公司总市值为 20.31 万亿元，占 A 股上市公司总市值的比例为 21.81%。从趋势来看，受市场环境变化影响，2019—2023 年地方国资上市公司总市值呈现先上升后下降的变化，其总市值占 A 股上市公司总市值的比例平缓下降。总体来看，地方国资上市公司总市值及其占 A 股上市公司总市值的比例均有所下降（见图 69）。

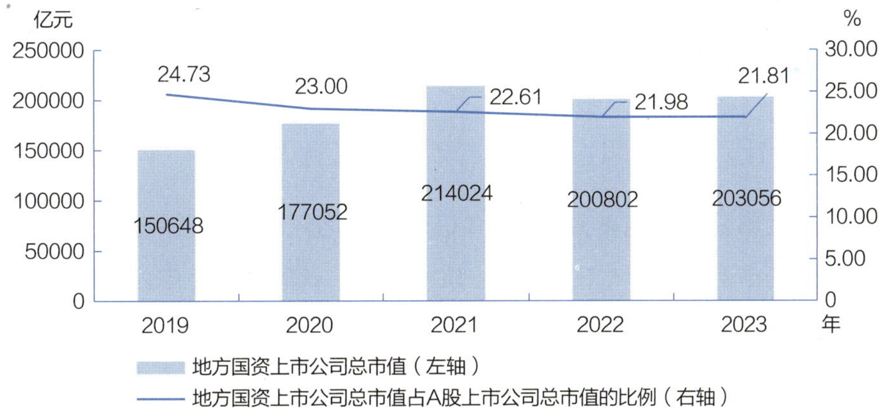

图 69　2019—2023 年地方国资上市公司总市值及其占 A 股上市公司总市值的比例

资料来源：Wind，申万宏源研究。

（二）市值增速实现正增长，存在一定提升空间

地方国资上市公司总市值增速低于 A 股上市公司市值增速。市值增速体现了上市公司高质量发展的重要趋势。2019—2021 年，地方国资上市公司总市值加速增

长，总市值增速分别为 8.31%、17.53% 和 20.88%，总市值攀升至近五年来的峰值 21.40 万亿元。2022 年，受宏观与疫情等因素影响，国民经济下行压力增大，资本市场波动加剧，地方国资上市公司总市值下跌 6.18% 至 20.08 万亿元。2023 年，在经济持续恢复、全面注册制改革正式实施等因素催化下，地方国资上市公司总市值增速实现正增长，为 1.12%，略低于 A 股上市公司总市值增速。过去五年，除 2019 年外，地方国资上市公司总市值增速均低于 A 股上市公司总市值增速（见图 70）。

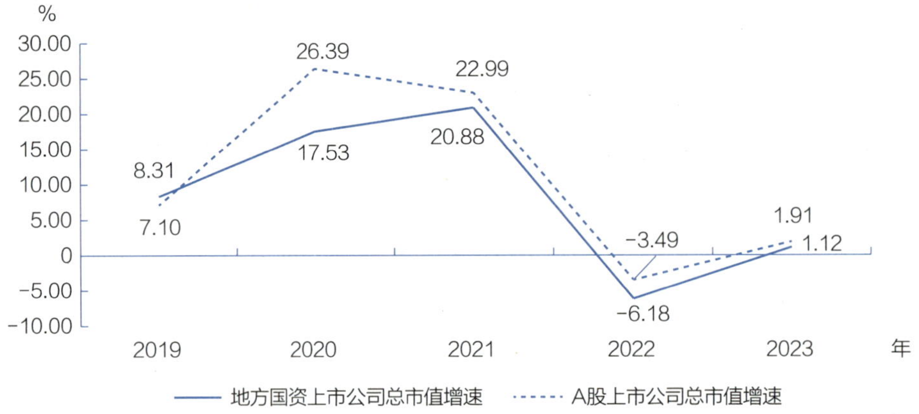

图 70　2019—2023 年地方国资上市公司与 A 股上市公司总市值增速的比较

资料来源：Wind，申万宏源研究。

（三）近 40% 市值超百亿元，规模远超 A 股水平

地方国资上市公司市值多分布于 20 亿 ~500 亿元的中等区间。2023 年，地方国资上市公司的市值大多分布在 20 亿 ~500 亿元，该区间内上市公司数量约占全部地方国资上市公司的 89.00%。>1000 亿元、>500 亿 ~1000 亿元和 <20 亿元的公司数量占比均在 5% 以下。与 A 股上市公司相比，地方国资上市公司中大市值公司数量占比更高，市值超过 100 亿元的公司数量占比为 38.39%，而 A 股上市公司市值超过 100 亿元的公司数量占比仅为 29.76%。此外，地方国资上市公司单体平均市值为 201 亿元，高于 A 股的单体平均市值 174 亿元。综上所述，地方国资上市公司市值结构多分布于中等区间，大市值公司数量占比相比 A 股上市公司更多（见表 54）。

表 54　2023 年地方国资上市公司与 A 股上市公司市值结构对比

市值区间	地方国资上市公司数量（家）	地方国资上市公司占比（%）	A 股上市公司数量（家）	A 股上市公司占比（%）	地方国资上市公司占 A 股上市公司的比例（%）
>1000 亿元	33	3.27	134	2.51	24.63
>500 亿 ~1000 亿元	35	3.47	140	2.63	25.00
>100 亿 ~500 亿元	319	31.65	1312	24.62	24.31
>50 亿 ~100 亿元	258	25.60	1303	24.45	19.80
20 亿 ~50 亿元	320	31.75	2013	37.77	15.90
<20 亿元	43	4.27	427	8.01	10.07
合计	1008	100.00	5329	100.00	18.92

资料来源：Wind，申万宏源研究。

（四）前十均超 2000 亿元，多为白酒与金融企业

市值前十的地方国资上市公司规模体量较大。2023 年市值前十的地方国资上市公司市值均超过 2000 亿元，主要集中在食品饮料、金融、有色金属和化工等行业。市值排名第一的地方国资上市公司为贵州茅台（600519.SH），市值高达 22213 亿元，远超排名第二的五粮液（000858.SZ），也超过了市值排名第二至第六的上市公司市值之和，市值规模在所有地方国资上市公司中遥遥领先，优势显著。

二、估值水平与 A 股整体相当，国企估值仍有修复空间

地方国资上市公司估值水平与 A 股上市公司估值水平相当。市盈率（PE）是公司股票价格与每股收益的比率，市净率（PB）是每股股价与每股净资产的比率，两者都是股票投资分析重要指标，用于衡量股票价值是否被高估或低估。2019—2023 年，地方国资上市公司平均 PE 为 17.56 倍，稍低于 A 股上市公司五年平均 PE（17.83 倍）；2019—2023 年，地方国资上市公司平均 PB 为 1.61 倍，稍低于 A 股上市公司五年平均 PB（1.68 倍）。企业估值的决定因素和基础仍然是价值创造能力、基本面以及所在行业特点。国企上市公司估值相较于民营上市公司存在折价的一大原因在于其行业分布偏重国计民生产业，产业的估值弹性较低。剔除金融企业后的地方国资上市公司和 A 股上市公司估值水平均有所提升。总体来看，地方国资上市公司估值水平和 A 股十分接近（见表 55）。

表 55　2019—2023 年地方国资上市公司与央企上市公司、民营上市公司、A 股上市公司估值的对比

年份	地方国资上市公司 PE	央企上市公司 PE	民营上市公司 PE	A 股上市公司 PE	地方国资上市公司 PB	央企上市公司 PB	民营上市公司 PB	A 股上市公司 PB
2019	16.99	10.34	38.39	15.87	1.60	1.07	3.26	1.60
2020	18.59	10.77	47.57	19.17	1.68	0.97	4.62	1.77
2021	17.37	9.70	49.42	19.17	1.80	0.97	4.70	1.91
2022	17.15	8.62	36.22	17.29	1.52	0.86	3.27	1.63
2023	17.71	10.30	40.95	17.64	1.43	0.95	2.99	1.50

资料来源：Wind，申万宏源研究。

三、29 家公司首发上市，首发募资规模比重有较大回升

（一）IPO 数量回升向好，具有一定区域与行业特征

29 家地方国资上市公司首发上市。2023 年，A 股上市公司 IPO 数量为 313 家，其中地方国资上市公司 IPO 数量为 29 家，占 A 股上市公司的比例为 9.27%。近五年来，2021 年地方国资上市公司 IPO 数量最多，有 39 家，其余年份数量保持平稳上升。在相对值方面，近五年地方国资上市公司 IPO 数量占 A 股上市公司 IPO 数量的比例呈“W”形的波动趋势，2023 年比例与 2019 年比例较为接近，均在 9.30% 左右。总之，2023 年地方国资上市公司 IPO 数量呈回升向好趋势（见图 71）。

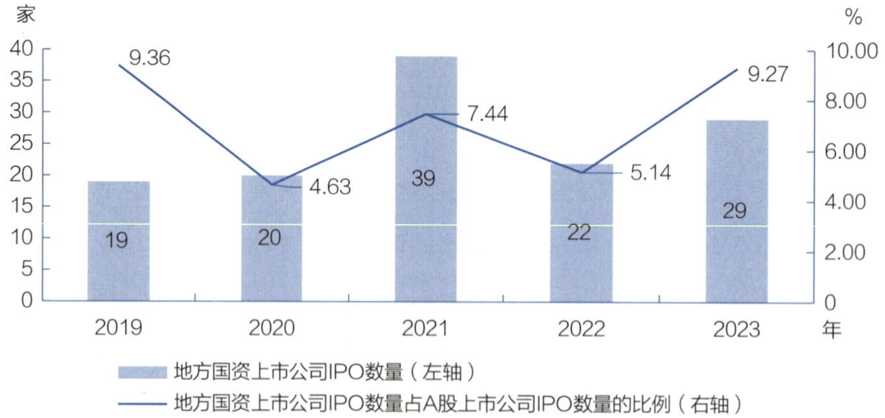

图 71　2019—2023 年地方国资上市公司 IPO 数量及其占 A 股上市公司 IPO 数量的比例

资料来源：Wind，申万宏源研究。

地方国资上市公司 2023 年首发募资金额体量庞大，占 A 股上市公司比例较大。2023 年，A 股上市公司首发募资金额为 3565.39 亿元，其中地方国资上市公司首发募资 720.66 亿元，占 A 股上市公司的比例为 20.21%。2023 年地方国资上市公司首发募资金额占 A 股上市公司的比例高于数量比例，说明地方国资上市公司平均单体募资金额高于 A 股上市公司，也印证了前文中的市值结构分布。总体来看，地方国资上市公司首发募资金额体量占 A 股上市公司首发募资金额比例较高，2023 年呈上升趋势（见图 72）。

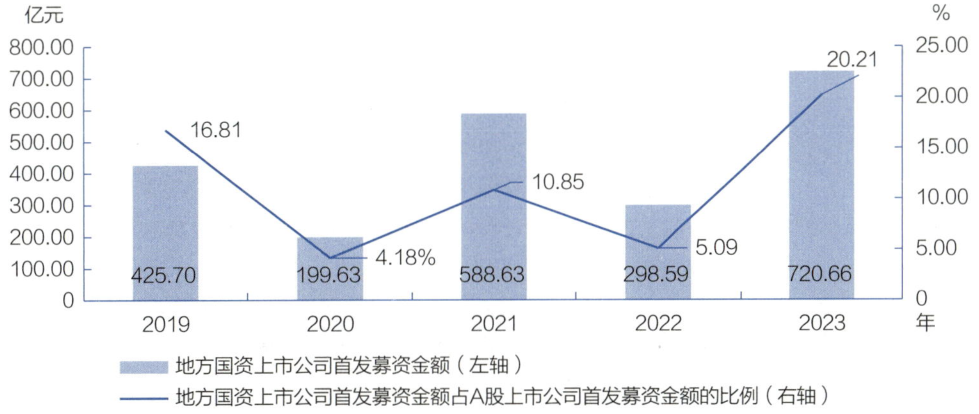

图 72　2019—2023 年地方国资上市公司首发募资金额及其占 A 股上市公司首发募资金额的比例

资料来源：Wind，申万宏源研究。

新增地方国资上市公司在注册地、行业分类、上市板块方面有集中特征。2023 年 IPO 的 29 家地方国资上市公司中，排名前三的注册地为上海、浙江和陕西，分别为 4 家、3 家和 3 家；行业分类主要为电子、国防军工和有色金属，分别为 7 家、3 家和 3 家；上市板块主要集中在主板和科创板，均为 10 家，其次是北交所和创业板，分别为 6 家和 4 家。首发募集资金规模排前两位的是华虹公司（212.03 亿元）、芯联集成 -U（110.72 亿元），行业分类均为电子，且均在科创板上市。综上所述，2023 年 IPO 的 29 家地方国资上市公司在注册地、行业分类、上市板块方面有一定共同特征。

（二）IPO 数量增速超 A 股整体水平，募资金额增速较高

地方国资上市公司 IPO 数量增速先增后减，2023 年重新实现增长。2019—2023 年，地方国资上市公司与 A 股上市公司的 IPO 数量均呈先增后减趋势。2023

年，在 A 股上市公司 IPO 数量增速进一步下降的同时，地方国资上市公司 IPO 数量增速由负转正，实现了较大幅度的增长。综上所述，地方国资上市公司的 IPO 数量增长趋势经历了一段起伏，2023 年再次实现了增长（见图 73）。

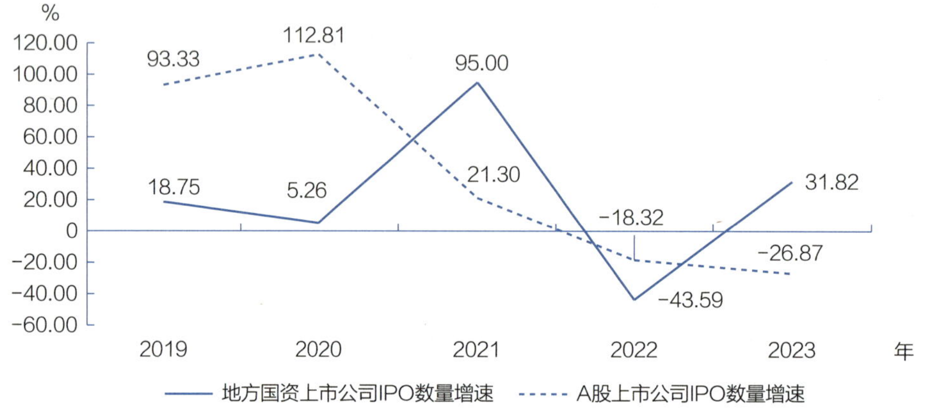

图 73　2019—2023 年地方国资上市公司与 A 股上市公司 IPO 数量增速的对比

资料来源：Wind，申万宏源研究。

地方国资上市公司首发募资金额与 A 股上市公司首发募资金额节奏不统一。在 A 股上市公司首发募资金额增速持续下降的同时，地方国资上市公司首发募资金额增速走出“W”形。受华虹公司上市等因素影响，2023 年地方国资上市公司首发募资金额增速显著增加，达到 141.35%。地方国资上市公司因其独特的背景和资源优势而受到特定投资者的青睐，从而更容易获得资金支持。总体而言，近五年地方国资上市公司首发募资金额增速与 A 股节奏不统一，2023 年恢复较高增速（见图 74）。

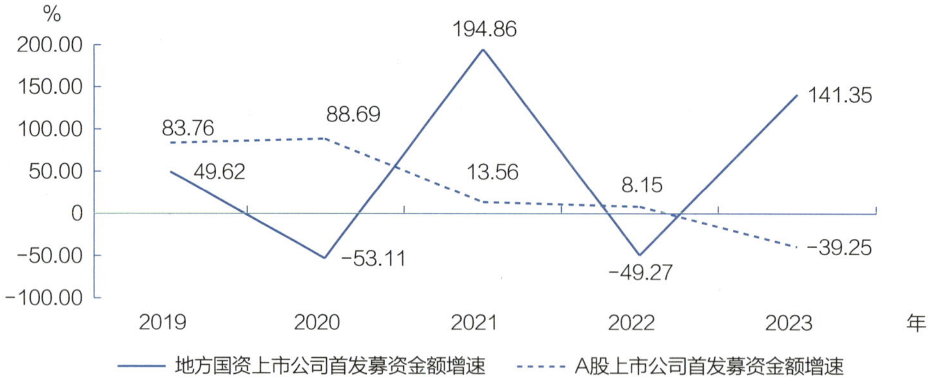

图 74　2019—2023 年地方国资上市公司与 A 股上市公司首发募资金额增速的对比

资料来源：Wind，申万宏源研究。

（三）两类公司助力本区域国资企业登陆资本市场

国有资本投资公司和国有资本运营公司（以下简称“两类公司”）是新一轮国资国企改革的先锋，推动优质的国有资产登陆资本市场。作为国有资产的直接出资人代表，两类公司以国有资本的保值增值为目标加强管资本的能力，以积极的资本运作提高国有资本证券化率，加速国企价值重塑。各地方纷纷组建或改组两类公司，通过推动旗下优质资产上市，在国有资本和国有企业做强做优做大中发挥核心作用。2023年IPO的29家地方国资上市公司中，有10家公司的大股东为地方两类公司或两类公司的控股股东，占比约为1/3（见图75）。

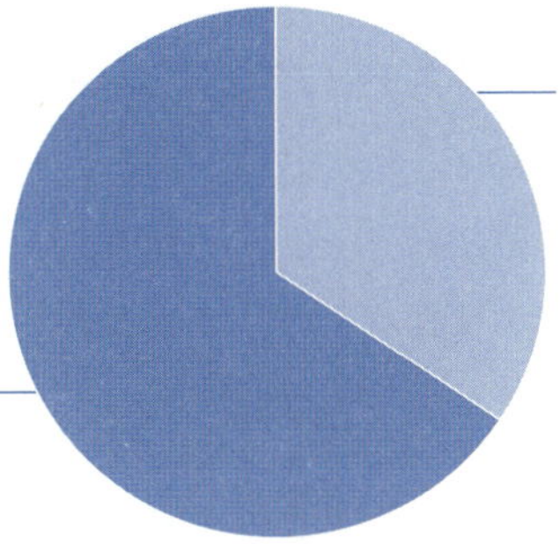

图75　2023年IPO的地方国资上市公司中，大股东为两类公司或两类公司控股股东的数量占比

资料来源：Wind，申万宏源研究。

四、再融资公司数量略有下滑，但规模占A股比重较大

上市公司的再融资方式包括增发（公开增发、定向增发）、配股、可转债和优先股等（见表56）。

表56　2023年地方国资上市公司再融资数量和募资金额及其占A股上市公司的比例

项目	地方国资上市公司再融资数量（家）	占A股上市公司数量的比例（%）	地方国资上市公司再融资总额（亿元）	占A股上市公司再融资总额的比例（%）
增发	58	18.53	1289.13	22.26
配股	3	60.00	134.14	89.13
可转债发行	11	8.27	245.85	17.45
再融资合计	71	15.78	1669.12	22.40

资料来源：Wind，申万宏源研究。

注：1家地方国资上市公司采用两种再融资方式，故再融资家数合计与增发、配股、可转债发行家数三项加总数据略有不同。

（一）再融资规模小幅下降，增速与 A 股基本一致

地方国资上市公司再融资数量在 A 股上市公司中占据一定比重。资金融通是资本市场三大功能之一，IPO 和再融资是这一功能的重要体现，资本市场主流的再融资产品包括公开增发、定向增发、配股、可转债和优先股。2023 年，A 股上市公司中开展再融资的数量为 450 家，其中地方国资上市公司再融资数量为 71 家，占 A 股上市公司的比例为 15.78%（见图 76）。

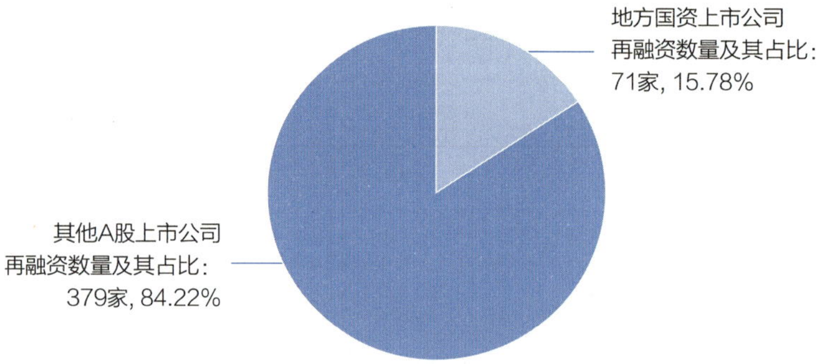

图 76　2023 年地方国资上市公司再融资数量及其占 A 股上市公司再融资数量的比例

资料来源：Wind，申万宏源研究。

近五年，地方国资上市公司再融资数量趋势及其增速与 A 股上市公司基本一致。2019—2023 年，地方国资上市公司与 A 股上市公司的再融资数量均呈先增后减趋势。地方国资上市公司再融资数量由 2019 年的 68 家攀升至 2021 年的 127 家，又降至 2023 年的 71 家。A 股上市公司再融资数量由 2019 年的 355 家攀升至 2021 年的 623 家，又降至 2023 年的 450 家。在再融资数量增速方面，地方国资上市公司与 A 股上市公司呈现相同的先增后减趋势（见图 77）。总体来看，地方国资上市公司的再融资数量及其增速与 A 股市场整体的表现基本保持同步。

地方国资上市公司再融资募资金额占 A 股上市公司再融资募资金额的比例超过 20%。2023 年，A 股上市公司再融资的募资金额合计为 7450.71 亿元，其中地方国资上市公司再融资募资金额为 1669.12 亿元，占 A 股上市公司的比例为 22.40%（见图 78）。与前文再融资数量对照发现，地方国资上市公司再融资募资金额占 A 股上市公司比例高于其再融资数量占 A 股上市公司比例，可知地方国资上市公司单体平均再融资募资金额高于 A 股上市公司单体平均再融资募资金额，再融资募资能力强。

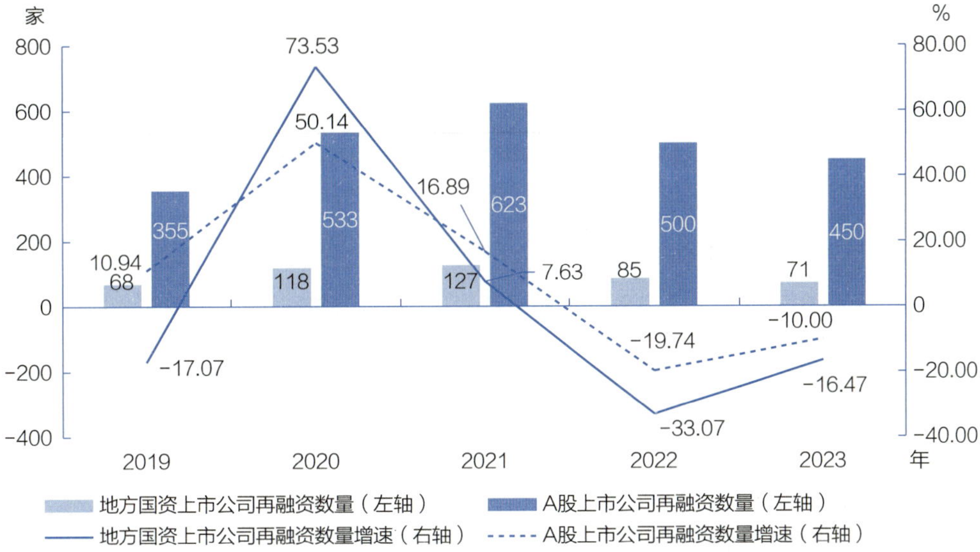

图 77　2019—2023 年地方国资上市公司与 A 股上市公司再融资数量及其增速的比较

资料来源：Wind，申万宏源研究。

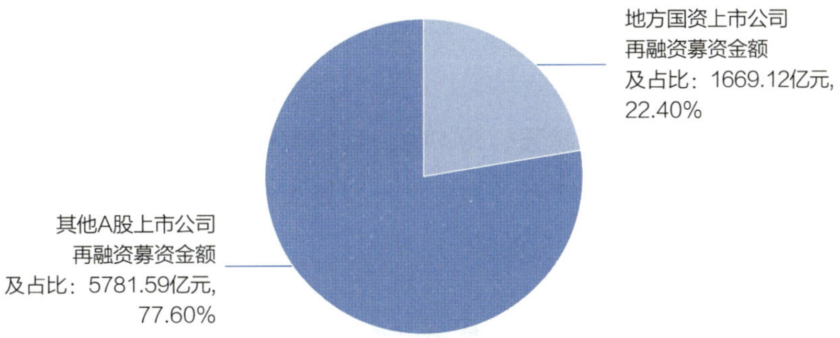

图 78　2023 年地方国资上市公司再融资募资金额及其占 A 股上市公司再融资募资金额的比例

资料来源：Wind，申万宏源研究。

地方国资上市公司和 A 股上市公司再融资募集资金呈现不同程度的收缩。2019—2023 年，A 股上市公司再融资募资金额稳中趋降，由 2019 年的 12295.14 亿元逐步降至 2023 年的 7450.71 亿元，近五年累计收缩幅度 40% 左右。而地方国资上市公司呈先升后降的趋势，由 2019 年的 3454.98 亿元扩容至 2021 年的 4321.87 亿元，又收缩至 2023 年的 1669.12 亿元，为近五年来的最低水平，近五年和近三年累计收缩幅度分别为 52% 和 61%。总体来看，近五年地方国资上市公司和 A 股上市公司再融资募资金额及其增速均有下降趋势（见图 79）。

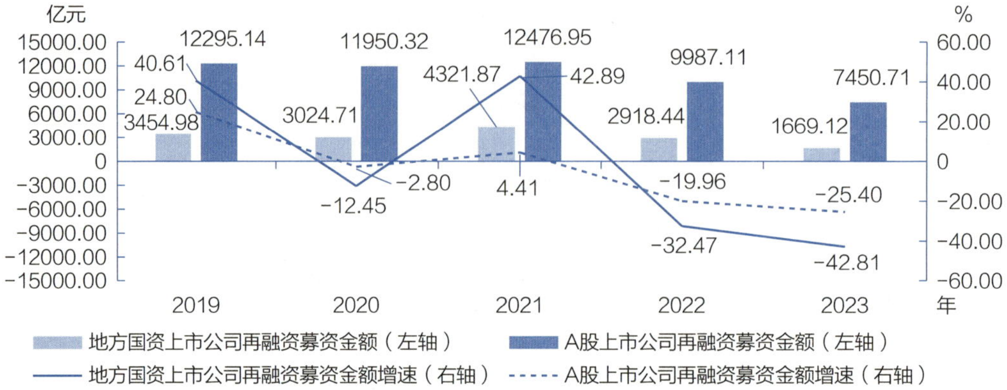

图 79　2019—2023 年地方国资上市公司与 A 股上市公司再融资募资金额及其增速的比较

资料来源：Wind，申万宏源研究。

（二）增发数量占 A 股比例近 20%，规模高于 A 股

地方国资上市公司增发数量占 A 股上市公司增发数量的比例近 20%。增发在上市公司再融资中占据主要地位，数量和募资金额在再融资总额中占比均超过 90%。通过增发，公司可以筹集到大量资金，用于扩大经营规模、投资新项目、改善财务状况等，从而提升公司的竞争力和盈利能力。此外，也能扩大公司的资本规模，增加公司的注册资本和净资产，从而增强公司的经济实力和抗风险能力。2023 年，A 股上市公司中开展增发的数量为 313 家，其中地方国资上市公司增发数量为 58 家，占 A 股上市公司的比例为 18.53%（见图 80）。

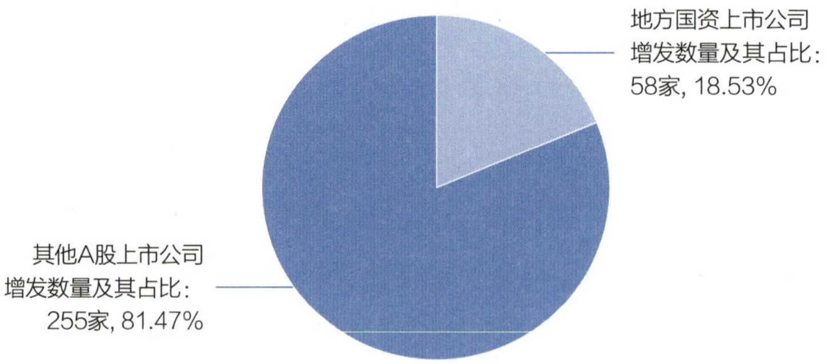

图 80　2023 年地方国资上市公司增发数量及其占 A 股上市公司增发数量的比例

资料来源：Wind，申万宏源研究。

近五年，地方国资上市公司增发数量及其增速变化与 A 股上市公司较为接近。2019—2023 年，地方国资上市公司与 A 股上市公司的增发数量均呈先增后减趋势，变化幅度趋于一致。地方国资上市公司增发数量由 2019 年的 47 家攀升至 2021 年的

108 家，扩张幅度超过 100%，又逐渐降至 2023 年的 58 家。A 股上市公司增发数量由 2019 年的 213 家大幅扩张至 2021 年的 501 家，又降至 2023 年的 313 家。整体而言，地方国资上市公司增发数量的变化趋势与 A 股上市公司趋于一致（见图 81）。

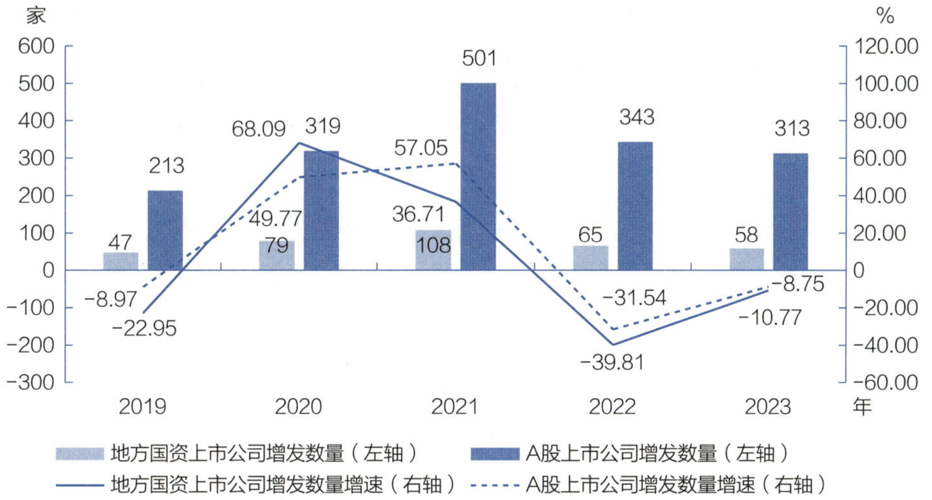

图 81　2019—2023 年地方国资上市公司与 A 股上市公司增发数量及其增速的比较

资料来源：Wind，申万宏源研究。

地方国资上市公司平均单体增发规模高于 A 股市场。2023 年，A 股上市公司增发募资金额为 5791.00 亿元，其中地方国资上市公司增发募资 1289.13 亿元，占 A 股上市公司的比例为 22.26%（见图 82）。与前文增发数量相比，可以发现，地方国资上市公司增发数量占 A 股上市公司的比例低于其增发募资金额占 A 股上市公司的比例，说明地方国资上市公司平均单体增发规模高于 A 股上市公司平均单体增发规模。

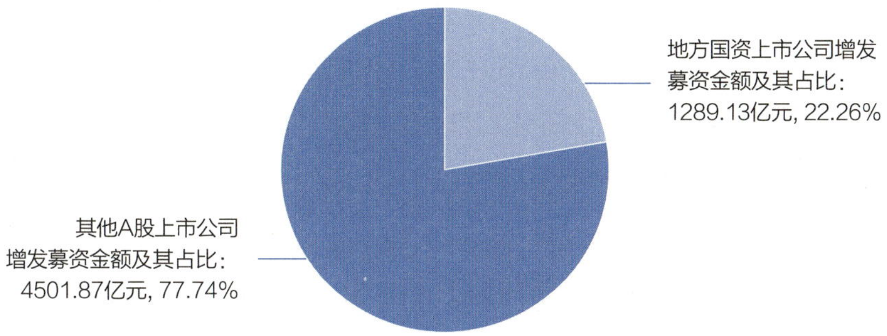

图 82　2023 年地方国资上市公司增发募资金额及其占 A 股上市公司增发募资金额的比例

资料来源：Wind，申万宏源研究。

近五年，地方国资上市公司增发募资金额及其增速均整体下降。2019—2023年，地方国资上市公司与A股上市公司的增发募资金额整体呈下降趋势。分年度来看，呈先增后减趋势。地方国资上市公司增发募资金额由2019年的2174.56亿元攀升至2021年的2623.02亿元，又降至2023年的1289.13亿元。A股上市公司增发募资金额由2019年的6874.55亿元攀升至2021年的9082.58亿元，又降至2023年的5791.00亿元。从变动幅度来看，A股上市公司增发募资金额近五年和近三年的累计收缩幅度分别为16%和36%，而地方国资上市公司增发募资金额的收缩幅度分别为41%和51%，下行幅度较A股上市公司更大。总体来看，地方国资上市公司与A股上市公司的增发募资金额及其增速变化较为一致（见图83）。

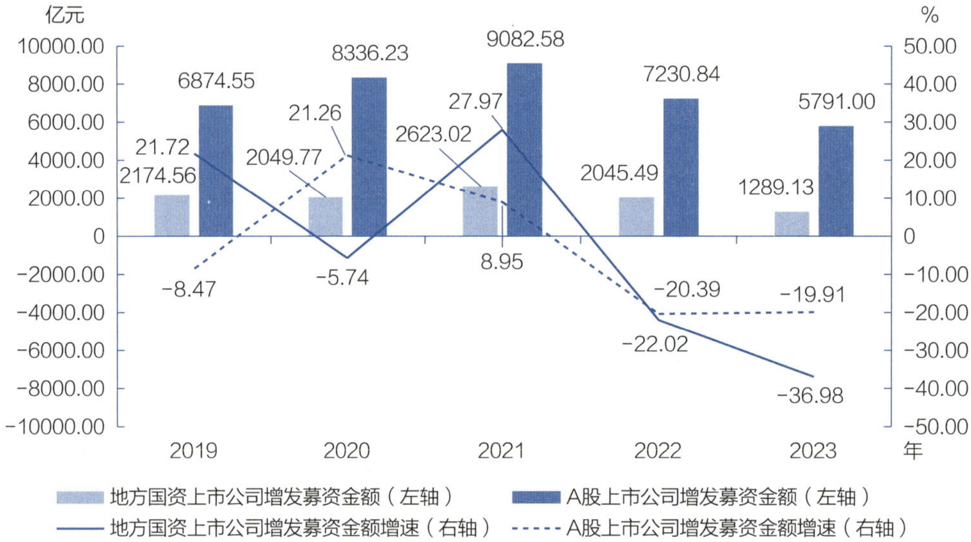

图83　2019—2023年地方国资上市公司与A股上市公司增发募资金额及其增速的比较

资料来源：Wind，申万宏源研究。

增发规模前十的地方国资上市公司主要为传统重资产行业。2023年，地方国资上市公司增发规模排名前十的公司分别是广东建工、山西焦煤、甘肃能化、建元信托、陆家嘴、北汽蓝谷、铜陵有色、华发股份、北京人力和新五丰，注册地主要分布在北京（2家）、上海（2家）、广东（2家）等，行业主要分布在资金需求较大的煤炭、房地产、公用事业等传统重资产行业（见表57）。

表 57　2023 年地方国资上市公司增发规模前十名单

排名	证券代码	证券简称	注册地	申万一级行业	增发募集资金合计（亿元）
1	002060.SZ	广东建工	广东	公用事业	124.05
2	000983.SZ	山西焦煤	山西	煤炭	103.86
3	000552.SZ	甘肃能化	甘肃	煤炭	95.29
4	600816.SH	建元信托	上海	非银金融	90.13
5	600663.SH	陆家嘴	上海	房地产	67.44
6	600733.SH	北汽蓝谷	北京	汽车	60.45
7	000630.SZ	铜陵有色	安徽	有色金属	56.72
8	600325.SH	华发股份	广东	房地产	51.24
9	600861.SH	北京人力	北京	商贸零售	40.40
10	600975.SH	新五丰	湖南	农林牧渔	35.10

资料来源：Wind，申万宏源研究。

（三）仅 3 家公司开展配股，募资占市场比重较大

开展配股融资的地方国资上市公司数量较少。配股是指上市公司为了融资而将其新增发的股份分配给原有股东的股权再分配方式，但由于发行门槛较高、对中小投资者不够友好、市场多对上市公司配股行为评价不一等，选择配股融资的公司数量一直较少。2023 年，A 股上市公司中仅有 5 家成功实施配股融资，其中 3 家公司为地方国资上市公司。在开展配股融资的 A 股上市公司中，地方国资上市公司比例较高，高达 60%（见表 58）。

表 58　2023 年 A 股上市公司配股名单

序号	证券代码	证券简称	注册地	公司属性	申万一级行业	配股募集资金合计（亿元）
1	601916.SH	浙商银行	浙江	地方国资	银行	97.56
2	600459.SH	贵研铂业	云南	地方国资	有色金属	18.54
3	000049.SZ	德赛电池	广东	地方国资	电力设备	18.04
4	600081.SH	东风科技	上海	央企	汽车	12.57
5	300475.SZ	香农芯创	安徽	民营	电子	3.78

资料来源：Wind，申万宏源研究。

近五年，实施配股融资的地方国资上市公司数量的变化趋势与 A 股上市公司较为一致。2019—2023 年，开展配股的地方国资上市公司均在 10 家以内，且呈先增后减的趋势，2020 年配股数量最多，为 10 家，2023 年和 2019 年持平，均为 3 家，是近五年来的最低水平。2019—2023 年，A 股上市公司中，开展配股的公司数量均在 20 家以内，同样呈先增后减的趋势，2020 年配股公司数量最多，达到 18 家，2023 年为 5 家，是近五年来的最低水平。总体来看，开展配股的地方国资上市公司数量和开展配股的 A 股上市公司数量均呈先增后减的趋势（见图 84）。

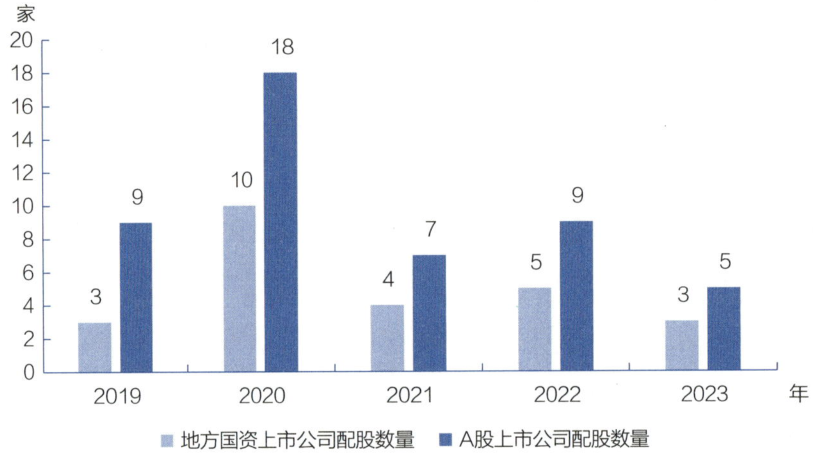

图 84　2019—2023 年地方国资上市公司与 A 股上市公司配股数量的比较

资料来源：Wind，申万宏源研究。

地方国资上市公司配股募资金额占 A 股上市公司的比例较大。2023 年，5 家上市公司通过配股实现融资 150.49 亿元，其中 3 家地方国资上市公司配股融资 134.14 亿元，占 A 股上市公司募资金额的比例高达 89%。2019—2023 年，地方国资上市公司与 A 股上市公司的配股募资金额均先增后减，分别在 2021 年和 2022 年达到近五年来的峰值 387.62 亿元和 615.26 亿元。2023 年，地方国资上市公司的配股募资金额大幅下降，降幅为 60%，与 A 股上市公司 76% 的降幅相比，下降的幅度更小。从近五年变动幅度来看，地方国资上市公司配股募资金额累计扩张 153%，而 A 股上市公司仅小幅扩张 12%。总体来看，近五年地方国资上市公司配股募资金额呈先增加后减少的趋势（见图 85）。

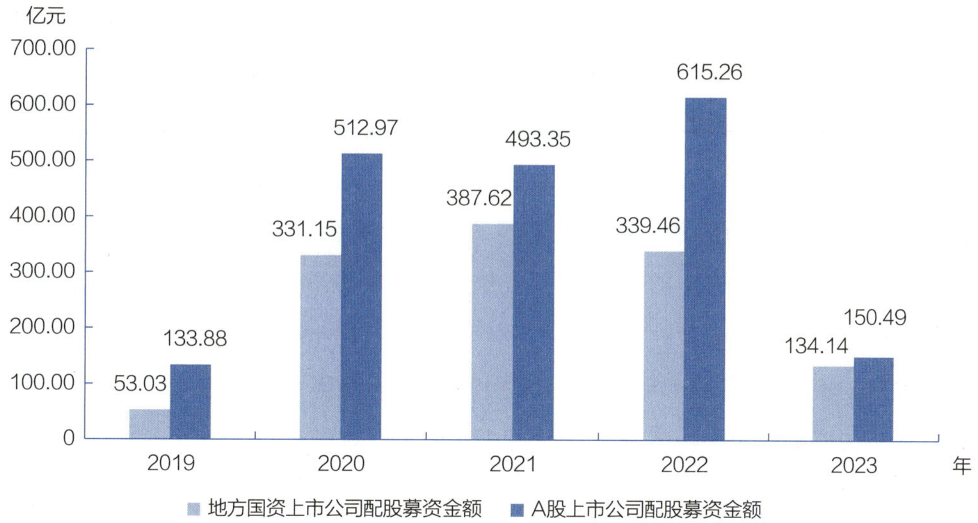

图 85　2019—2023 年地方国资上市公司与 A 股上市公司配股募资金额的比较

资料来源：Wind，申万宏源研究。

（四）11 家公司发行可转债，融资规模有待提升

地方国资上市公司可转债发行数量占据 A 股上市公司一定比重。可转债是上市公司依法发行的在一定期间内依据约定的条件可以转换成股份的公司债券，具有低成本、流程简便等优势，受到越来越多上市公司的青睐。2023 年，A 股上市公司中发行可转债的公司数量为 133 家，其中地方国资上市公司发行可转债的数量为 11 家，占 A 股上市公司的比例为 8%，占据一定比重（见图 86）。

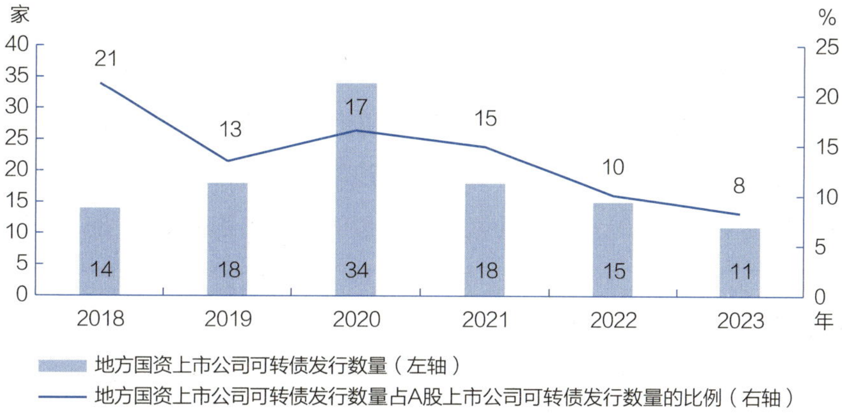

图 86　2018—2023 年地方国资上市公司可转债发行数量及其占 A 股上市公司可转债发行数量的比例

资料来源：Wind，申万宏源研究。

近五年，地方国资上市公司可转债发行金额波动下降。2019—2023 年，地方国资上市公司可转债发行金额与 A 股上市公司可转债发行金额均呈总体下降趋势。地方国资上市公司可转债发行金额由 2019 年的 927.39 亿元波动上升至 2021 年的 1311.23 亿元，又连续下降至 2023 年的 245.85 亿元，为近五年来的最低水平。A 股上市公司可转债发行金额由 2019 年的 2736.72 亿元攀升至 2021 年的 2901.01 亿元，又降至 2023 年的 1409.22 亿元。从近五年变动幅度来看，地方国资上市公司可转债发行金额累计大幅收缩 73%，大于 A 股上市公司 49% 的收缩幅度。增速方面，近五年地方国资上市公司和 A 股上市公司可转债发行金额增速呈总体下降趋势。总体来看，地方国资上市公司和 A 股上市公司可转债发行金额呈收缩态势（见图 87）。

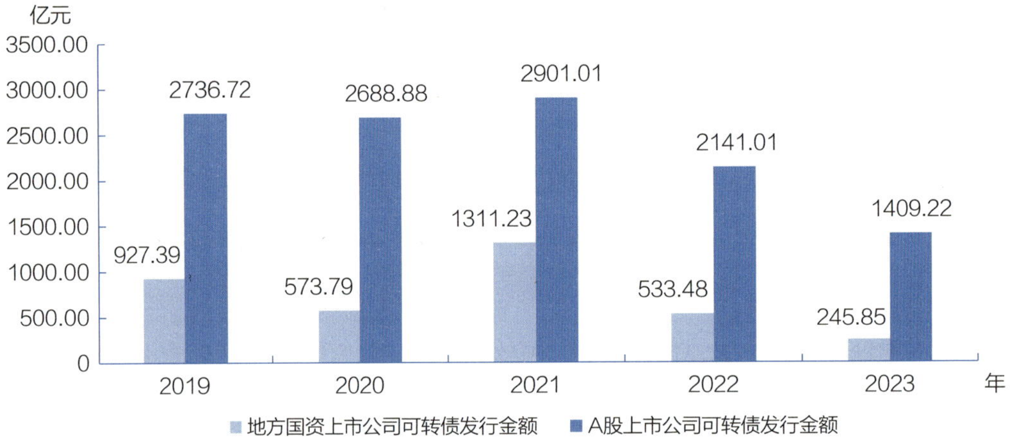

图 87　2019—2023 年地方国资上市公司与 A 股上市公司可转债发行金额的比较

资料来源：Wind，申万宏源研究。

可转债发行金额大的地方国资上市公司在注册地、行业分类方面具有集中特征。2023 年，可转债发行金额位列前十的地方国资上市公司中，归属地为山东、河南和浙江的公司数量最多，均为 2 家；行业分类为建筑装饰、有色金属和基础化工的公司数量最多，均为 2 家。可转债发行金额排前两位的是山东路桥（48.36 亿元）和恒邦股份（31.60 亿元）。2023 年，可转债发行金额前十的地方国资上市公司平均可转债发行金额为 24.34 亿元（见表 59）。

表 59　2023 年地方国资上市公司可转债发行金额前十名单

排名	证券代码	证券简称	归属地	申万一级行业	可转债发行金额合计（亿元）
1	000498.SZ	山东路桥	山东	建筑装饰	48.36
2	002237.SZ	恒邦股份	山东	有色金属	31.60
3	000528.SZ	柳工	广西	机械设备	30.00
4	600810.SH	神马股份	河南	基础化工	30.00
5	601139.SH	深圳燃气	广东	公用事业	30.00
6	601666.SH	平煤股份	河南	煤炭	29.00
7	000630.SZ	铜陵有色	安徽	有色金属	21.46
8	002761.SZ	浙江建投	浙江	建筑装饰	10.00
9	603213.SH	镇洋发展	浙江	基础化工	6.60
10	603327.SH	福蓉科技	四川	电子	6.40

资料来源：Wind，申万宏源研究。

（五）发行优先股的公司较少，过去五年仅有 3 家

发行优先股的地方国资上市公司数量较少。2019—2023 年，A 股上市公司中累计仅有 11 家公司发行优先股，共实现募资 3062 亿元。2023 年仅有 1 家央企五矿资本发行优先股，实现募资金额 100 亿元。过去五年中，仅有兴业银行、长沙银行和华阳股份 3 家地方国资上市公司在 2019 年和 2020 年发行了优先股，共实现募资 370 亿元。发行优先股的 A 股上市公司在行业分类上有一定集中特征，多集中于银行等金融行业。总体来看，采用优先股进行融资的地方国资上市公司数量非常少（见表 60）。

表 60　2019—2023 年 A 股上市公司优先股发行名单

序号	证券代码	证券简称	募资金额（亿元）			公司属性	申万一级行业
			2019 年	2020 年	2023 年		
1	601988.SH	中国银行	1000	28.20		中央国有企业	银行
2	601398.SH	工商银行	700	196.69		中央国有企业	银行
3	601939.SH	建设银行				中央国有企业	银行
4	601818.SH	光大银行	350			中央国有企业	银行

续表

序号	证券代码	证券简称	募资金额（亿元）			公司属性	申万一级行业
			2019 年	2020 年	2023 年		
5	601166.SH	兴业银行	300			地方国资	银行
6	600036.SH	招商银行				公众企业	银行
7	600016.SH	民生银行	200			公众企业	银行
8	601229.SH	上海银行				地方国资	银行
9	600390.SH	五矿资本		80	100	中央国有企业	非银金融
10	002142.SZ	宁波银行				地方国资	银行
11	600926.SH	杭州银行				地方国资	银行
12	601577.SH	长沙银行		60		地方国资	银行
13	601997.SH	贵阳银行				地方国资	银行
14	002714.SZ	牧原股份				民营企业	农林牧渔
15	600998.SH	九州通		20		民营企业	医药生物
16	600348.SH	华阳股份		10		地方国资	煤炭
17	300197.SZ	节能铁汉		9.35		中央国有企业	建筑装饰
18	300355.SZ	蒙草生态		8		民营企业	建筑装饰

资料来源：Wind，申万宏源研究。

五、地方国资并购运作较频繁，并购标的规模整体较大

（一）并购数量维持高位，规模高于市场平均水平

地方国资上市公司并购案例数量占 A 股上市公司并购案例数量的比例较稳定。2019—2023 年，地方国资上市公司并购案例数量占 A 股上市公司并购案例数量的比例维持在 20% 以上，波动较小。从绝对数来看，地方国资上市公司并购数量在 2022 年达到高峰，为 334 个，其余年份并购数量总体呈减少趋势，2023 年并购数量为近五年最低值，为 183 个（见图 88）。2024 年 3 月，证监会印发《关于加强上市公司监管的意见（试行）》，指出支持上市公司通过并购重组提升投资价值，多措并举活跃并购重组市场，鼓励上市公司实施并购重组、注入优质资产，预计未来地方国资上市公司并购案例数量将有所回升。

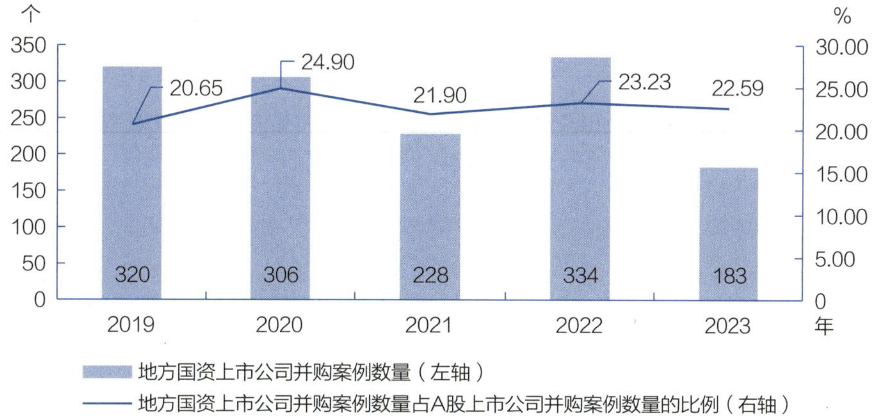

图 88　2019—2023 年地方国资上市公司并购案例数量及其占 A 股上市公司并购案例数量的比例

资料来源：Wind，申万宏源研究。

地方国资上市公司并购规模较大。从并购金额来看，近五年地方国资上市公司并购规模呈波动下降趋势，2021 年并购案例金额达到最小值，为 1238 亿元，2023 年并购案例金额为除 2021 年外的近五年最小值，为 1641 亿元，近两年所占比例达到近五年来的高值（见图 89）。2019—2023 年，地方国资上市公司并购案例金额占 A 股上市公司并购案例金额的比例高于并购案例数量的比例，说明地方国资上市公司并购规模较大。

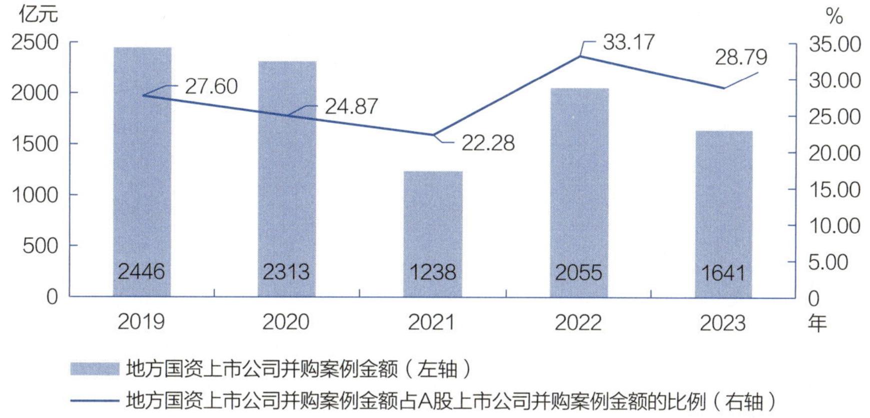

图 89　2019—2023 年地方国资上市公司并购案例金额及其占 A 股上市公司并购案例金额的比例

资料来源：Wind，申万宏源研究。

（二）标的集中在材料、资本货物、公用事业、多元金融等领域

地方国资上市公司在并购标的所属行业方面有一定倾向性。从并购案例的数量

来看，2023 年地方国资上市公司并购标的所属行业集中在材料、资本货物、公用事业、多元金融等领域。在运输、房地产、媒体、能源、消费者服务、食品与主要用品零售、保险等行业的并购案例中，地方国资上市公司并购的案例数量占 50% 及以上，其中运输行业中地方国资上市公司并购案例数量占比高达 63.64%（见表 61）。地方国资上市公司并购标的所属行业集中在材料、资本货物、公用事业、多元金融等领域，原因离不开战略性和新兴产业发展需求、基础设施建设和服务需求、金融服务和多元化发展需求以及国家政策支持与引导等因素。

表 61　2023 年地方国资上市公司并购标的所属行业数量情况

排名	行业分类	地方国资上市公司并购案例数量（个）	地方国资上市公司并购案例数量占 A 股上市公司并购案例数量的比例（%）
1	材料	26	20.47
2	资本货物	22	22.22
3	公用事业	16	47.06
3	多元金融	16	37.21
5	运输	14	63.64
6	商业和专业服务	12	30.00
7	房地产	9	56.25
7	制药	9	21.95
9	其他	7	13.73
9	软件与服务	7	7.78
11	媒体	6	54.55
11	能源	6	54.55
13	消费者服务	5	55.56
13	汽车与汽车零部件	5	20.00
15	食品与主要用品零售	4	50.00
15	技术硬件与设备	4	4.65
17	医疗保健设备与服务	3	16.67
17	半导体与半导体生产设备	3	15.79
17	耐用消费品与服装	3	15.79
17	食品	3	15.00
21	零售业	2	13.33
22	保险	1	100.00
23	电信服务	0	0.00
23	银行	0	0.00
合计		183	22.59

资料来源：Wind，申万宏源研究。

从并购案例的金额来看，2023 年地方国资上市公司并购标的所属行业集中在材料、能源、房地产等领域。在材料、能源、房地产、运输、零售业、消费者服务、食品与主要用品零售、媒体、保险等行业的并购案例中，地方国资上市公司并购的案例金额占到 50% 以上，其中能源、运输、保险行业中，地方国资上市公司并购的案例金额高达 95% 以上（见表 62）。总体来看，地方国资上市公司并购标的所在行业多集中于传统重资产行业。

表 62　2023 年地方国资上市公司并购标的所属行业金额情况

排名	行业分类	地方国资上市公司并购案例金额（亿元）	地方国资上市公司并购案例金额占 A 股上市公司并购案例金额的比例（%）
1	材料	378.94	52.42
2	能源	164.68	98.65
3	房地产	152.36	58.01
4	资本货物	143.29	15.83
5	运输	141.84	95.07
6	公用事业	124.35	8.91
7	商业和专业服务	103.21	40.69
8	零售业	85.18	82.56
9	多元金融	65.84	9.14
10	其他	52.63	49.36
11	消费者服务	49.04	70.96
12	软件与服务	44.45	33.83
13	食品	25.34	23.78
14	半导体与半导体生产设备	22.53	13.81
15	制药	18.96	36.22
16	汽车与汽车零部件	17.71	21.33
17	食品与主要用品零售	16.47	69.14
18	媒体	16.05	87.84
19	耐用消费品与服装	9.25	25.37
20	医疗保健设备与服务	6.35	23.17
21	技术硬件与设备	2.22	1.14
22	保险	0.03	100.00
总计		1640.72	28.79

资料来源：Wind，申万宏源研究。

近五年地方国资上市公司并购案例中，材料业的并购数量及金额遥遥领先。地方国资上市公司并购标的所属行业集中在材料领域的原因是多方面的，包括基础设施建设对材料需求的广泛性、材料行业的技术进步和产业升级、优化资源配置和降低成本以及响应国家政策与市场需求等（见表 63）。材料行业，特别是新材料领域，作为现代科技发展的基础，具有巨大的市场潜力和战略价值，是构建新的增长引擎的重要切入点。为加快前沿材料产业化创新发展，引导形成发展合力，中共中央、国务院等部门陆续颁布《质量强国建设纲要》《工业战略性新兴产业分类目录（2023）》等政策文件。随着国家对新材料领域的大力扶持和利好政策的推动，地方国资上市公司积极通过并购整合新材料产业链，以推动产业升级和增强竞争力。

表 63　2019—2023 年地方国资上市公司并购数量和金额前三的行业情况

年份	并购数量第一的行业	并购数量第二的行业	并购数量第三的行业	并购金额第一的行业	并购金额第二的行业	并购金额第三的行业
2019	材料	资本货物	房地产	材料	制药	房地产
2020	材料	资本货物	商业和专业服务	材料	资本货物	多元金融
2021	材料	商业和专业服务	公用事业	材料	商业和专业服务	零售业
2022	材料	资本货物	多元金融、软件与服务	资本货物	材料	运输
2023	材料	资本货物	多元金融、公用事业	材料	能源	房地产

资料来源：Wind，申万宏源研究。

（三）国资并购 32 家上市公司，鲁浙等区域数量较多

2023 年，地方国资并购了 32 家上市公司并获得控制权。从并购目的来看，一是整合协同资源，占比为 44%。地方国资通过并购控股上市公司平台，整合自身背景资源及产业链上下游资源，实现协同发展。二是优化产业布局，占比为 31%。地方国有资本控股平台根据资本运作或者产业布局需要而发起并购，新增自身产业板块（见图 90）。总体而言，地方国资上市公司通过并购非国有上市公司不仅可以进一步优化国有资本结构、做强做优做大国有资本，还可以有效地整合资源，促进产业链的培育和价值链的提升，从而提升整个企业的核心竞争力，推动区域乃至国家经济的高质量发展。

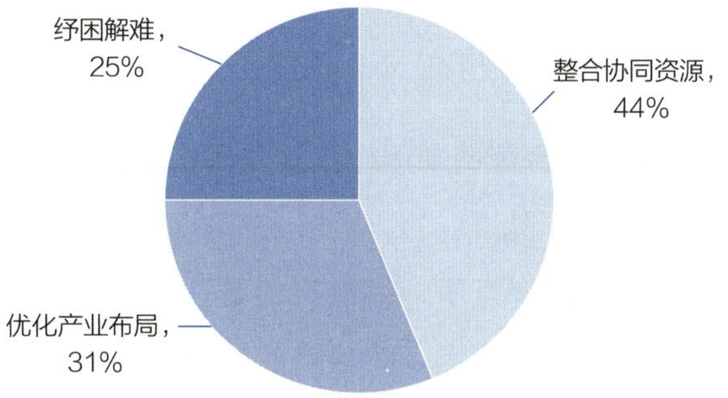

图 90　2023 年地方国资收购非国有上市公司的目的

资料来源：Wind，申万宏源研究。

从并购方属地来看，山东与浙江案例数量并列第一。2023 年，山东、浙江国资在资本市场动作频频，斩获颇丰，均获得 5 家 A 股上市公司控股权（见图 91）。这反映出山东与浙江等区域注重资本市场发展和上市公司高质量发展。2021 年，浙江省出台《浙江省国有控股上市公司高质量发展行动实施方案》，指出要通过构建高质量发展制度体系和工作机制，促进上市公司不断做强做优。2023 年，山东省陆续出台《关于深化行政事业性国有资产统筹盘活改革的实施意见》《山东省国有企业改革深化提升行动实施方案（2023—2025 年）》等政策文件，提出要加快推进各类国有资产盘活利用，并开展新一轮国企改革深化提升行动，推动国有企业做强做优做大。这些利好政策和并购活动反映了山东和浙江等区域在资本市场上的积极作为，以及响应国家政策、推动地方经济发展和提升企业竞争力的决心。

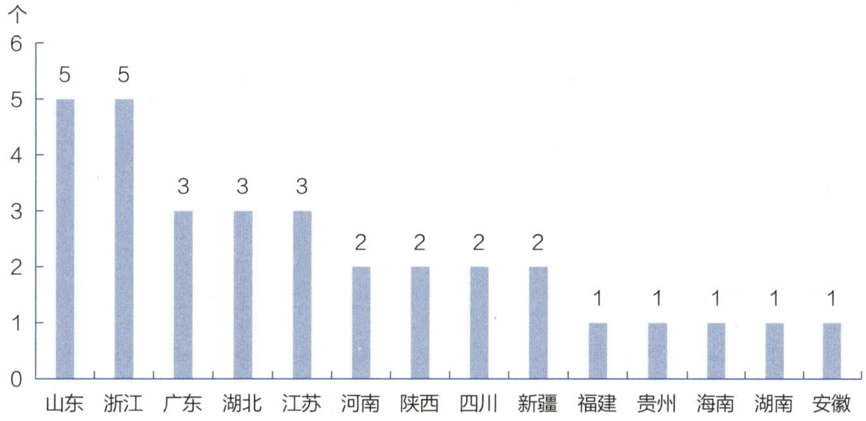

图 91　2023 年各省级行政区地方国资收购非国有上市公司的案例数量

资料来源：Wind，申万宏源研究。

（四）地方两类公司在并购交易中积极发挥引导作用

地方两类公司通过并购整合等资本运作方式发挥投资引导和结构调整作用，利用资本市场不断优化国有资本布局。两类公司通过并购深入贯彻国资国企改革要求，一是优化国有资本布局，避免无序竞争，促进产业链整合升级；二是通过整合相同业务或产业链上下游，以及互补式重组，实现产业链条互补协同；三是围绕主业做大做强做优，加快提升产业集中度，并提升国际竞争力。在 2023 年地方国资上市公司 183 个并购案例中，有 45 个并购案例出现了地方两类公司或两类公司控股股东的身影，约为 25%（见图 92）。其中，在 32 个地方国资并购非国有上市公司并获得控制权的案例中，发起方大股东为两类公司或两类公司控股股东的案例数量为 6 个，约占 18.75%。

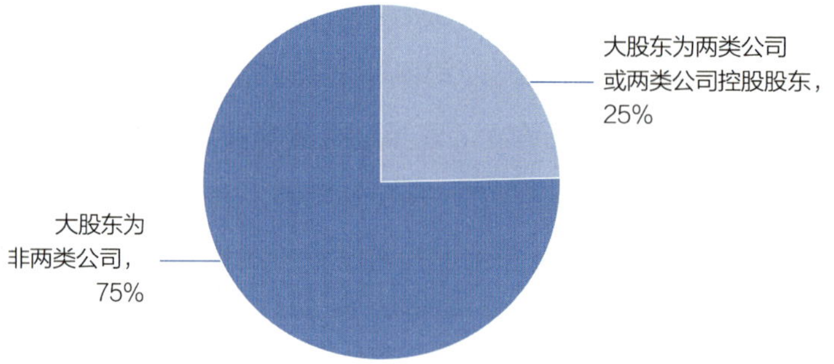

图 92　2023 年地方国资上市公司发起的并购案例中，
大股东为两类公司或两类公司控股股东的数量占比

资料来源：Wind，申万宏源研究。

六、分红总额持续增加，分红比例略高于 A 股整体水平

（一）超 600 家公司实施分红，占 A 股比重有待提升

地方国资上市公司分红数量在 A 股上市公司的占比呈下降趋势。从数量来看，地方国资上市公司分红公司数量呈波动上升又下降趋势，2022 年分红公司数量最多，有 650 家。从占比来看，地方国资上市公司分红数量占 A 股上市公司分红数量的比例持续下降，由 2019 年的 24.78% 下降至 2023 年的 18.16%（见图 93）。

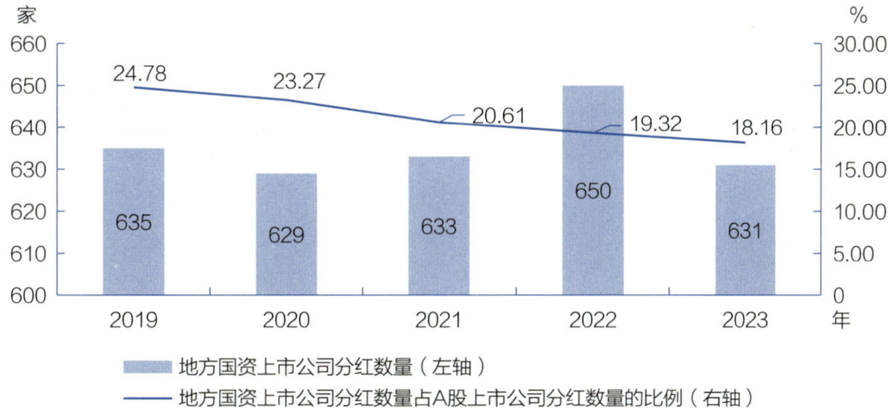

图 93　2019—2023 年地方国资上市公司分红数量及其占 A 股上市公司分红数量的比例

资料来源：Wind，申万宏源研究。

地方国资上市公司分红数量增速低于 A 股上市公司分红数量增速。2019—2023 年，地方国资上市公司分红数量增速与 A 股上市公司分红数量增速步调一致，均呈先增大后减小的趋势，2021 年 A 股上市公司分红数量增速达到近五年内最大值，为 13.65%，2022 年地方国资上市公司分红数量增速达到近五年内最大值，为 2.69%。近五年，地方国资上市公司分红数量增速基本低于 A 股上市公司分红数量增速，两者差距先增大后减小（见图 94）。

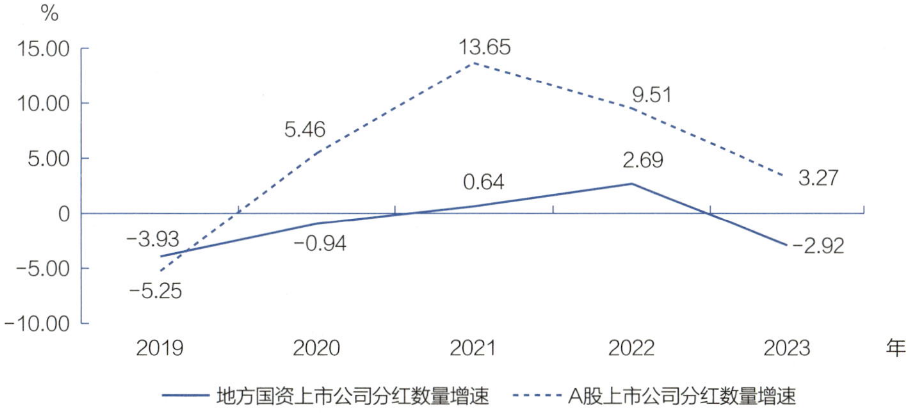

图 94　2019—2023 年地方国资上市公司与 A 股上市公司分红数量增速的比较

资料来源：Wind，申万宏源研究。

地方国资上市公司分红数量占比呈下降趋势。2019—2023 年，地方国资上市公司分红数量占比与 A 股上市公司分红数量占比均呈总体下降的趋势，2023 年，地方国资上市公司分红数量占比达到最低值，为 64.45%，A 股上市公司分红数量达到最低值，为 69.26%。呈下降趋势的原因主要在于正值疫情时期，疫情加剧且经济不确定性增加，部分上市公司暂不分红。总体来看，地方国资上市公司分红数量占比下降较为显著（见图 95）。

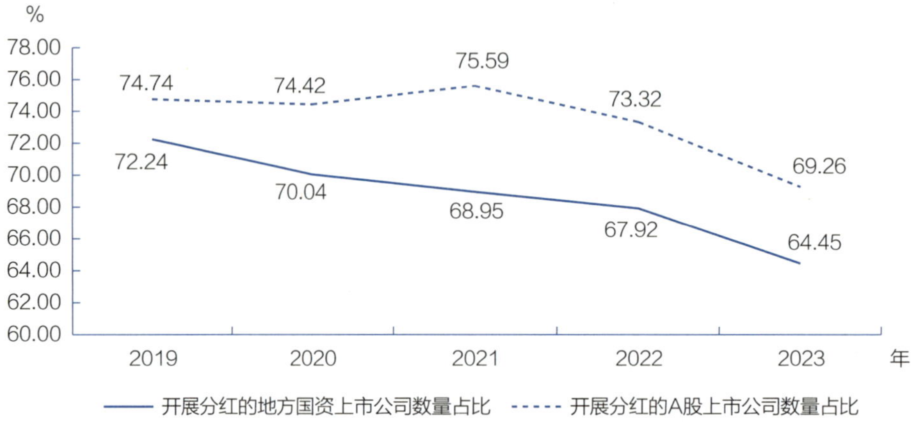

图 95　2019—2023 年地方国资上市公司与 A 股上市公司开展分红的公司数量占比的比较

资料来源：Wind，申万宏源研究。

（二）分红金额近五年持续上升，2023 年近 5000 亿元

地方国资上市公司分红金额占 A 股上市公司分红金额的比例基本保持平稳。2019—2023 年，地方国资上市公司积极响应政策号召，分红金额呈持续上升趋势，2023 年达到近五年最大值，为 4726 亿元。2019—2021 年，地方国资上市公司分红金额占 A 股上市公司分红金额的比例呈现下降趋势，2021 年以后占比上升，2023 年达到 22.32%（见图 96）。2024 年 4 月，国务院印发《关于加强监管防范风险推动资本市场高质量发展的若干意见》（即“新国九条”），提出要强化上市公司现金分红监管，加大对分红优质公司的激励力度，多措并举推动提高股息率，增强分红稳定性、持续性和可预期性。总体来看，地方国资上市公司分红金额呈上升趋势。

地方国资上市公司分红金额增速与 A 股上市公司分红金额增速趋势接近。2019—2023 年，地方国资上市公司分红金额增速与 A 股上市公司分红金额增速均呈先上升后下降的趋势，2022 年达到近五年增速最大值，分别为 18.20% 和 22.43%，2023 年增速下滑，分别为 6.68% 和 13.55%（见图 97）。原因主要在于，近两年疫情基本结束，经济复苏、确定性增加，上市公司通过分红的方式回报股东、促进股价稳定和稳住市场预期。

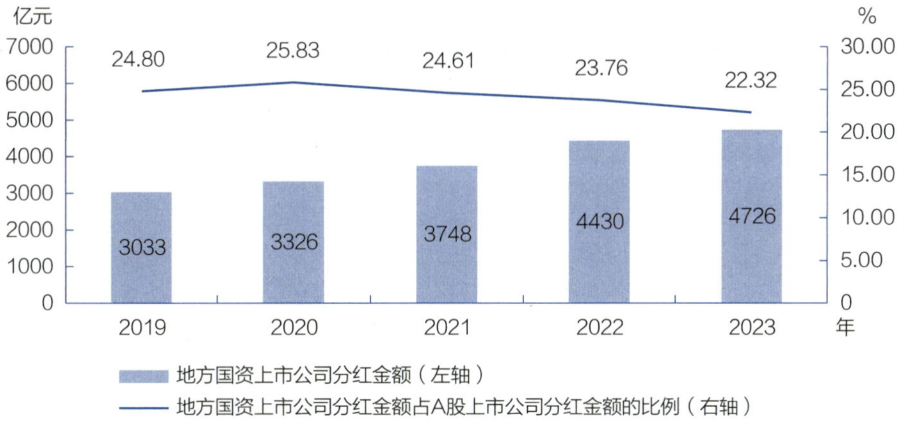

图 96 2019—2023 年地方国资上市公司分红金额及其占 A 股上市公司分红金额的比例

资料来源：Wind，申万宏源研究。

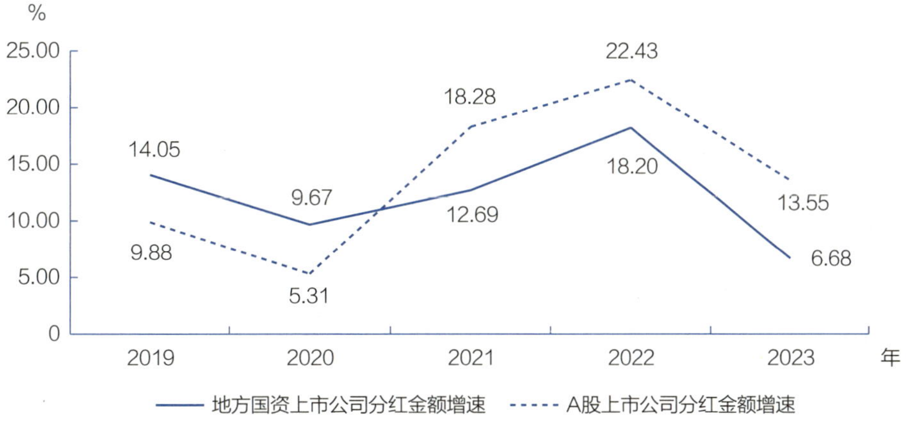

图 97 2019—2023 年地方国资上市公司与 A 股上市公司分红金额增速的比较

资料来源：Wind，申万宏源研究。

贵州茅台分红金额远超其他地方国资上市公司。2023 年分红金额前十的地方国资上市公司平均分红金额为 152 亿元，分红金额最大的为贵州茅台，分红金额高达 325 亿元，远超其他地方国资上市公司。分红金额前十的地方国资上市公司行业倾向也较为明显，多集中于白酒、金融、能源等行业（见表 64）。这些地方国资上市公司分红金额巨大的原因，一是公司持续、稳定、健康发展的需要；二是在保证公司正常经营和长期发展不受影响的前提下，加大现金分红力度，提振市场信心；三是积极回报股东，与股东分享公司发展红利，增强广大股东的获得感。

表 64　2023 年分红金额前十的地方国资上市公司

排名	证券代码	证券简称	分红金额（亿元）
1	600519.SH	贵州茅台	325
2	601166.SH	兴业银行	247
3	601225.SH	陕西煤业	211
4	600188.SH	兖矿能源	152
5	000858.SZ	五粮液	147
6	601601.SH	中国太保	98
7	600000.SH	浦发银行	94
8	601699.SH	潞安环能	85
9	000002.SZ	万科 A	81
10	600585.SH	海螺水泥	78

资料来源：Wind，申万宏源研究。

（三）2023 年分红比例回升，略高于 A 股整体水平

地方国资上市公司分红比例高于 A 股上市公司分红比例。2019—2023 年，地方国资上市公司分红比例与 A 股上市公司分红比例均呈总体上升趋势，均于 2023 年达到分红比例的最高值，分别为 40.37% 和 40.05%。五年间地方国资上市公司分红比例高于 A 股上市公司分红比例（见图 98）。

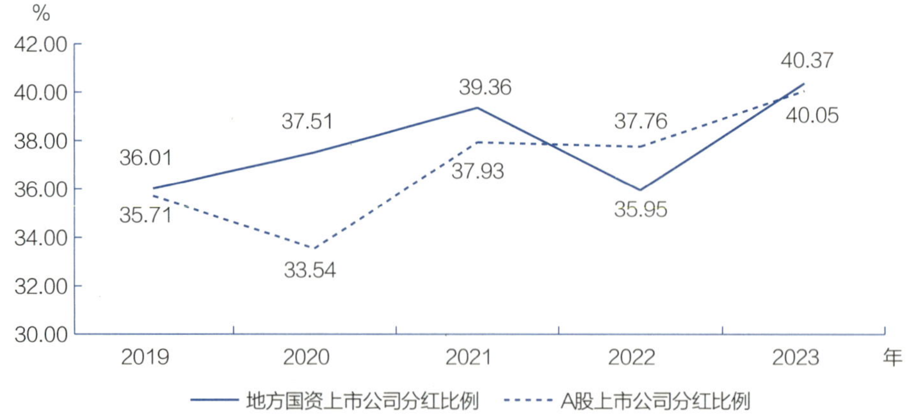

图 98　2019—2023 年地方国资上市公司与 A 股上市公司分红比例的比较

资料来源：Wind，申万宏源研究。

地方国资上市公司分红比例结构与 A 股上市公司分红比例结构类似。大部分地方国资上市公司和 A 股上市公司的分红比例集中在 10% 以下的区间，前者比例为 43.51%，后者比例为 36.04%。地方国资上市公司中分红比例超过 30% 的占比为 39.44%，A 股上市公司中分红比例超过 30% 的占比为 41.86%，略高于地方国资上市公司的比例（见表 65）。

表 65　2023 年地方国资上市公司与 A 股上市公司分红比例结构对比

分红比例区间	地方国资上市公司数量（家）	地方国资上市公司占比（%）	A 股上市公司数量（家）	A 股上市公司占比（%）	地方国资上市公司占 A 股上市公司的比例（%）
>80%	56	5.72	321	6.40	17.45
>70%~80%	17	1.74	124	2.47	13.71
>60%~70%	31	3.17	143	2.85	21.68
>50%~60%	51	5.21	258	5.14	19.77
>40%~50%	68	6.95	365	7.28	18.63
>30%~40%	163	16.65	889	17.72	18.34
>20%~30%	85	8.68	544	10.85	15.63
10%~20%	82	8.38	564	11.24	14.54
<10%	426	43.51	1808	36.04	23.56
合计	979	100.00	5016	100.00	19.52

资料来源：Wind，申万宏源研究。

七、积极开展员工持股和股权激励，为改革注入新动力

（一）13 家实施员工持股，数量有待进一步提升

地方国资上市公司实施员工持股的比例有待提升。从总量来看，2019—2023 年地方国资上市公司实施员工持股的公司数量变化较为平稳，均值为 15 家。从占比来看，近五年地方国资上市公司中实施员工持股的公司数量占比维持在 1%~2%，而 A 股上市公司中实施员工持股的公司数量占比呈先增高后降低的趋势，2023 年降至 3.72%。从两者比较来看，地方国资上市公司中实施员工持股的公司数量占比持续低于 A 股上市公司中实施员工持股的公司数量占比（见图 99）。

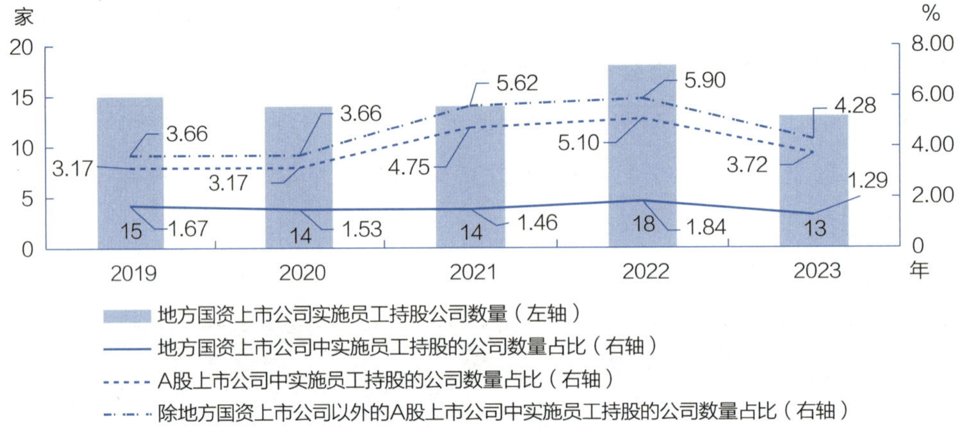

图 99　2019—2023 年地方国资上市公司与 A 股上市公司中实施员工持股公司数量及其占比的比较

资料来源：Wind，申万宏源研究。

（二）34 家实施股权激励，数量较往年略有下滑

地方国资上市公司实施股权激励的数量为 34 家，占比为 3.37%。上市公司实施股权激励往往与企业上一年度盈利状况呈正相关关系，利润增长不仅会增强企业实施股权激励的底气与动力，也会增强员工对公司未来发展的信心，从而提高股权激励的吸引力和效果。从总量与占比来看，受盈利状况影响，2019—2023 年地方国资上市公司和 A 股上市公司实施股权激励的公司数量及其占比均呈先上升后下降的趋势，2023 年分别为 34 家与 3.37%、743 家与 13.94%。从两者比较来看，由于体制机制存在一定差异，地方国资上市公司中实施股权激励的公司数量占比低于 A 股上市公司中实施股权激励的公司数量占比（见图 100）。

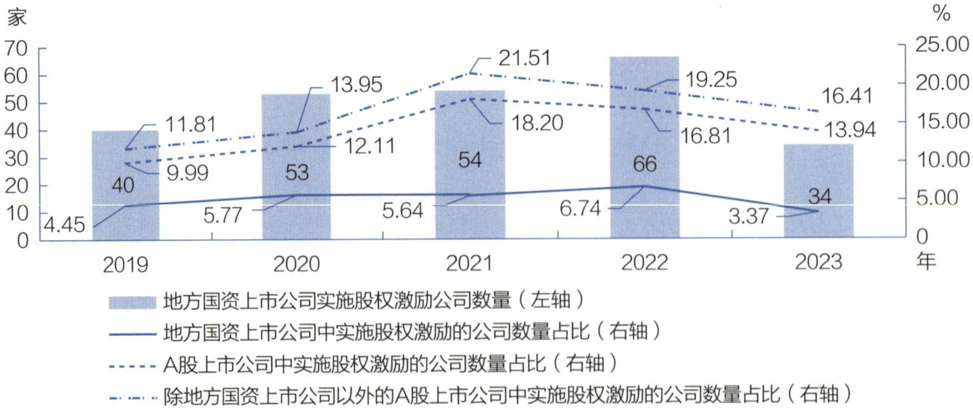

图 100　2019—2023 年地方国资上市公司与 A 股上市公司中实施股权激励公司数量及其占比的比较

资料来源：Wind，申万宏源研究。

八、信息披露评级更高，质量略优于 A 股上市公司水平

（一）信息披露获评 A 级的公司数量占比为 21.32%

地方国资上市公司信息披露质量与 A 股上市公司基本一致。近年来，地方国资上市公司信息披露持续优化。根据沪深两市交易所最新发布的上市公司信息披露工作评价结果（2022—2023 年度），A 股共有 4854 家上市公司参评，信息披露考评分从高到低分为A至D四级，其中A级885家，B级3274家，C级558家，D级137家，占比分别为 18.23%、67.45%、11.50%、2.82%。参评范围内属于地方国资上市公司的有 971 家，其中 A 级 207 家，B 级 644 家，C 级 94 家，D 级 26 家，占比分别为 21.32%、66.32%、9.68%、2.68%。与 A 股上市公司相比，地方国资上市公司的信息披露质量更优，获得评级更高，具体表现为 A 级占比高了 3.09 个百分点，C 级和 D 级分别低了 1.82 个百分点和 0.14 个百分点。总体来看，地方国资上市公司信息披露考评分与 A 股上市公司信息披露考评分多集中于 B 级，信息披露质量较为接近（见图 101、图 102）。国务院于 2024 年 4 月印发的《关于加强监管防范风险推动资本市场高质量发展的若干意见》提出，要加强上市公司信息披露和公司治理监管，健全上市公司可持续信息披露制度。

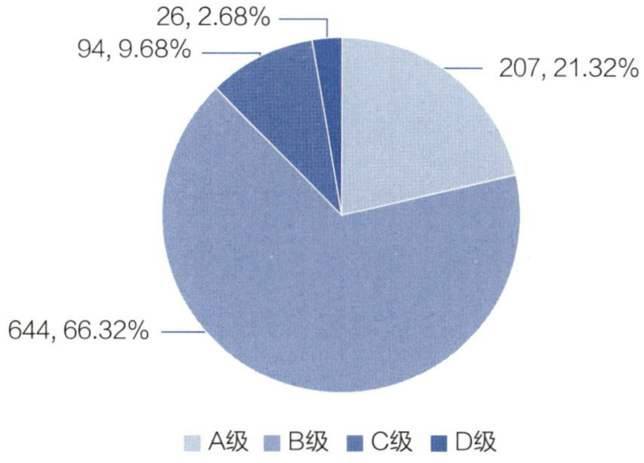

图 101　2022—2023 年度地方国资上市公司信息披露结果

资料来源：Wind，申万宏源研究。

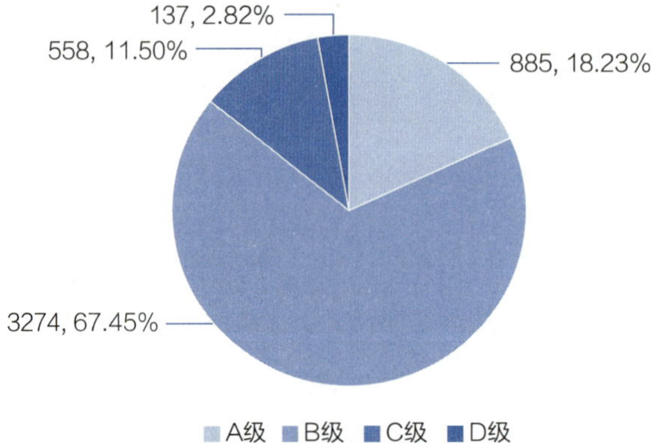

图 102　2022—2023 年度 A 股上市公司信息披露结果

资料来源：Wind，申万宏源研究。

（二）连续五年信息披露获评 A 级的数量为 80 家

有 80 家地方国资上市公司连续五年信息披露质量评价为 A 级。信息披露评价结果对上市公司意义重大，交易所对上市公司再融资、并购重组等事项进行审核时，会将上市公司信息披露工作评价结果纳入考虑范围，对于最近一年信息披露工作评价结果为 A 级的上市公司也将给予支持。2019—2023 年，A 股上市公司信息披露质量连续为 A 级（公司被交易所纳入评价范围后，所获得的评级持续为“A”）的有 365 家，其中地方国资上市公司信息披露质量连续为 A 级的数量为 80 家，占比为 22%。

（三）地方国资上市公司越发重视做好 ESG 披露工作

近年来，随着国际社会对可持续发展的重视程度不断提升，ESG（环境、社会和公司治理）披露已成为上市公司展示其社会责任和可持续发展能力的重要方式。对于地方国资上市公司而言，做好 ESG 披露工作具有十分重要的意义。一是提升企业形象和品牌价值。通过 ESG 披露，地方国资上市公司可以向监管者、投资者和公众展示其在环境保护、社会责任和良好治理方面的实践与成效，从而提升企业形象及品牌价值。二是降低融资成本。许多投资者在投资决策时会考虑企业的 ESG 表现。良好的 ESG 披露能够帮助地方国资上市公司吸引更多的投资，降低融资成本。三是满足政策与监管要求。随着政府与监管机构对 ESG 披露的要求日益严格，地方国资上市公司通过做好 ESG 披露工作，能够满足政府监管要求，避免潜在的合规风险。此外，

ESG 披露还有助于地方国资上市公司识别和管理与环境、社会及治理相关的风险，从而增强企业的整体风险管理能力。总而言之，随着 ESG 理念的推广和相关政策的推动，越来越多的地方国资上市公司开始重视并积极开展 ESG 披露工作，这不仅有助于地方国资上市公司自身的可持续发展，也对推动区域乃至国家经济的可持续发展具有积极作用。

行业篇

行业覆盖全面，不断优化提升国有资本布局

一、在关系地方国计民生的产业中占据更加重要的地位

申万宏源研究所一直致力于做中国证券市场专业研究的领导者，并提供权威的行业分类标准体系。根据中国经济和股票市场最新发展，申万宏源研究所于 2021 年 7 月 30 日推出了最新的申万行业分类体系，申万一级行业扩充至 31 个。本报告对地方国资上市公司的行业分类采用申万行业分类。

（一）集中在制造类行业，也不乏探索新兴行业

截至 2023 年末，地方国资上市公司行业分类涉及 31 个申万一级行业，行业覆盖全面。从申万一级行业分类来看，截至 2023 年末，地方国资上市公司集中在基础化工、机械设备、医药生物、交通运输等行业（见表 66）。

表 66　截至 2023 年末，地方国资上市公司行业分类数量情况

排名	申万一级行业	数量（家）	占比（%）	排名	申万一级行业	数量（家）	占比（%）
1	基础化工	72	7.14	17	社会服务	31	3.08
2	机械设备	59	5.85	18	环保	30	2.98
3	医药生物	58	5.75	19	银行	28	2.78
3	交通运输	58	5.75	20	煤炭	26	2.58
5	房地产	55	5.46	21	农林牧渔	23	2.28
5	公用事业	55	5.46	22	钢铁	15	1.49
7	建筑装饰	50	4.96	22	家用电器	15	1.49
8	电力设备	45	4.46	22	建筑材料	15	1.49
9	电子	44	4.37	25	国防军工	14	1.39
9	传媒	44	4.37	26	综合	13	1.29
11	汽车	40	3.97	27	纺织服饰	11	1.09
12	非银金融	38	3.77	27	轻工制造	11	1.09
13	商贸零售	36	3.57	29	通信	10	0.99
14	食品饮料	35	3.47	30	石油石化	7	0.69
15	计算机	33	3.27	31	美容护理	4	0.40
15	有色金属	33	3.27	总计		1008	100.00

资料来源：Wind，申万宏源研究。

地方国资上市公司在能源、金融、基础设施等关系国计民生的行业中数量占优。在各申万一级行业中，地方国资上市公司数量占A股上市公司数量比例靠前的行业分别是煤炭、银行、综合、房地产、交通运输、非银金融、公用事业、社会服务等行业，表明地方国资上市公司充分发挥了为社会经济发展提供公共产品和服务的功能（见表67）。

表67　截至2023年末，各行业中地方国资上市公司数量占A股上市公司数量的比例

排名	申万一级行业	地方国资上市公司数量占A股上市公司数量的比例（%）	排名	申万一级行业	地方国资上市公司数量占A股上市公司数量的比例（%）
1	煤炭	68.42	17	建筑材料	19.23
2	银行	66.67	18	基础化工	17.48
3	综合	59.09	19	家用电器	16.13
4	房地产	50.93	20	石油石化	15.22
5	交通运输	45.67	21	汽车	14.18
6	非银金融	44.19	22	美容护理	12.50
7	公用事业	42.64	23	电力设备	12.23
8	社会服务	39.24	24	医药生物	11.79
9	商贸零售	34.62	25	机械设备	10.41
10	传媒	33.33	26	国防军工	10.22
10	钢铁	33.33	27	纺织服饰	10.09
12	建筑装饰	29.59	28	计算机	9.35
13	食品饮料	28.00	29	电子	9.30
14	有色金属	23.74	30	通信	7.52
15	环保	22.06	31	轻工制造	6.79
16	农林牧渔	20.72	—		

资料来源：Wind，申万宏源研究。

近年来，新上市的地方国资上市公司行业分类体现出地方国资产业结构的优化。2019—2023年，新上市的地方国资上市公司主要集中在电力设备、公用事业、电子、医药生物和银行等申万一级行业，不仅表明地方国资上市公司发挥了保障民生等的作用，也表明地方国有企业肩负着引领国家产业结构优化转型的重任（见表68）。

表 68　2019—2023 年各行业中不同属性的上市公司新增数量对比

申万一级行业	地方国资上市公司五年新增数量合计（家）	占比（%）	排名	A 股上市公司五年新增数量合计（家）	占比（%）	排名	民营上市公司五年新增数量合计（家）	占比（%）	排名
电力设备	18	13.74	1	201	10.58	4	150	11.20	4
公用事业	14	10.69	2	30	1.58	17	9	0.67	22
电子	12	9.16	3	251	13.21	1	179	13.37	2
医药生物	12	9.16	3	218	11.47	3	163	12.17	3
银行	12	9.16	3	14	0.74	24	—	—	—
建筑装饰	10	7.63	6	46	2.42	11	11	0.82	18
非银金融	9	6.87	7	22	1.16	20	2	0.15	25
社会服务	8	6.11	8	31	1.63	16	10	0.75	19
计算机	7	5.34	9	155	8.16	5	110	8.22	5
汽车	6	4.58	10	111	5.84	6	97	7.24	6
环保	6	4.58	10	75	3.95	8	56	4.18	9
国防军工	6	4.58	10	69	3.63	9	47	3.51	10
基础化工	5	3.82	13	110	5.79	7	83	6.20	7
有色金属	5	3.82	13	34	1.79	15	22	1.64	14
传媒	5	3.82	13	19	1.00	23	0	0.00	27
煤炭	4	3.05	16	5	0.26	27	2	0.15	25
通信	3	2.29	17	46	2.42	11	32	2.39	12
交通运输	3	2.29	17	20	1.05	22	10	0.75	19
轻工制造	2	1.53	19	68	3.58	10	58	4.33	8
食品饮料	2	1.53	19	36	1.89	14	33	2.46	11
农林牧渔	2	1.53	19	27	1.42	18	22	1.64	14
家用电器	1	0.76	22	37	1.95	13	26	1.94	13
美容护理	1	0.76	22	21	1.11	21	16	1.19	17
钢铁	1	0.76	22	8	0.42	26	6	0.45	23
石油石化	0	0.00	25	13	0.68	25	5	0.37	24
房地产	0	0.00	25	−8	−0.42	30	−8	−0.60	29
纺织服饰	−1	−0.76	27	23	1.21	19	19	1.42	16
建筑材料	−1	−0.76	27	−1	−0.05	29	−4	−0.30	28
机械设备	−4	−3.05	29	237	12.47	2	185	13.82	1
综合	−8	−6.11	30	−23	−1.21	31	−12	−0.90	30
商贸零售	−9	−6.87	31	5	0.26	27	10	0.75	19

资料来源：Wind，申万宏源研究。

地方国资上市公司行业分布体现国资担当。与2018年末相比，截至2023年末，地方国资上市公司集中的前十大申万一级行业中新增电力设备和电子两大行业，体现了地方国资上市公司在这两个行业领域中加大布局，并引领产业发展。

与A股上市公司相比，截至2023年末，地方国资上市公司在交通运输、房地产、公用事业和传媒等行业的集中度更高。而A股上市公司更加集中在汽车、计算机和轻工制造等行业（见表69）。

表69　2018年末和2023年末，地方国资上市公司与A股上市公司所属行业数量集中度的比较

申万一级行业	地方国资上市公司				A股上市公司			
	2023年数量占比（%）	排名	2018年数量占比（%）	排名	2023年数量占比（%）	排名	2018年数量占比（%）	排名
基础化工	7.14	1	7.62	1	7.73	4	8.81	2
机械设备	5.85	2	7.17	2	10.64	1	9.62	1
交通运输	5.75	3	6.26	3	2.38	16	3.12	11
医药生物	5.75	3	5.35	5	9.23	2	7.99	3
房地产	5.46	5	6.26	3	2.03	20	3.38	9
公用事业	5.46	5	4.66	7	2.42	15	2.89	13
建筑装饰	4.96	7	4.55	8	3.17	8	3.59	8
电力设备	4.46	8	3.07	15	6.91	5	4.87	7
传媒	4.37	9	4.44	9	2.48	14	3.30	10
电子	4.37	9	3.75	11	8.88	3	6.47	4
汽车	3.97	11	3.87	10	5.29	7	4.99	6
非银金融	3.77	12	3.30	13	1.61	23	1.87	22
商贸零售	3.57	13	5.12	6	1.95	21	2.89	13
食品饮料	3.47	14	3.75	11	2.35	17	2.60	16
有色金属	3.27	15	3.19	14	2.61	10	3.06	12
计算机	3.27	15	2.96	16	6.62	6	5.77	5
社会服务	3.08	17	2.62	18	1.48	24	1.40	25
环保	2.98	18	2.73	17	2.55	12	1.78	23
银行	2.78	19	1.82	22	0.79	28	0.82	30
煤炭	2.58	20	2.50	19	0.71	29	0.96	28
农林牧渔	2.28	21	2.39	20	2.08	18	2.45	19
建筑材料	1.49	22	1.82	22	1.46	25	2.30	20
钢铁	1.49	22	1.59	24	0.84	27	1.08	27
家用电器	1.49	22	1.59	24	1.75	22	1.63	24
国防军工	1.39	25	0.91	28	2.57	11	1.98	21
综合	1.29	26	2.39	20	0.41	31	1.31	26
纺织服饰	1.09	27	1.37	26	2.05	19	2.51	18

续表

申万一级行业	地方国资上市公司				A股上市公司			
	2023年数量占比（%）	排名	2018年数量占比（%）	排名	2023年数量占比（%）	排名	2018年数量占比（%）	排名
轻工制造	1.09	27	1.02	27	3.04	9	2.74	15
通信	0.99	29	0.80	29	2.50	13	2.54	17
石油石化	0.69	30	0.80	29	0.86	26	0.96	28
美容护理	0.40	31	0.34	31	0.60	30	0.32	31

资料来源：Wind，申万宏源研究。

（二）传统产业的资产规模占A股比例相对较大

从总资产规模来看，截至2023年末，地方国资上市公司总资产主要集中在食品饮料、综合、煤炭、传媒、社会服务、环保等行业。在上述行业中，地方国资上市公司总资产占A股上市公司总资产的比例均超过50%（见表70）。

表70　截至2023年末，各行业中地方国资上市公司总资产及其占A股上市公司总资产的比例

排名	申万一级行业	地方国资上市公司总资产（亿元）	地方国资上市公司总资产占A股上市公司总资产的比例（%）	排名	申万一级行业	地方国资上市公司总资产（亿元）	地方国资上市公司总资产占A股上市公司总资产的比例（%）
1	食品饮料	10698.97	69.43	17	医药生物	8687.33	22.12
2	综合	1567.05	64.36	18	机械设备	8129.95	21.66
3	煤炭	14352.72	52.60	19	银行	548203.12	19.50
4	传媒	5449.70	52.26	20	电子	9187.89	19.05
5	社会服务	1643.86	51.69	21	家用电器	3285.83	17.98
6	环保	6011.22	50.25	22	美容护理	233.11	15.79
7	房地产	51400.50	46.13	23	建筑装饰	21899.92	15.45
8	汽车	21689.53	44.52	24	电力设备	8743.43	14.13
9	钢铁	10384.45	44.14	25	轻工制造	1107.17	12.07
10	交通运输	28404.67	43.63	26	纺织服饰	665.45	10.94
11	有色金属	12112.86	41.44	27	农林牧渔	1457.85	10.71
12	建筑材料	6790.24	41.44	28	计算机	2039.25	10.60
13	商贸零售	6190.82	38.72	29	国防军工	770.33	5.01
14	基础化工	11154.72	33.09	30	通信	526.58	1.21
15	公用事业	19112.12	26.26	31	石油石化	557.95	0.74
16	非银金融	89340.11	23.13	总计		911798.69	21.63

资料来源：Wind，申万宏源研究。

从净资产规模来看，截至2023年末，地方国资上市公司净资产仍主要集中在食品饮料、传媒、综合、房地产、建筑材料、社会服务、煤炭行业，在上述产业中，地方国资上市公司净资产占A股上市公司净资产的比例均在45%以上（见表71）。

表71 截至2023年末，各行业中地方国资上市公司净资产及其占A股上市公司净资产的比例

排名	申万一级行业	地方国资上市公司净资产（亿元）	地方国资上市公司净资产占A股上市公司净资产的比例（%）	排名	申万一级行业	地方国资上市公司净资产（亿元）	地方国资上市公司净资产占A股上市公司净资产的比例（%）
1	食品饮料	7161.28	70.30	17	医药生物	4608.56	19.13
2	传媒	3284.37	50.45	18	银行	42422.08	18.89
3	综合	413.22	46.90	19	机械设备	3371.99	18.31
4	房地产	12470.84	46.57	20	电子	4816.24	18.15
5	建筑材料	3769.56	46.08	21	家用电器	1252.81	17.20
6	社会服务	774.60	45.91	22	美容护理	133.85	13.32
7	煤炭	6730.56	45.10	23	电力设备	3030.07	11.93
8	环保	2242.64	44.12	24	农林牧渔	633.21	11.12
9	交通运输	12043.52	43.19	25	建筑装饰	3789.81	10.93
10	汽车	8098.40	42.78	26	纺织服饰	335.22	9.32
11	商贸零售	2484.48	41.24	27	轻工制造	415.06	8.76
12	有色金属	5463.47	37.11	28	计算机	968.41	8.71
13	钢铁	3876.56	36.96	29	国防军工	452.32	5.92
14	基础化工	5526.59	30.78	30	通信	272.10	1.07
15	非银金融	17515.52	30.25	31	石油石化	288.53	0.76
16	公用事业	6971.81	26.98	总计		165617.71	23.25

资料来源：Wind，申万宏源研究。

（三）承担推动区域发展重任的行业的利润贡献较大

2023年，食品饮料、社会服务、传媒、煤炭、环保等行业的地方国资上市公司净利润占A股上市公司净利润的比例较大，均超过50%（见表72）。

表 72　2023 年各行业中地方国资上市公司净利润及其占 A 股上市公司净利润的比例

排名	申万一级行业	地方国资上市公司净利润（亿元）	地方国资上市公司净利润占 A 股上市公司净利润的比例（%）	排名	申万一级行业	地方国资上市公司净利润（亿元）	地方国资上市公司净利润占 A 股上市公司净利润的比例（%）
1	食品饮料	1717.29	81.23	17	钢铁	55.13	16.74
2	社会服务	78.04	79.69	18	纺织服饰	46.82	15.63
3	传媒	207.66	57.57	19	家用电器	129.78	11.36
4	煤炭	1290.77	55.47	20	国防军工	34.20	10.58
5	环保	139.83	53.68	21	建筑装饰	261.22	10.44
6	交通运输	937.46	46.99	22	美容护理	5.66	5.80
7	基础化工	453.76	38.95	23	电力设备	128.29	5.09
8	有色金属	678.25	38.46	24	计算机	11.58	3.63
9	商贸零售	56.55	29.52	25	通信	4.43	0.22
10	汽车	394.87	28.13	26	房地产	153.67	—
11	非银金融	970.36	25.78	27	农林牧渔	3.05	—
12	公用事业	532.44	23.42	28	石油石化	-5.25	—
13	建筑材料	84.08	23.04	29	轻工制造	-14.63	—
14	医药生物	373.50	22.06	30	综合	-61.33	—
15	机械设备	242.46	19.53	31	电子	-64.55	—
16	银行	3795.24	17.90	总计		12640.63	22.17

资料来源：Wind，申万宏源研究。

注：房地产行业除地方国资上市公司外的 A 股上市公司净利润合计为负数，农林牧渔行业的 A 股上市公司净利润合计为负数，石油石化、轻工制造、综合、电子行业的地方国资上市公司净利润合计为负数，因此不计算上述三种情况地方国资上市公司净利润占 A 股上市公司净利润的比例。

扣除非经常性损益后，2023 年，依然是社会服务、食品饮料、环保、传媒、煤炭等行业的地方国资上市公司净利润占 A 股上市公司净利润的比例较大（见表 73）。

表 73　2023 年各行业中地方国资上市公司扣非净利润及其占 A 股上市公司扣非净利润的比例

排名	申万一级行业	地方国资上市公司扣非净利润（亿元）	地方国资上市公司净利润占 A 股上市公司扣非净利润的比例（%）	排名	申万一级行业	地方国资上市公司扣非净利润（亿元）	地方国资上市公司净利润占 A 股上市公司扣非净利润的比例（%）
1	社会服务	23.84	91.26	17	钢铁	25.56	14.18
2	食品饮料	1640.72	82.67	18	国防军工	21.37	9.99
3	环保	102.24	61.17	19	纺织服饰	22.26	9.87
4	传媒	119.38	52.50	20	家用电器	75.98	7.37
5	煤炭	962.71	51.86	21	建筑装饰	115.91	6.89
6	交通运输	606.63	43.26	22	美容护理	2.67	3.14
7	有色金属	523.41	42.83	23	电力设备	53.80	2.60
8	基础化工	385.45	38.84	24	通信	-2.25	—
9	商贸零售	31.26	33.67	25	石油石化	-3.84	—
10	非银金融	921.91	28.78	26	计算机	-8.48	—
11	公用事业	384.51	25.12	27	农林牧渔	-14.15	—
12	建筑材料	66.99	23.63	28	轻工制造	-22.29	—
13	医药生物	297.67	22.25	29	房地产	-45.77	—
14	汽车	193.47	19.76	30	综合	-53.58	—
15	机械设备	172.94	18.85	31	电子	-94.30	—
16	银行	3652.27	17.56	总计		10158.30	—

资料来源：Wind，申万宏源研究。

注：通信、石油石化、计算机、农林牧渔、轻工制造、房地产、综合和电子行业的地方国资上市公司净利润合计为负数，因此不计算上述行业地方国资上市公司净利润占 A 股上市公司净利润的比例。

（四）消费、金融、资源等行业市值占比更靠前

前五大行业市值占比合计超过 50%。从市值来看，截至 2023 年末，食品饮料、非银金融、银行、基础化工和有色金属申万一级行业的地方国资上市公司市值占比位居前五，上述五个行业市值占比合计超过 50%（见表 74）。

表 74　截至 2023 年末，各行业地方国资上市公司市值及其占比

排名	申万一级行业	地方国资上市公司市值（亿元）	占比（%）	排名	申万一级行业	地方国资上市公司市值（亿元）	占比（%）
1	食品饮料	45435.72	22.38	17	计算机	3725.86	1.83
2	非银金融	18380.77	9.05	18	商贸零售	2851.35	1.40
3	银行	17506.22	8.62	19	钢铁	2725.85	1.34
4	基础化工	10577.93	5.21	20	建筑材料	2546.35	1.25
5	有色金属	9913.89	4.88	21	环保	2454.24	1.21
6	医药生物	9692.31	4.77	22	社会服务	2027.89	1.00
7	交通运输	9565.55	4.71	23	国防军工	1587.47	0.78
8	电子	9028.24	4.45	24	家用电器	1559.04	0.77
9	煤炭	7885.34	3.88	25	农林牧渔	1395.58	0.69
10	汽车	7304.42	3.60	26	通信	973.70	0.48
11	公用事业	7295.09	3.59	27	纺织服饰	681.96	0.34
12	房地产	7083.50	3.49	28	综合	575.18	0.28
13	机械设备	5432.90	2.68	29	轻工制造	474.14	0.23
14	电力设备	4926.17	2.43	30	石油石化	450.61	0.22
15	传媒	4791.37	2.36	31	美容护理	249.43	0.12
16	建筑装饰	3957.81	1.95	总计		203055.87	100.00

资料来源：Wind，申万宏源研究。

截至 2023 年末，食品饮料、房地产和煤炭等申万一级行业中，地方国资上市公司市值占 A 股上市公司市值的比例较高（见表 75）。

表 75　截至 2023 年末，地方国资上市公司行业分类市值及其占 A 股上市公司市值的比例

排名	申万一级行业	地方国资上市公司市值（亿元）	地方国资上市公司市值占 A 股上市公司市值的比例（%）	排名	申万一级行业	地方国资上市公司市值（亿元）	地方国资上市公司市值占 A 股上市公司市值的比例（%）
1	食品饮料	45435.72	76.62	4	综合	575.18	46.90
2	房地产	7083.50	49.23	5	社会服务	2027.89	38.14
3	煤炭	7885.34	48.26	6	有色金属	9913.89	36.61

续表

排名	申万一级行业	地方国资上市公司市值（亿元）	地方国资上市公司市值占A股上市公司市值的比例（%）	排名	申万一级行业	地方国资上市公司市值（亿元）	地方国资上市公司市值占A股上市公司市值的比例（%）
7	环保	2454.24	33.82	20	医药生物	9692.31	13.43
8	传媒	4791.37	31.64	21	电子	9028.24	12.49
9	交通运输	9565.55	31.27	22	纺织服饰	681.96	10.74
10	钢铁	2725.85	30.72	23	家用电器	1559.04	9.84
11	非银金融	18380.77	29.80	24	农林牧渔	1395.58	9.72
12	基础化工	10577.93	29.76	25	计算机	3725.86	8.94
13	建筑材料	2546.35	26.72	26	电力设备	4926.17	7.43
14	商贸零售	2851.35	25.96	27	国防军工	1587.47	7.01
15	公用事业	7295.09	23.51	28	美容护理	249.43	5.76
16	建筑装饰	3957.81	20.01	29	轻工制造	474.14	4.82
17	汽车	7304.42	19.96	30	通信	973.70	2.45
18	银行	17506.22	17.77	31	石油石化	450.61	1.23
19	机械设备	5432.90	13.67	合计		203055.87	21.81

资料来源：Wind，申万宏源研究。

截至2023年末，在食品饮料、基础化工、有色金属等申万一级行业中的地方国资上市公司平均市值显著高于A股上市公司平均市值（见表76）。这意味着，在上述产业领域中，地方国资上市公司的规模更大、行业地位更高。

表76 截至2023年末，各行业中地方国资上市公司与A股上市公司平均市值的比较

排名	申万一级行业	地方国资上市公司平均市值（亿元）	A股上市公司平均市值（亿元）	地方国资上市公司平均市值是A股上市公司平均市值的倍数
1	食品饮料	1298.16	474.40	2.74
2	基础化工	146.92	86.27	1.70
3	有色金属	300.42	194.84	1.54
4	环保	81.81	53.35	1.53
5	汽车	182.61	129.76	1.41
6	建筑材料	169.76	122.19	1.39

续表

排名	申万一级行业	地方国资上市公司平均市值（亿元）	A股上市公司平均市值（亿元）	地方国资上市公司平均市值是A股上市公司平均市值的倍数
7	机械设备	97.05	70.09	1.38
8	电子	209.13	152.80	1.37
9	医药生物	163.64	146.74	1.12
10	纺织服饰	62.00	58.27	1.06
11	社会服务	65.42	67.31	0.97
12	房地产	128.79	133.23	0.97
13	计算机	112.90	118.13	0.96
14	传媒	108.89	114.71	0.95
15	钢铁	181.72	197.21	0.92
16	综合	44.24	55.75	0.79
17	商贸零售	79.20	105.61	0.75
18	轻工制造	43.10	60.69	0.71
19	煤炭	303.28	429.96	0.71
20	国防军工	113.39	165.24	0.69
21	交通运输	163.23	240.90	0.68
22	建筑装饰	79.16	117.06	0.68
23	非银金融	483.70	717.28	0.67
24	家用电器	103.94	170.28	0.61
25	电力设备	109.47	180.27	0.61
26	公用事业	132.64	240.55	0.55
27	农林牧渔	60.68	129.36	0.47
28	美容护理	62.36	135.30	0.46
29	通信	97.37	298.85	0.33
30	银行	625.22	2345.39	0.27
31	石油石化	64.37	797.27	0.08

资料来源：Wind，申万宏源研究。

相对传统行业中的市值复合增速更高。从行业总市值变化来看，2019—2023年，地方国资上市公司在美容护理、食品饮料、通信、煤炭、国防军工申万一级行业中，五年市值复合增速位居前五，均超过17%。与A股上市公司相比，地方国资上市公司在食品饮料和煤炭等行业中市值增速更快（见表77）。

表 77　2019—2023 年地方国资上市公司与 A 股上市公司市值复合增速的对比

行业	地方国资上市公司五年市值复合增速（%）	排名	A 股上市公司五年市值复合增速（%）	排名
美容护理	23.30	1	42.28	1
食品饮料	19.26	2	17.87	6
通信	17.80	3	35.46	2
煤炭	17.53	4	12.19	14
国防军工	17.10	5	19.96	5
电子	16.11	6	22.77	4
有色金属	13.64	7	12.99	10
计算机	13.49	8	12.42	13
电力设备	13.27	9	34.92	3
基础化工	12.25	10	9.38	16
公用事业	10.13	11	12.99	10
家用电器	9.73	12	6.55	19
社会服务	8.54	13	5.49	21
医药生物	8.52	14	13.71	8
石油石化	6.86	15	6.79	18
机械设备	6.53	16	13.69	9
建筑装饰	4.86	17	2.87	26
非银金融	4.43	18	3.92	24
银行	3.60	19	−0.19	29
传媒	3.25	20	1.98	27
交通运输	2.86	21	6.50	20
农林牧渔	2.73	22	13.79	7
纺织服饰	0.86	23	4.17	23
环保	0.79	24	7.85	17
建筑材料	−1.01	25	5.45	22
钢铁	−2.08	26	0.81	28
汽车	−2.45	27	12.94	12
轻工制造	−3.56	28	9.61	15
商贸零售	−4.34	29	2.98	25
房地产	−4.81	30	−6.61	30
综合	−17.41	31	−15.32	31
合计	7.86	—	10.36	—

资料来源：Wind，申万宏源研究。

从平均市值复合增速来看，2019—2023 年，地方国资上市公司在食品饮料、美容护理、煤炭和基础化工行业的五年平均市值复合增速超过 10%，均高于 A 股上市公司在这四个行业中五年平均市值的复合增速水平（见表 78）。

表 78　2019—2023 年地方国资上市公司与 A 股上市公司平均市值复合增速的对比

行业	地方国资上市公司五年平均市值复合增速（%）	排名	A 股上市公司五年平均市值复合增速（%）	排名
食品饮料	17.86	1	10.12	4
美容护理	16.41	2	14.92	3
煤炭	13.67	3	9.07	5
基础化工	10.64	4	2.79	13
有色金属	9.97	5	6.83	8
通信	9.69	6	24.44	1
电子	9.62	7	5.54	10
家用电器	8.23	8	−3.73	27
计算机	8.20	9	0.15	18
机械设备	7.94	10	2.02	15
石油石化	6.86	11	−0.07	19
国防军工	4.70	12	4.28	11
医药生物	4.05	13	1.15	17
公用事业	3.84	14	7.17	7
纺织服饰	2.63	15	−0.65	20
电力设备	2.27	16	15.20	2
社会服务	2.25	17	−4.51	28
交通运输	1.77	18	2.91	12
农林牧渔	0.88	19	7.62	6
传媒	0.79	20	−1.14	21
建筑装饰	0.29	21	−3.47	26
建筑材料	0.27	22	5.72	9
商贸零售	0.03	23	1.97	16
非银金融	−1.06	24	−2.04	23
钢铁	−3.42	25	−3.06	25
环保	−3.61	26	−8.13	31
房地产	−4.81	27	−5.26	29
汽车	−5.57	28	2.18	14
轻工制造	−7.35	29	−1.69	22
银行	−7.37	30	−7.96	30
综合	−9.09	31	−2.29	24
合计	4.95	—	1.05	—

资料来源：Wind，申万宏源研究。

地方国资上市公司市值占比前十大行业的集中度更高。与 2018 年末相比，截至 2023 年末，地方国资上市公司市值占比前十大行业中新增电子、煤炭两大行业，基础化工、有色金属行业市值占比排名提升较多，以周期类行业为主。与 A 股上市公司相比，截至 2023 年末，地方国资上市公司市值占比前十大行业的集中度更高。A 股上市公司市值前十大行业的占比合计为 63.16%，地方国资上市公司市值前十大行业的占比高达 71.55%（见表 79）。

表 79　2018 年末和 2023 年末，地方国资上市公司与 A 股上市公司所属行业市值集中度的比较

申万一级行业	地方国资上市公司				A 股上市公司			
	2023 年市值占比（%）	排名	2018 年市值占比（%）	排名	2023 年市值占比（%）	排名	2018 年市值占比（%）	排名
食品饮料	22.38	1	13.54	1	6.37	6	4.58	5
非银金融	9.05	2	10.64	2	6.62	5	8.95	2
银行	8.62	3	10.55	3	10.58	1	17.48	1
基础化工	5.21	4	4.27	8	3.82	12	3.99	8
有色金属	4.88	5	3.76	9	2.91	15	2.59	16
医药生物	4.77	6	4.63	7	7.75	3	6.68	3
交通运输	4.71	7	5.97	5	3.29	14	3.93	9
电子	4.45	8	3.08	11	7.76	2	4.56	6
煤炭	3.88	9	2.53	15	1.75	18	1.62	20
汽车	3.60	10	5.94	6	3.93	11	3.50	12
公用事业	3.59	11	3.24	10	3.33	13	2.96	14
房地产	3.49	12	6.52	4	1.55	21	3.56	11
机械设备	2.68	13	2.85	13	4.27	9	3.68	10
电力设备	2.43	14	1.90	19	7.12	4	2.61	15
传媒	2.36	15	2.94	12	1.63	20	2.41	17
建筑装饰	1.95	16	2.24	16	2.12	17	3.02	13
计算机	1.83	17	1.42	21	4.48	7	4.08	7
商贸零售	1.40	18	2.56	14	1.18	23	1.67	19

续表

申万一级行业	地方国资上市公司				A股上市公司			
	2023年市值占比（%）	排名	2018年市值占比（%）	排名	2023年市值占比（%）	排名	2018年市值占比（%）	排名
钢铁	1.34	19	2.18	17	0.95	26	1.50	23
建筑材料	1.25	20	1.93	18	1.02	25	1.29	25
环保	1.21	21	1.70	20	0.78	27	0.87	28
社会服务	1.00	22	0.97	23	0.57	29	0.72	29
国防军工	0.78	23	0.52	26	2.43	16	1.60	21
家用电器	0.77	24	0.70	25	1.70	19	2.03	18
农林牧渔	0.69	25	0.88	24	1.54	22	1.32	24
通信	0.48	26	0.31	29	4.27	8	1.53	22
纺织服饰	0.34	27	0.47	27	0.68	28	0.91	27
综合	0.28	28	1.08	22	0.13	31	0.50	30
轻工制造	0.23	29	0.41	28	1.06	24	1.09	26
石油石化	0.22	30	0.23	30	3.94	10	4.64	4
美容护理	0.12	31	0.06	31	0.46	30	0.13	31

资料来源：Wind，申万宏源研究。

（五）地方国资、央企和民营上市公司行业各有特点

地方国资上市公司、央企上市公司和民营上市公司所属行业各有特点。地方国资上市公司数量占A股上市公司数量比例前五的行业分别是煤炭、银行、综合、房地产和交通运输，体现了地方国资上市公司集聚地方资源禀赋、为地方发展提供基础设施的功能；央企上市公司数量占A股上市公司数量比例前五的行业分别是石油石化、国防军工、钢铁、公用事业和非银金融，反映出央企上市公司集中在关系国家安全和国民经济命脉的重要行业领域；民营上市公司数量占A股上市公司数量比例前五的行业分别是纺织服饰、轻工制造、电力设备、机械设备、医药生物，表现出民营上市公司在市场化程度更高的行业领域里的活力（见表80）。

表 80　截至 2023 年末，地方国资上市公司、央企上市公司和民营上市公司行业分类对比

申万一级行业	地方国资上市公司数量占A股上市公司数量的比例（%）	排名	央企上市公司数量占A股上市公司数量的比例（%）	排名	民营上市公司数量占A股上市公司数量的比例（%）	排名
煤炭	68.42	1	13.16	10	18.42	30
银行	66.67	2	16.67	7	0.00	31
综合	59.09	3	0.00	30	27.27	28
房地产	50.93	4	10.19	14	29.63	26
交通运输	45.67	5	18.11	6	33.07	25
非银金融	44.19	6	24.42	5	18.60	29
公用事业	42.64	7	24.81	4	28.68	27
社会服务	39.24	8	13.92	9	41.77	23
商贸零售	34.62	9	5.77	20	50.00	20
传媒	33.33	10	6.82	18	46.97	21
钢铁	33.33	10	28.89	3	37.78	24
建筑装饰	29.59	12	13.02	11	50.30	19
食品饮料	28.00	13	2.40	28	61.60	15
有色金属	23.74	14	12.95	12	59.71	16
环保	22.06	15	4.41	23	66.18	13
农林牧渔	20.72	16	9.01	15	63.96	14
建筑材料	19.23	17	15.38	8	55.13	18
基础化工	17.48	18	5.34	22	69.90	10
家用电器	16.13	19	1.08	29	68.82	11
石油石化	15.22	20	32.61	1	43.48	22
汽车	14.18	21	6.74	19	73.40	6
美容护理	12.50	22	0.00	30	71.88	8
电力设备	12.23	23	5.43	21	76.09	3
医药生物	11.79	24	3.46	25	73.78	5
机械设备	10.41	25	7.23	17	75.66	4

续表

申万一级行业	地方国资上市公司数量占A股上市公司数量的比例（%）	排名	央企上市公司数量占A股上市公司数量的比例（%）	排名	民营上市公司数量占A股上市公司数量的比例（%）	排名
国防军工	10.22	26	30.66	2	55.47	17
纺织服饰	10.09	27	2.75	26	79.82	1
计算机	9.35	28	8.50	16	71.39	9
电子	9.30	29	3.59	24	68.50	12
通信	7.52	30	12.03	13	72.18	7
轻工制造	6.79	31	2.47	27	79.63	2
总计	18.92	—	8.56	—	63.63	—

资料来源：Wind，申万宏源研究。

二、探索战略性新兴产业，不断加快战新布局

高质量发展是新时代的硬道理，需要新的生产力理论来指导。习近平总书记在中共中央政治局第十一次集体学习时强调，“发展新质生产力是推动高质量发展的内在要求和重要着力点”“新质生产力已经在实践中形成并展示出对高质量发展的强劲推动力、支撑力”。战略性新兴产业是科技创新、商业模式创新、企业组织创新等一系列创新活动迸发的产业集群，是推动新质生产力持续发展的重要着力点。

战略性新兴产业是以重大技术突破和重大发展需求为基础，对经济社会全局和长远发展具有重大引领带动作用，知识技术密集、物质资源消耗少、成长潜力大、综合效益好的产业。根据目前最新的《战略性新兴产业分类》，战略性新兴产业包括新一代信息技术产业、高端装备制造产业、新材料产业、生物产业、新能源汽车产业、新能源产业、节能环保产业、数字创意产业、相关服务业九大领域。

（一）属于战略性新兴产业的公司数量稳步增加

《国有企业改革深化提升行动方案（2023—2025 年）》提出，切实发挥国有企业在建设现代化产业体系、构建新发展格局中的科技创新、产业控制、安全支撑作用。地方国资在推动国家科技创新等方面不断努力着。根据 Wind 数据库，截至 2023 年

末，地方国资上市公司中属于战略性新兴产业的公司共有 108 家，占所有地方国资上市公司数量的 10.71%。2019—2023 年，地方国资上市公司中属于战略性新兴产业的公司数量稳步增加，与 A 股上市公司中属于战略性新兴产业的公司数量占比相比，地方国资上市公司中战略性新兴产业的公司数量占比仍有较大的增长空间（见图 103）。

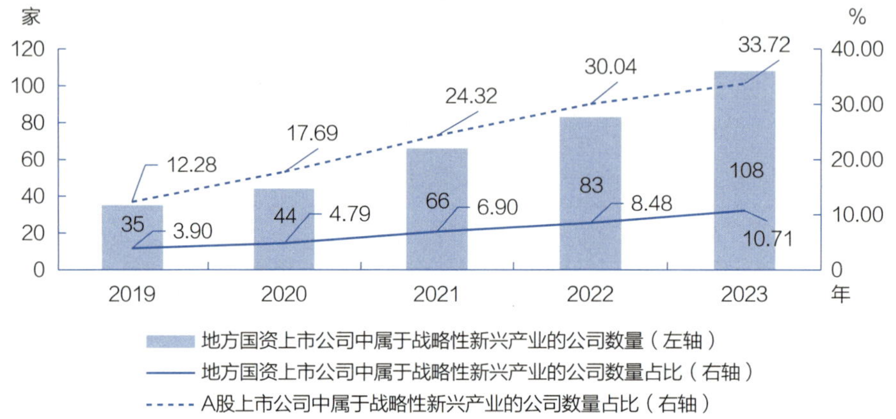

图 103　2019—2023 年地方国资上市公司与 A 股上市公司中属于战略性新兴产业的公司数量及其占比的比较

资料来源：Wind，申万宏源研究。

在战略性新兴产业中，地方国资上市公司集中在新一代信息技术、新材料、高端装备制造、节能环保等产业，数量占比均超过 10%。在数字创意、相关服务业和新能源产业中，地方国资上市公司数量占 A 股上市公司数量的比例较高，达 10% 以上，高于所属战略性新兴产业中地方国资上市公司数量的占比，体现出地方国资上市公司在上述领域中的探索和布局（见表 81）。

表 81　截至 2023 年末，地方国资上市公司所属战略性新兴产业的公司数量及其占 A 股上市公司的比例

战略性新兴产业	地方国资上市公司数量（家）	占比（%）	排名	A 股上市公司数量（家）	占比（%）	排名	地方国资上市公司数量占 A 股上市公司数量的比例（%）	排名
新一代信息技术产业	31	28.70	1	553	30.77	1	5.61	6
新材料产业	19	17.59	2	258	14.36	4	7.36	4
高端装备制造产业	14	12.96	3	305	16.97	2	4.59	7
节能环保产业	12	11.11	4	186	10.35	5	6.45	5

续表

战略性新兴产业	地方国资上市公司数量（家）	占比（%）	排名	A 股上市公司数量（家）	占比（%）	排名	地方国资上市公司数量占 A 股上市公司数量的比例（%）	排名
生物产业	10	9.26	5	262	14.58	3	3.82	8
数字创意产业	7	6.48	6	49	2.73	8	14.29	1
新能源产业	7	6.48	6	62	3.45	7	11.29	3
相关服务业	5	4.63	8	38	2.11	9	13.16	2
新能源汽车产业	3	2.78	9	84	4.67	6	3.57	9
合计	108	100.00	—	1797	100.00	—	6.01	—

资料来源：Wind，申万宏源研究。

2019—2023 年，新上市的地方国资上市公司集中在新一代信息技术、新材料、节能环保和生物等战略性新兴产业，A 股上市公司除更多地集中在新一代信息技术产业外，在高端装备制造产业和生物产业的公司数量分别位列第二、第三（见表 82）。

表 82　2019—2023 年在战略性新兴产业中地方国资上市公司五年新增数量及其占 A 股上市公司的比例

战略性新兴产业	地方国资上市公司五年新增数量合计（家）	占比（%）	排名	A 股上市公司五年新增数量合计（家）	占比（%）	排名	地方国资上市公司五年新增数量占 A 股上市公司五年新增数量的比例（%）	排名
新一代信息技术产业	24	30.38	1	438	29.88	1	5.48	6
新材料产业	15	18.99	2	214	14.60	4	7.01	4
节能环保产业	9	11.39	3	157	10.71	5	5.73	5
生物产业	9	11.39	3	220	15.01	3	4.09	7
高端装备制造产业	7	8.86	5	260	17.74	2	2.69	9
相关服务业	5	6.33	6	37	2.52	8	13.51	1
数字创意产业	4	5.06	7	30	2.05	9	13.33	2
新能源产业	4	5.06	7	50	3.41	7	8.00	3
新能源汽车产业	2	2.53	9	60	4.09	6	3.33	8
合计	79	100.00	—	1466	100.00	—	5.39	—

资料来源：Wind，申万宏源研究。

与 2018 年末相比，截至 2023 年末，地方国资上市公司中新一代信息技术、节能环保、生物、相关服务业、新材料等产业的公司数量占比有所增加。而在 A 股上市公司中，高端装备制造的公司数量占比增加更多（见图 104）。

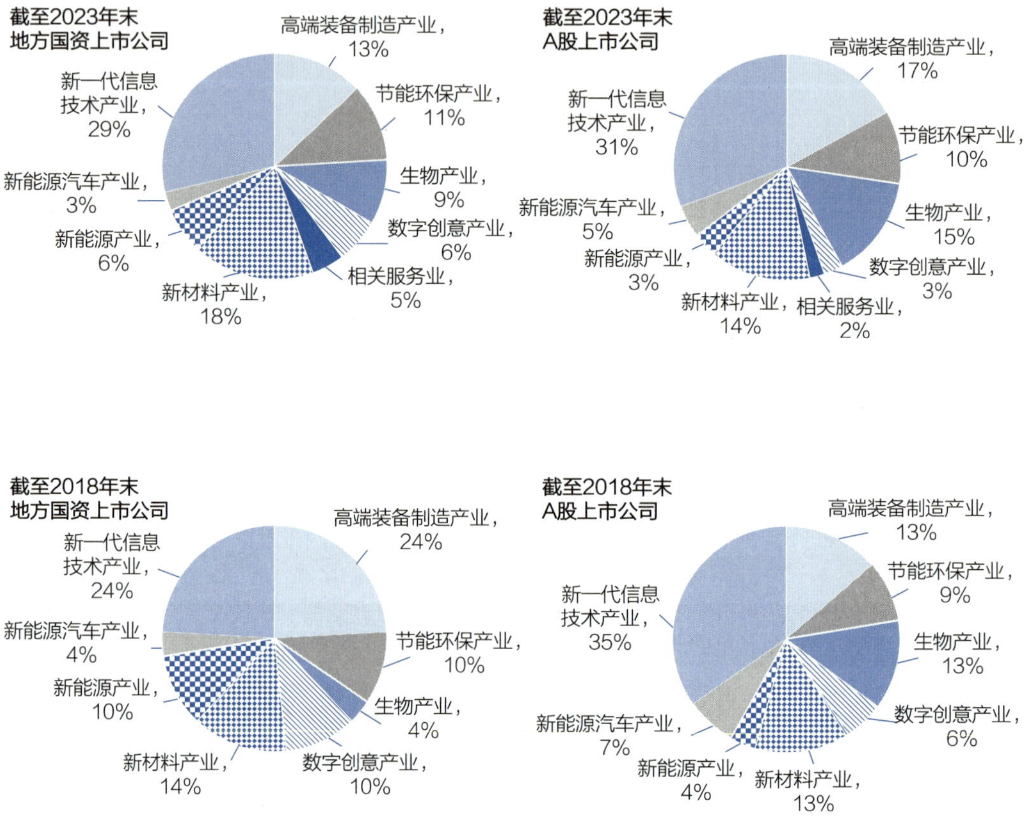

图 104　战略性新兴产业中，地方国资上市公司与 A 股上市公司数量分布占比的对比

资料来源：Wind，申万宏源研究。

（二）战略性新兴产业的公司市值占比小幅提升

截至 2023 年末，所属战略性新兴产业的地方国资上市公司中，市值达到 1.11 万亿元，占所有地方国资上市公司市值的比例为 5.47%，较 2022 年末增加 1.62 个百分点（见图 105）。

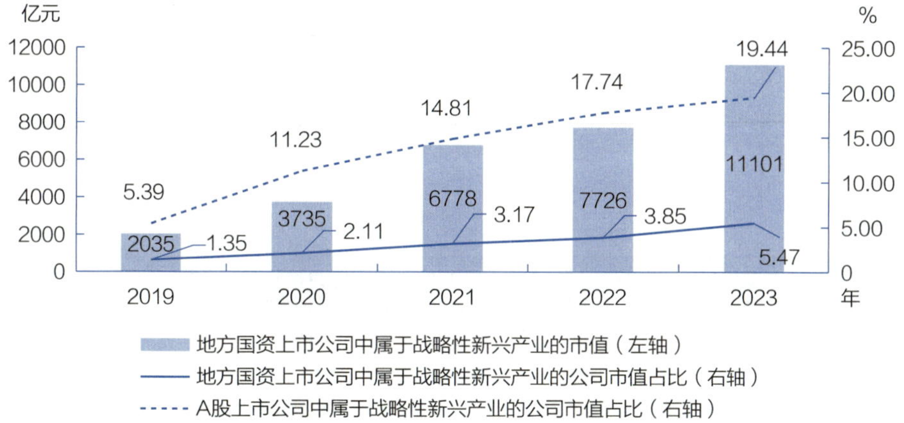

图 105　2019—2023 年地方国资上市公司与 A 股上市公司中属于战略性新兴产业的公司市值及其占比的比较

资料来源：Wind，申万宏源研究。

截至 2023 年末，与 A 股战略性新兴产业上市公司相比，在新材料、节能环保、数字创意等战略性新兴产业中，地方国资上市公司市值占比更高一筹（见表 83）。

表 83　截至 2023 年末，地方国资上市公司所属战略性新兴产业的市值及其占 A 股上市公司的比例

战略性新兴产业	地方国资上市公司市值（亿元）	占比（%）	排名	A 股上市公司市值（亿元）	占比（%）	排名	地方国资上市公司市值占 A 股上市公司市值的比例（%）	排名
新一代信息技术产业	4918.12	44.30	1	80503.10	44.46	1	6.11	4
新材料产业	1893.60	17.06	2	16543.21	9.14	4	11.45	3
节能环保产业	1165.12	10.50	3	8754.29	4.83	7	13.31	2
数字创意产业	984.78	8.87	4	2917.60	1.61	9	33.75	1
生物产业	707.06	6.37	5	27532.56	15.21	2	2.57	8
高端装备制造产业	625.44	5.63	6	17251.88	9.53	3	3.63	6
新能源产业	570.00	5.13	7	9639.72	5.32	6	5.91	5
新能源汽车产业	137.64	1.24	8	14723.11	8.13	5	0.93	9
相关服务业	98.96	0.89	9	3198.43	1.77	8	3.09	7
合计	11100.72	100.00	—	181063.91	100.00	—	6.13	—

资料来源：Wind，申万宏源研究。

2019—2023 年，地方国资上市公司中，属于生物、新一代信息技术和新材料等战略性新兴产业的公司市值增加较多，与此相对应，A 股上市公司市值增加前三的战略性新兴产业分别是相关服务业、新能源和新一代信息技术产业（见表 84、表 85）。

表 84　2019—2023 年地方国资上市公司与 A 股上市公司所属战略性新兴产业的市值复合增速的比较

战略性新兴产业	地方国资上市公司五年市值复合增速（%）	排名	A 股上市公司五年市值复合增速（%）	排名
生物产业	94.71	1	45.50	7
新一代信息技术产业	77.99	2	62.86	3
新材料产业	69.74	3	54.29	5
节能环保产业	57.58	4	50.45	6
新能源汽车产业	45.73	5	41.43	8
新能源产业	29.66	6	81.54	2
数字创意产业	25.37	7	23.51	9
高端装备制造产业	19.37	8	61.69	4
相关服务业	35.21	—	146.03	1
合计	53.39	—	55.40	—

资料来源：Wind，申万宏源研究。

表 85　2019—2023 年地方国资上市公司与 A 股上市公司所属战略性新兴产业的平均市值复合增速的比较

战略性新兴产业	地方国资上市公司五年平均市值复合增速（%）	排名	A 股上市公司五年平均市值复合增速（%）	排名
新一代信息技术产业	32.17	1	18.96	2
新材料产业	24.30	2	8.32	6
生物产业	22.85	3	0.89	9
节能环保产业	19.42	4	3.74	7
新能源汽车产业	16.98	5	10.08	5
新能源产业	9.45	6	30.72	1
数字创意产业	5.83	7	2.19	8
高端装备制造产业	3.92	8	10.27	4
相关服务业	12.57	—	18.86	3
合计	19.11	—	10.79	—

资料来源：Wind，申万宏源研究。

与 2018 年末的情况相比，截至 2023 年末，地方国资上市公司中，属于新一代信息技术产业的公司市值增加幅度最大，超过 A 股新一代信息技术产业的上市公司市值增长幅度（见图 106）。

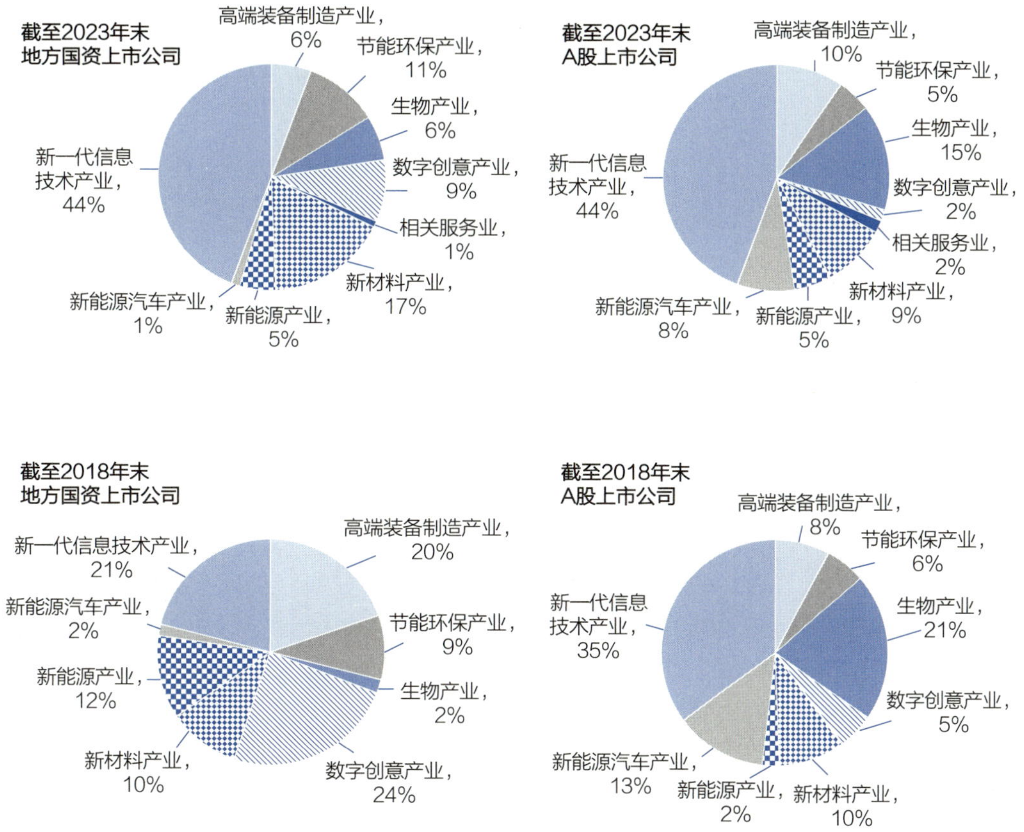

图 106　战略性新兴产业中，地方国资上市公司与 A 股上市公司市值分布占比的对比

资料来源：申万宏源研究。

区域篇

经济发达的地区
地方国资上市公司发展较好

一、经济较为发达区域的地方国资上市公司数量更多

（一）地方国资上市公司数量排名与区域经济排名相关

截至2023年末，广东地方国资上市公司数量最多，共125家，也是31个省级行政区中地方国资上市公司数量超过100家的唯一省份，同时，广东的A股上市公司数量位居全国第一。数量第二梯队的省份集中在沿海发达地区，其中，山东、上海、江苏、浙江、北京的数量分别为90家、85家、83家、77家和59家，位列第二到第六。第三梯队的省份主要位于中西部（见表86）。

表86　截至2023年末，各省级行政区地方国资上市公司数量情况

排名	省份	数量（家）	占比（%）	排名	省份	数量（家）	占比（%）
1	广东	125	12.40	17	广西	18	1.79
2	山东	90	8.93	18	天津	17	1.69
3	上海	85	8.43	19	河北	16	1.59
4	江苏	83	8.23	19	辽宁	16	1.59
5	浙江	77	7.64	19	重庆	16	1.59
6	北京	59	5.85	22	甘肃	15	1.49
7	四川	46	4.56	22	吉林	15	1.49
8	福建	45	4.46	24	云南	14	1.39
9	安徽	42	4.17	25	贵州	7	0.69
10	湖南	38	3.77	25	黑龙江	7	0.69
11	陕西	37	3.67	27	海南	6	0.60
12	河南	34	3.37	28	内蒙古	4	0.40
13	湖北	25	2.48	29	宁夏	2	0.20
14	江西	22	2.18	29	青海	2	0.20
14	新疆	22	2.18	29	西藏	2	0.20
16	山西	21	2.08	合计		1008	100.00

资料来源：Wind，申万宏源研究。

（二）中西部地区上市公司中地方国资上市公司的数量占比较高

中西部地区中，地方国资上市公司对当地经济发展、产业引领的作用更为明显。截至 2023 年末，山西、甘肃、广西、陕西、新疆等省份地方国资上市公司数量占当地 A 股上市公司数量的比例较高，均超过 1/3（见表 87）。

表 87　截至 2023 年末，各省级行政区地方国资上市公司数量占 A 股上市公司数量的比例

排名	省份	地方国资上市公司数量占 A 股上市公司数量的比例（%）	排名	省份	地方国资上市公司数量占 A 股上市公司数量的比例（%）
1	山西	51.22	17	河北	21.33
2	甘肃	44.12	18	重庆	20.78
3	广西	43.90	19	贵州	20.00
4	陕西	43.02	20	青海	20.00
5	新疆	36.67	21	上海	19.59
6	云南	32.56	22	辽宁	19.05
7	吉林	31.25	23	黑龙江	17.95
8	河南	28.81	24	湖北	17.01
9	山东	27.95	25	内蒙古	16.00
10	福建	26.47	26	广东	14.33
11	湖南	26.03	27	北京	12.42
12	四川	25.41	28	江苏	12.30
13	江西	24.44	29	宁夏	11.76
14	安徽	24.28	30	浙江	11.11
15	天津	23.94	31	西藏	9.52
16	海南	23.08	—		

资料来源：Wind，申万宏源研究。

（三）近年来，大部分省份有新增地方国资上市公司

2023 年，超半数省份有新上市的地方国资上市公司。从新增地方国资上市公司数量来看，2023 年，上海、陕西、山东、北京、湖南、安徽、四川、浙江、江西、重庆、福建、广东、云南、新疆、湖北、江苏、广西共 17 个省份新增地方国资上市公司，共新增 29 家（见表 88）。

表 88　2023 年各省级行政区新增地方国资上市公司数量

排名	省份	数量（家）	排名	省份	数量（家）	排名	省份	数量（家）
1	上海	4	3	四川	2	13	云南	1
2	陕西	3	3	浙江	2	13	新疆	1
3	山东	2	3	江西	2	13	湖北	1
3	北京	2	10	重庆	1	13	江苏	1
3	湖南	2	10	福建	1	13	广西	1
3	安徽	2	10	广东	1	合计		29

资料来源：Wind，申万宏源研究。

2019—2023 年，大部分省份有新上市的地方国资上市公司，体现出各地对国资企业上市工作的重视。其中，浙江、广东、江苏、上海、山东 5 个省（市）新增地方国资上市公司合计数量最多，均达 10 家及以上，平均每年新上市 2~3 家（见表 89）。

表 89　2019—2023 年各省级行政区地方国资上市公司新上市数量对比

排名	省份	五年新增数量合计（家）	排名	省份	五年新增数量合计（家）	排名	省份	五年新增数量合计（家）
1	浙江	15	9	安徽	7	19	山西	1
2	广东	13	11	重庆	4	19	云南	1
2	江苏	13	11	湖南	4	19	内蒙古	1
4	上海	10	13	新疆	3	19	广西	1
4	山东	10	13	河南	3	19	黑龙江	1
6	福建	8	15	河北	2	19	甘肃	1
6	北京	8	15	江西	2	19	湖北	1
6	陕西	8	15	吉林	2	19	天津	1
9	四川	7	15	辽宁	2	合计		129

资料来源：Wind，申万宏源研究。

二、华东、华南等区域地方国资上市公司经营效益更优

（一）上海、福建、北京地方国资上市公司资产规模大

从总资产来看，截至 2023 年末，上海、福建、北京三地的地方国资上市公司总资产居前三名，分别为 23.17 万亿元、12.78 万亿元和 10.93 万亿元，占比分别为 25.42%、14.02% 和 11.99%，3 个省（市）的地方国资上市公司总资产占比超过全国总资产的 50%（见表 90）。

表 90　截至 2023 年末，各省级行政区地方国资上市公司总资产及其占比

排名	省份	总资产（亿元）	占比（%）	排名	省份	总资产（亿元）	占比（%）
1	上海	231743.45	25.42	17	河北	6384.84	0.70
2	福建	127792.28	14.02	18	新疆	4224.41	0.46
3	北京	109318.43	11.99	19	江西	3952.97	0.43
4	江苏	98011.37	10.75	20	湖北	3755.54	0.41
5	浙江	95289.40	10.45	21	内蒙古	3482.96	0.38
6	广东	48754.72	5.35	22	广西	3099.36	0.34
7	山东	36398.74	3.99	23	吉林	2744.75	0.30
8	重庆	25600.28	2.81	24	云南	2469.77	0.27
9	四川	21986.01	2.41	25	天津	2221.81	0.24
10	湖南	15972.47	1.75	26	辽宁	1537.85	0.17
11	陕西	14351.13	1.57	27	黑龙江	1068.16	0.12
12	安徽	12830.46	1.41	28	海南	1032.45	0.11
13	河南	12512.17	1.37	29	青海	984.74	0.11
14	贵州	10451.38	1.15	30	西藏	163.40	0.02
15	山西	7180.94	0.79	31	宁夏	73.74	0.01
16	甘肃	6408.72	0.70	总计		911798.69	100.00

资料来源：Wind，申万宏源研究。

从净资产来看，截至 2023 年末，上海、广东、北京、福建的地方国资上市公司净资产居前四名，分别为 3.400 万亿元、1.635 万亿元、1.626 万亿元和 1.581 万亿元，占比分别为 20.51%、9.87%、9.82% 和 9.55%，4 个省（市）的地方国资上市公司净资产占比约为全国净资产的 50%（见表 91）。

表 91　截至 2023 年末，各省级行政区地方国资上市公司净资产及其占比

排名	省份	净资产（亿元）	占比（%）	排名	省份	净资产（亿元）	占比（%）
1	上海	33967.47	20.51	9	四川	5510.75	3.33
2	广东	16345.46	9.87	10	陕西	4003.25	2.42
3	北京	16263.22	9.82	11	湖南	3368.77	2.03
4	福建	15814.94	9.55	12	贵州	3170.27	1.91
5	江苏	13949.66	8.42	13	山西	3102.56	1.87
6	浙江	11532.93	6.96	14	重庆	3002.40	1.81
7	山东	10740.42	6.49	15	河南	2651.50	1.60
8	安徽	5984.89	3.61	16	河北	2341.80	1.41

续表

排名	省份	净资产（亿元）	占比（%）	排名	省份	净资产（亿元）	占比（%）
17	江西	1842.96	1.11	25	天津	910.56	0.55
18	湖北	1512.36	0.91	26	辽宁	774.83	0.47
19	内蒙古	1482.61	0.90	27	青海	550.34	0.33
20	新疆	1464.93	0.88	28	海南	422.61	0.26
21	云南	1181.46	0.71	29	黑龙江	355.49	0.21
22	广西	1154.24	0.70	30	西藏	66.39	0.04
23	甘肃	1073.19	0.65	31	宁夏	64.01	0.04
24	吉林	1011.43	0.61	总计		165617.71	100.00

资料来源：Wind，申万宏源研究。

总体来看，上海地方国资上市公司的总资产和净资产占比最高，均超过 20%，且大幅超过上海地方国资上市公司数量占比，说明上海地方国资上市公司的资产规模较大。此外，福建、北京、江苏三地的地方国资上市公司总资产和净资产占比也均超过当地地方国资上市公司数量占比。

（二）上海、福建、广东地方国资上市公司盈利能力强

从营业收入来看，截至 2023 年末，上海、福建、广东和浙江的地方国资上市公司营业收入居前四名，分别为 3.31 万亿元、2.58 万亿元、1.87 万亿元和 1.66 万亿元，占比分别为 18.02%、14.03%、10.15% 和 9.00%，4 个省（市）的地方国资上市公司营业收入的占比之和超过全国营业收入的 50%（见表 92）。

表 92　截至 2023 年末，各省级行政区地方国资上市公司营业收入及其占比

排名	省份	营业收入（亿元）	占比（%）	排名	省份	营业收入（亿元）	占比（%）
1	上海	33141.22	18.02	10	四川	5368.51	2.92
2	福建	25800.13	14.03	11	陕西	5019.79	2.73
3	广东	18664.33	10.15	12	湖南	4045.44	2.20
4	浙江	16556.91	9.00	13	山西	3254.00	1.77
5	山东	14652.17	7.97	14	河南	3025.86	1.65
6	北京	10883.75	5.92	15	河北	2584.62	1.41
7	江苏	7776.92	4.23	16	云南	2327.51	1.27
8	安徽	7267.09	3.95	17	内蒙古	2320.82	1.26
9	江西	6660.11	3.62	18	重庆	2077.38	1.13

续表

排名	省份	营业收入（亿元）	占比（%）	排名	省份	营业收入（亿元）	占比（%）
19	贵州	1948.00	1.06	26	天津	714.47	0.39
20	新疆	1755.69	0.95	27	青海	643.27	0.35
21	甘肃	1678.66	0.91	28	海南	498.22	0.27
22	湖北	1546.74	0.84	29	黑龙江	422.34	0.23
23	广西	1541.38	0.84	30	西藏	56.39	0.03
24	吉林	887.83	0.48	31	宁夏	19.63	0.01
25	辽宁	769.15	0.42	总计		183908.31	100.00

资料来源：Wind，申万宏源研究。

从利润总额来看，截至2023年末，上海、江苏、福建、山东、浙江的地方国资上市公司利润总额居前五名，分别为2278.03亿元、1558.92亿元、1461.63亿元、1338.31亿元和1189.61亿元，占比分别为14.58%、9.98%、9.36%、8.57%和7.61%，5个省（市）的地方国资上市公司利润总额占比之和超过全国利润总额的50%（见表93）。

表93　截至2023年末，各省级行政区地方国资上市公司利润总额及其占比

排名	省份	利润总额（亿元）	占比（%）	排名	省份	利润总额（亿元）	占比（%）
1	上海	2278.03	14.58	17	江西	161.05	1.03
2	江苏	1558.92	9.98	18	内蒙古	155.89	1.00
3	福建	1461.63	9.36	19	青海	153.66	0.98
4	山东	1338.31	8.57	20	湖北	137.76	0.88
5	浙江	1189.61	7.61	21	云南	137.22	0.88
6	贵州	1103.53	7.06	22	天津	63.54	0.41
7	广东	1089.01	6.97	23	甘肃	55.78	0.36
8	四川	1035.17	6.63	24	吉林	37.84	0.24
9	北京	721.43	4.62	25	广西	27.58	0.18
10	山西	681.19	4.36	26	辽宁	25.69	0.16
11	陕西	648.94	4.15	27	黑龙江	20.23	0.13
12	安徽	534.70	3.42	28	海南	18.00	0.12
13	湖南	276.12	1.77	29	新疆	17.89	0.11
14	重庆	257.14	1.65	30	宁夏	1.41	0.01
15	河南	232.84	1.49	31	西藏	-4.08	-0.03
16	河北	206.58	1.32	总计		15622.61	100.00

资料来源：Wind，申万宏源研究。

从净利润来看，截至 2023 年末，上海、江苏、福建、山东和浙江的地方国资上市公司净利润居前五名，分别为 1811.06 亿元、1287.07 亿元、1261.09 亿元、1100.74 亿元和 1027.87 亿元，占比分别为 14.33%、10.18%、9.98%、8.71% 和 8.13%，5 个省（市）的地方国资上市公司净利润占比之和超过全国净利润的 50%（见表 94）。

表 94　截至 2023 年末，各省级行政区地方国资上市公司净利润及其占比

排名	省份	净利润（亿元）	占比（%）	排名	省份	净利润（亿元）	占比（%）
1	上海	1811.06	14.33	17	青海	135.99	1.08
2	江苏	1287.07	10.18	18	江西	135.95	1.08
3	福建	1261.09	9.98	19	内蒙古	132.52	1.05
4	山东	1100.74	8.71	20	湖北	119.22	0.94
5	浙江	1027.87	8.13	21	云南	114.05	0.90
6	广东	845.78	6.69	22	天津	52.07	0.41
7	贵州	835.20	6.61	23	甘肃	44.89	0.36
8	四川	825.34	6.53	24	吉林	24.30	0.19
9	陕西	547.48	4.33	25	辽宁	21.82	0.17
10	山西	505.93	4.00	26	广西	20.24	0.16
11	北京	503.84	3.99	27	黑龙江	16.87	0.13
12	安徽	430.69	3.41	28	海南	10.58	0.08
13	湖南	251.98	1.99	29	宁夏	0.82	0.01
14	重庆	226.16	1.79	30	新疆	0.18	0.00
15	河南	191.68	1.52	31	西藏	−4.24	−0.03
16	河北	163.47	1.29	总计		12640.63	100.00

资料来源：Wind，申万宏源研究。

扣除非经常性损益后，截至 2023 年末，上海、江苏、福建、浙江、贵州的地方国资上市公司扣非净利润居前五名，分别为 1417.02 亿元、1156.63 亿元、989.10 亿元、889.44 亿元和 802.94 亿元，占比分别为 13.95%、11.39%、9.74%、8.76% 和 7.90%，5 个省（市）的地方国资上市公司扣非净利润占比之和超过全国扣非净利润的 50%（见表 95）。

表 95　截至 2023 年末，各省级行政区地方国资上市公司扣非净利润及其占比

排名	省份	扣非净利润（亿元）	占比（%）	排名	省份	扣非净利润（亿元）	占比（%）
1	上海	1417.02	13.95	17	河北	118.45	1.17
2	江苏	1156.63	11.39	18	青海	112.80	1.11
3	福建	989.10	9.74	19	江西	107.14	1.05
4	浙江	889.44	8.76	20	云南	90.74	0.89
5	贵州	802.94	7.90	21	湖北	54.09	0.53
6	山东	794.08	7.82	22	甘肃	33.74	0.33
7	四川	767.86	7.56	23	天津	25.49	0.25
8	广东	533.89	5.26	24	吉林	22.48	0.22
9	山西	428.13	4.21	25	黑龙江	12.93	0.13
10	北京	407.18	4.01	26	广西	8.87	0.09
11	陕西	390.78	3.85	27	宁夏	0.80	0.01
12	安徽	345.41	3.40	28	西藏	-3.10	—
13	重庆	199.23	1.96	29	新疆	-4.55	—
14	湖南	186.98	1.84	30	辽宁	-5.46	—
15	河南	153.28	1.51	31	海南	-8.44	—
16	内蒙古	130.37	1.28	总计		10158.30	100.00

资料来源：Wind，申万宏源研究。

总体来看，上海、福建两地的地方国资上市公司营业收入、利润总额和扣非净利润的占比均超过当地地方国资上市公司数量的占比，体现了两地地方国资上市公司强劲的盈利能力；江苏、四川、陕西等地利润总额占比和扣非净利润占比超过营业收入占比，体现出上述省份利润率较高，具有较强的竞争力。

三、沿海地区地方国资上市公司资本市场表现较为突出

（一）上海、贵州、广东地方国资上市公司市值较高

截至 2023 年末，上海、贵州、广东、山东、四川地方国资上市公司市值较高，

分别为 2.53 万亿元、2.29 万亿元、1.70 万亿元、1.67 万亿元和 1.54 万亿元（见表 96）。

表 96　截至 2023 年末，各省级行政区地方国资上市公司市值及其占比

排名	省份	市值（亿元）	占比（%）	排名	省份	市值（亿元）	占比（%）
1	上海	25283.12	12.45	17	河北	2415.68	1.19
2	贵州	22904.71	11.28	18	云南	2274.07	1.12
3	广东	17016.43	8.38	19	重庆	2267.74	1.12
4	山东	16732.15	8.24	20	江西	2102.76	1.04
5	四川	15402.22	7.59	21	新疆	1973.72	0.97
6	江苏	14590.11	7.19	22	吉林	1778.55	0.88
7	北京	13948.68	6.87	23	天津	1449.02	0.71
8	福建	12649.82	6.23	24	青海	1362.32	0.67
9	浙江	11430.78	5.63	25	广西	1189.43	0.59
10	安徽	7304.88	3.60	26	甘肃	1137.61	0.56
11	山西	6481.44	3.19	27	辽宁	1095.88	0.54
12	陕西	5817.51	2.86	28	海南	929.56	0.46
13	湖南	4155.63	2.05	29	黑龙江	394.50	0.19
14	内蒙古	3546.56	1.75	30	宁夏	139.25	0.07
15	河南	2773.06	1.37	31	西藏	90.61	0.04
16	湖北	2418.03	1.19	总计		203055.87	100.00

资料来源：Wind，申万宏源研究。

（二）广东、浙江、上海地方国资上市公司再融资规模大

2023 年，共有 20 个省级行政区的地方国资上市公司开展再融资，其中广东、浙江、山东、湖南、北京地方国资上市公司开展再融资的公司数量最多，分别为 14 家、7 家、6 家、5 家和 5 家（见表 97）。

表 97　2023 年各省级行政区地方国资上市公司再融资公司数量情况

排名	省份	再融资公司数量（家）	再融资公司数量占所有地方国资上市公司数量的比例（%）	排名	省份	再融资公司数量（家）	再融资公司数量占所有地方国资上市公司数量的比例（%）
1	广东	14	11.20	6	江苏	3	3.61
2	浙江	7	9.09	6	上海	3	3.53
3	山东	6	6.67	14	山西	2	9.52
4	湖南	5	13.16	14	陕西	2	5.41
4	北京	5	8.47	14	福建	2	4.44
6	甘肃	3	20.00	17	云南	1	7.14
6	广西	3	16.67	17	吉林	1	6.67
6	新疆	3	13.64	17	江西	1	4.55
6	河南	3	8.82	17	湖北	1	4.00
6	安徽	3	7.14	合计		71	7.04
6	四川	3	6.52				

资料来源：Wind，申万宏源研究。

2023 年，广东、浙江、上海地方国资上市公司开展再融资募资金额最多，分别为 339.34 亿元、172.90 亿元和 163.57 亿元（见表 98）。

表 98　2023 年各省级行政区地方国资上市公司再融资情况

排名	省份	再融资金额（亿元）	占比（%）	排名	省份	再融资金额（亿元）	占比（%）
1	广东	339.34	20.33	12	江苏	38.81	2.33
2	浙江	172.90	10.36	13	四川	33.29	1.99
3	上海	163.57	9.80	14	江西	31.60	1.89
4	北京	128.20	7.68	15	新疆	29.80	1.79
5	山西	120.69	7.23	16	陕西	19.50	1.17
6	甘肃	114.89	6.88	17	云南	18.54	1.11
7	山东	107.55	6.44	18	湖北	15.84	0.95
8	安徽	92.18	5.52	19	福建	13.49	0.81
9	广西	90.57	5.43	20	吉林	8.04	0.48
10	河南	70.68	4.23	合计		1669.12	100.00
11	湖南	59.65	3.57				

资料来源：Wind，申万宏源研究。

（三）江苏、广东、山东地方国资上市公司并购案例数量较多

2023 年，江苏、广东、山东、四川、上海地方国资上市公司并购案例数量最多，分别为 19 个、15 个、13 个、13 个和 12 个（见表 99）。

表 99　2023 年各省级行政区地方国资上市公司并购案例数量情况

排名	省份	地方国资上市公司并购案例（个）	占比（%）	排名	省份	地方国资上市公司并购案例（个）	占比（%）
1	江苏	19	10.38	16	山西	5	2.73
2	广东	15	8.20	17	甘肃	4	2.19
3	山东	13	7.10	17	广西	4	2.19
3	四川	13	7.10	17	天津	4	2.19
5	上海	12	6.56	20	海南	3	1.64
6	浙江	11	6.01	20	江西	3	1.64
7	北京	9	4.92	22	黑龙江	2	1.09
7	湖南	9	4.92	22	吉林	2	1.09
7	陕西	9	4.92	22	辽宁	2	1.09
10	新疆	8	4.37	25	内蒙古	1	0.55
11	安徽	7	3.83	25	青海	1	0.55
11	河北	7	3.83	25	云南	1	0.55
13	福建	6	3.28	25	重庆	1	0.55
13	河南	6	3.28	合计		183	100.00
13	湖北	6	3.28				

资料来源：Wind，申万宏源研究。

2023 年，山东、上海、广东地方国资上市公司并购案例金额最大，分别为 175.14 亿元、170.88 亿元和 162.53 亿元（见表 100）。

表 100　2023 年各省级行政区地方国资上市公司并购案例金额情况

排名	省份	地方国资上市公司并购金额（亿元）	占比（%）	排名	省份	地方国资上市公司并购金额（亿元）	占比（%）
1	山东	175.14	10.67	15	湖南	34.53	2.10
2	上海	170.88	10.42	16	陕西	32.00	1.95
3	广东	162.53	9.91	17	广西	28.17	1.72
4	四川	123.53	7.53	18	湖北	20.51	1.25
5	安徽	120.73	7.36	19	内蒙古	12.14	0.74
6	浙江	116.64	7.11	20	青海	10.58	0.64
7	北京	114.29	6.97	21	天津	7.28	0.44
8	甘肃	85.05	5.18	22	江西	3.48	0.21
9	福建	79.45	4.84	23	辽宁	1.92	0.12
10	山西	76.51	4.66	24	黑龙江	1.89	0.12
11	江苏	74.39	4.53	25	云南	1.83	0.11
12	河南	65.13	3.97	26	海南	1.11	0.07
13	新疆	64.10	3.91	27	吉林	0.39	0.02
14	河北	56.53	3.45	合计		1640.72	100.00

资料来源：Wind，申万宏源研究。

四、结合当地资源禀赋优势，各区域行业分布各具特点

北京、上海、浙江、江苏等省（市）的地方国资上市公司，属于银行、非银金融行业的公司数量和市值都相对靠前，金融机构集聚的区域说明当地经济环境的基本面较好，区域城商行、农商行等金融机构市场表现较好。

安徽、湖北、湖南中部区域的地方国资上市公司中，数量和市值集中在基础化工、机械设备等工业领域。

东北三省的地方国资上市公司中，医药生物行业的公司市值在区域内相对较大。

河南、陕西、内蒙古、甘肃、贵州、青海等中部、西北部的地方国资上市公司中，以煤炭、钢铁、有色金属等资源型公司为主（见表 101）。

表 101　截至 2023 年末，各省级行政区地方国资上市公司数量和市值前三的行业情况

<table>
<tr><th>省份</th><th>数量第一的行业</th><th>数量第二的行业</th><th>数量第三的行业</th><th>市值第一的行业</th><th>市值第二的行业</th><th>市值第三的行业</th></tr>
<tr><td>安徽</td><td>基础化工</td><td>电子</td><td>建筑装饰</td><td>食品饮料</td><td>建筑材料</td><td>电子</td></tr>
<tr><td>北京</td><td>房地产</td><td colspan="2">计算机、机械设备</td><td>电子</td><td>非银金融</td><td>银行</td></tr>
<tr><td>福建</td><td>交通运输</td><td>电子</td><td>公用事业</td><td>银行</td><td>有色金属</td><td>医药生物</td></tr>
<tr><td>甘肃</td><td colspan="3">农林牧渔、食品饮料、医药生物</td><td>有色金属</td><td>银行</td><td>煤炭</td></tr>
<tr><td>广东</td><td>建筑装饰</td><td>电子</td><td>房地产</td><td>房地产</td><td>公用事业</td><td>非银金融</td></tr>
<tr><td>广西</td><td colspan="2">交通运输、农林牧渔</td><td>非银金融等</td><td>非银金融</td><td>交通运输</td><td>机械设备</td></tr>
<tr><td>贵州</td><td colspan="3">食品饮料、银行、煤炭等</td><td>食品饮料</td><td>银行</td><td>煤炭</td></tr>
<tr><td>海南</td><td colspan="2">房地产、农林牧渔</td><td>有色金属等</td><td>房地产</td><td>农林牧渔</td><td>有色金属</td></tr>
<tr><td>河北</td><td>公用事业</td><td colspan="2">交通运输、煤炭等</td><td>公用事业</td><td>交通运输</td><td>煤炭</td></tr>
<tr><td>河南</td><td colspan="3">电力设备、交通运输、煤炭</td><td>有色金属</td><td>煤炭</td><td>机械设备</td></tr>
<tr><td>黑龙江</td><td colspan="3">非银金融、医药生物、传媒等</td><td>非银金融</td><td>医药生物</td><td>传媒</td></tr>
<tr><td>湖北</td><td>基础化工</td><td colspan="2">机械设备、传媒等</td><td>基础化工</td><td>机械设备</td><td>食品饮料</td></tr>
<tr><td>湖南</td><td colspan="2">传媒、电力设备</td><td>机械设备等</td><td>传媒</td><td>电力设备</td><td>机械设备</td></tr>
<tr><td>吉林</td><td colspan="3">基础化工、汽车、医药生物</td><td>医药生物</td><td>基础化工</td><td>非银金融</td></tr>
<tr><td>江苏</td><td colspan="3">机械设备、基础化工、银行</td><td>食品饮料</td><td>银行</td><td>非银金融</td></tr>
<tr><td>江西</td><td>基础化工</td><td>电力设备</td><td>交通运输</td><td>有色金属</td><td>基础化工</td><td>传媒</td></tr>
<tr><td>辽宁</td><td>公用事业</td><td colspan="2">医药生物、机械设备等</td><td>医药生物</td><td>基础化工</td><td>电子</td></tr>
<tr><td>内蒙古</td><td>有色金属</td><td colspan="2">食品饮料、钢铁等</td><td>食品饮料</td><td>有色金属</td><td>钢铁</td></tr>
<tr><td>宁夏</td><td colspan="2">机械设备、交通运输</td><td>—</td><td>交通运输</td><td>机械设备</td><td>—</td></tr>
<tr><td>青海</td><td colspan="2">基础化工、有色金属</td><td>—</td><td>基础化工</td><td>有色金属</td><td>—</td></tr>
<tr><td>山东</td><td colspan="2">基础化工、汽车</td><td>电力设备</td><td>基础化工</td><td>煤炭</td><td>汽车</td></tr>
<tr><td>山西</td><td>煤炭</td><td>公用事业</td><td>机械设备、医药生物</td><td>食品饮料</td><td>煤炭</td><td>医药生物</td></tr>
<tr><td>陕西</td><td>国防军工</td><td colspan="2">机械设备、有色金属</td><td>煤炭</td><td>国防军工</td><td>有色金属</td></tr>
<tr><td>上海</td><td>房地产</td><td>商贸零售</td><td>交通运输</td><td>非银金融</td><td>银行</td><td>交通运输</td></tr>
<tr><td>四川</td><td>公用事业</td><td colspan="2">机械设备、基础化工</td><td>食品饮料</td><td>公用事业</td><td>建筑装饰</td></tr>
<tr><td>天津</td><td>房地产</td><td>医药生物</td><td>电子、国防军工等</td><td>医药生物</td><td>电子</td><td>国防军工</td></tr>
<tr><td>西藏</td><td colspan="3">房地产、基础化工、建筑材料</td><td>房地产</td><td>建筑材料</td><td>基础化工</td></tr>
<tr><td>新疆</td><td>农林牧渔</td><td colspan="2">基础化工、食品饮料</td><td>电力设备</td><td>基础化工</td><td>农林牧渔</td></tr>
<tr><td>云南</td><td>有色金属</td><td colspan="2">煤炭、基础化工</td><td>医药生物</td><td>基础化工</td><td>有色金属</td></tr>
<tr><td>浙江</td><td>基础化工</td><td>机械设备</td><td>公用事业</td><td>银行</td><td>交通运输</td><td>非银金融</td></tr>
<tr><td>重庆</td><td colspan="3">环保、医药生物、银行</td><td>银行</td><td>环保</td><td>非银金融</td></tr>
</table>

资料来源：Wind，申万宏源研究。

展望篇

三大建议支持地方国资上市公司高质量发展

一、地方国资上市公司发展过程中存在的三大问题

通过全面分析盘点A股市场地方国资上市公司的发展情况，本报告认为当前地方国资上市公司主要存在三大问题。

（一）产业布局、区域布局和资本布局有待调整

当前地方国资上市公司更多地集中在关系国计民生的行业领域，有力地支撑了区域经济平稳有序发展。与此同时，必须清醒地认识到，地方国资上市公司在产业布局、区域布局和资本布局等方面仍存在较大优化空间。

产业布局上，战略性新兴产业占比不高。截至2023年末，属于战略性新兴产业的地方国资上市公司共108家，占地方国资上市公司总数的10.71%，合计市值1.11万亿元，占地方国资上市公司总市值的5.47%；若将其放在A股市场来看，地方国资上市公司的数量和市值的占比仅分别为2.03%和1.19%。从营业收入角度来看，属于战略性新兴产业的地方国资上市公司营业收入总和为3894.81亿元，分别占地方国资上市公司和A股上市公司营业收入的2.10%和0.53%。从产业布局角度来看，地方国资上市公司整体产业结构偏传统，在战略性新兴产业领域布局偏少，国有企业科技创新和产业引领作用发挥不够充分。

区域布局上，资源禀赋与区域分布不匹配。从大区域[①]分布来看，东部、中部、东北、西部地区拥有战略性新兴产业地方上市公司的数量分别为61家、23家、4家和20家，分别占地方国资上市公司总数量的56.48%、21.30%、3.70%和18.52%；按市值计算，占比分别为54.44%、20.93%、6.48%和18.16%。从各区域经济发展程度、资源禀赋的现实条件来看，并非所有区域都具备大力发展战略性

① 根据国家统计局网站公布的划分标准：东部地区包括北京、天津、河北、上海、江苏、浙江、福建、山东、广东和海南10省（市）；中部地区包括山西、安徽、江西、河南、湖北和湖南6省；西部地区包括内蒙古、广西、重庆、四川、贵州、云南、西藏、陕西、甘肃、青海、宁夏和新疆12省（区、市）；东北地区包括辽宁、吉林和黑龙江3省。

新兴产业的能力，但从区域分布结构来看，东部地区作为全国经济最为发达的区域，集聚了更为优质的人才、资本、产业等科创要素，但当前战略性新兴产业地方国资上市公司的分布格局并未呈现显著向东部倾斜的特征，说明东部地区地方国资上市公司在战略性新兴产业的布局上可以发挥更多的资源优势。

资本布局上，国资持股比例存在释放空间。从资本优化布局的视角来看，国有资本较高的持股比例若不能为公司获取超额回报，将不利于资源优化配置，这在一定程度上反映了公司股权结构有进一步的优化且可带动公司治理更趋完善的空间。截至2023年末，拥有实际控制人的地方国资上市公司共计932家，其中，实际控制人持股比例大于33.34%的有497家，占比53.33%；持股比例超40%的有366家，占比39.27%；持股比例超51%的有187家，占比20.06%；持股比例超66.67%的有39家，占比4.18%。整体来看，地方国资上市公司中拥有一大批实际控制人持股比例偏高的公司，未来仍有很大的优化调整空间。

（二）盈利能力、利润质量、创值能力有待提高

公司能否持续稳定盈利、能否创造高质量的利润、能否为股东创造价值，是衡量公司经营质效的三个重要维度。地方上市公司集中了各地国资企业中的优质资产，在地方政策支持、资源获得、融资条件方面，相对民营上市公司均有一定的比较优势，理应取得更高的盈利水平、更优的现金创造能力、更强的价值创造能力。从本报告分析来看，目前地方国资上市公司经营质效仍有待进一步提升。

盈利水平低于民企上市公司。2023年，地方国资上市公司资产收益率为8.09%，扣非后资产收益率为7.17%，相应地，均低于A股上市公司的8.52%和7.84%。从行业来看，地方国资上市公司盈利能力最强的前十大行业分别为食品饮料（主要是白酒）、煤炭、纺织服饰、有色金属、社会服务、家用电器、银行、交通运输、国防军工、基础化工；而民营上市公司盈利能力位列前十的行业分别是家用电器、美容护理、电力设备、食品饮料、有色金属、汽车、公用事业、钢铁、交通运输和轻工制造。不难看出，地方国资上市公司部分行业的高盈利得益于特许经营权，而在竞争较为充分的行业，盈利能力则不及民营上市公司。将每个行业捉对比较，30个双方均有参与的行业中，地方国资上市公司仅有14个行业的资产收益率高于民营上市公司。

现金创造能力低于A股上市公司平均水平。现金创造能力在很大程度上反映了企

业盈利的质量，对地方国资上市公司的要求不仅是要实现“有利润的收入”，更重要的是要实现“有现金的利润”。2023 年，地方国资上市公司营业现金比率为 18.6%，较 2021 年与 2022 年有所改善，但过去五年均低于 A 股上市公司平均水平，剔除金融企业后，地方国资上市公司营业现金比率依然不及 A 股上市公司平均水平，且差距在近两年有扩大之势。

具有价值创造能力的地方国资上市公司占比偏低。创值能力比盈利能力更能准确地刻画上市公司质效。当投资资本回报率大于加权平均资本成本且净利润增速（G）大于 0 时，公司被认为创造价值，反之则被认为价值毁灭。依照这一评判标准，2023 年，共计 295 家地方国资上市公司具有创值能力，占 A 股具有创值能力上市公司数量的 17.8%，贡献率低于地方国资上市公司占 A 股上市公司总数的总比，约占地方国资上市公司总数的 1/3。换言之，约有 2/3 地方国资上市公司的经营活动并未实现价值创造。复盘过去 20 年，累计具有创值能力年数达 10 年及以上的 A 股上市公司 45 家，其中地方国资上市公司仅 14 家，约占 1/3，而 A 股上市超 20 年的公司中有 4/5 为地方国资上市公司，显然，具有长期创值能力的地方国资上市公司数量和占比偏低。

（三）治理能力与市场化激励机制建设有待优化

不少地方国资上市公司是国企改革中率先实现混改并建立现代化企业制度的一批企业，但由于国有资产的特殊性，通常被施以强监管。出于国有资产流失等法律风险的顾虑，在市场化体制机制领域的改革推进较为谨慎。受各种因素掣肘，国有股东参与公司治理仍有边际提升空间。

公司治理能力有待进一步提升。近年来，尽管在国资国企改革及上市公司质量提升行动的推动下，地方国资上市公司日益重视公司治理能力建设，但与地方国资上市公司日常交流和调研中发现，地方国资上市公司，尤其是部分国有控股上市公司，在股权结构与董事会治理等方面，仍可进一步优化完善。

实施员工持股的比例有待提升。从总量来看，2019—2023 年地方国资上市公司实施员工持股的公司数量变化较为平稳，均值为 15 家。从占比来看，近五年地方国资上市公司中实施员工持股的公司数量占比维持在 1%~2%，而 A 股上市公司中实施员工持股的公司数量占比呈先增高后降低的趋势，2023 年降至 3.72%。从两者比较来看，地方国资上市公司中实施员工持股的比例持续低于 A 股上市公司中实施员工持股的比例，占比有待提升。

实施股权激励的比例有待提升。2023 年实施股权激励的地方国资上市公司有 34 家，占比为 3.37%。上市公司实施股权激励往往与企业上一年度盈利状况呈正相关关系，利润增长不仅会增强企业实施股权激励的底气与动力，也会增强员工对公司未来发展的信心，从而提高股权激励的吸引力和激励效果。从总量与占比来看，受盈利状况影响，2019—2023 年地方国资上市公司和 A 股上市公司实施股权激励的公司数量及其占比均呈现先上升后下降的趋势，2023 年分别为 34 家与 3.37%、743 家与 13.94%。从两者比较来看，由于体制机制存在一定差异，地方国资上市公司中实施股权激励的比例低于 A 股上市公司中实施股权激励的比例。

二、对地方国资上市公司未来高质量发展提出三大建议

2024 年是国有企业改革深化提升行动落地实施的关键之年，也是承上启下的攻坚之年。为进一步推动地方国资上市公司高质量发展，围绕新一轮国资国企深化改革方向，针对前述分析的三大问题，本报告提出以下三个方面建议。

（一）优化国资布局，大力培育发展新质生产力

推进国有经济布局优化和结构调整是增强国有企业核心功能的主要内容，也是做强做优做大国有资本和国有企业的重要方式。针对前文分析中地方国资上市公司在产业布局、区域布局和资本布局方面所暴露的问题，本报告从地方国资上市公司和地方国资监管机构及控股股东两个层面提出以下建议。

对于地方国资上市公司而言，应根据当地资源禀赋，优化国资布局，提升核心竞争力。一方面，要着力做大增量。大力推进科技创新，以科技创新推动产业创新，采用孵化或并购等多种手段，积极培育战略性新兴产业和未来产业，构建公司持续盈利能力；探索相关培育业务分拆上市，以期做强做优做大有市场前景的业务。另一方面，要挖掘存量潜能。根据主业特点，推动联合重组，加大对产业链上下游细分领域整合力度，持续推进产业升级；不断优化资产与业务结构，盘活、处置和退出低效资产；大力推动业务的数字化、智能化、绿色化、高端化，提升运营效率与竞争力，推动传统产业向新兴产业领域转型升级。

对于地方国资监管机构及控股股东而言，应充分借助资本市场，推进系统层面的国资优化布局，以期更好地承担使命、获得更好的资产配置收益。一是大力培育新兴产业上市。积极培育推动战略性新兴产业公司上市，使其获得更好的发展空间，做强做优做大，同时提升资产的流动性和价值。二是推进战略性重组整合。围绕控股及投资的上市公司，大力推进专业化资产重组，优化资产结构，提升上市公司资产质量。三是开展上市股权持股运作。动态调整持股，探索价值经营的有效方式，布局新产业、培育新业务。四是提升重点区域引领功能。东部地区应更加重视产业布局优化调整，充分发挥资源禀赋优势，担当科技创新和产业引领的“头雁”。

（二）突出价值创造，强化市值管理与资本运作

随着地方政府高度依赖土地转让金收入的“土地财政”时代宣告终结，各地纷纷进入资本招商的新时代，未来“股权财政”有望接替“土地财政”成为地方财政新范式。在此背景下，本报告认为地方政府及地方国资监管部门应当着力推动地方国资上市公司质量提升和价值创造，更加重视市值管理，不断提升国有股权的市场价值和投资收益。具体建议如下：

一是增强价值创造能力。以“一利五率”为抓手，优化绩效考核，针对传统行业，不断提升核心产品和服务的市场竞争力，提高毛利率和利润质量，针对战略性新兴产业要加大创新投入和资源倾斜力度，不断夯实增长的内生动力。二是强化资本运作能力。鼓励地方国企或国资上市公司通过并购、重组等多种方式推动优质资产上市，优化业务布局；合理运用优先股、配股、非定向增发、非公开发行、公司债等多种方式，拓展市场主体融资渠道；灵活运用资产证券化（ABS）、不动产投资信托基金（REITs）等资本市场工具，提升资产收益率和资本回报率。三是提高市值管理能力。围绕价值创造、价值描述、价值传播、价值实现推动地方国资上市公司价值提升工作；强化与市场沟通，维护投资者关系，不断增进市场认同和价值实现；探索开展有效的市值管理考核，建议地方国资监管机构将市值管理绩效水平纳入任期考核目标。

（三）提升治理水平，优化监管机制与监管质效

建立现代企业制度是国有企业改革的方向，而有效的公司治理是现代企业制度建设的重点所在，同时是地方国资上市公司提质增效、做强做优做大的基本前提。本报

告结合新一轮国资国企改革方向及提升上市公司质量的监管要求，对地方国资上市公司及其监管机构提出以下建议。

对于地方国资上市公司而言，要从以下三个方面着手全面提升治理能力，优化管理水平与市场化机制。一是完善公司治理体系。建立健全中国特色现代企业制度，推动股东治理结构多元化；鼓励国有股东多元持股，非控股股东董事积极参与公司治理；鼓励依法设立董事会审计委员会；鼓励独立董事提前参与重大复杂项目研究论证；强化上市公司信息披露，加强与市场沟通；积极践行 ESG 理念，主动披露年度 ESG 报告。二是提升经营管理水平。聚焦主责主业，明确公司战略目标与路径措施，不断提升上市公司核心竞争力；严格执行上市公司内控制度，建立健全内控规范体系，提升内控有效性和风险防范化解能力；推动解决同业竞争，减少关联交易。三是推进市场化激励机制。鼓励实行职业经理人制度，推进经理层成员市场化选聘，推行经理层人员任期制和契约化管理；鼓励有条件的公司实施灵活有效的股权激励和员工持股计划，构建与公司发展战略相协调、与创新转型相匹配、与市场规则相适应的中长期约束机制。

对于地方国资上市公司的监管机构而言，要重点聚焦监管模式创新和机制优化提升。具体来看：一是优化国资监管模式。结合上市公司的特点，探索差异化的国资监管模式，探索与科技创新和转型升级等特殊关键领域相匹配的特殊监管，留足试错空间，提升容忍度；运用信息化、数字化、智能化工具实现穿透式监管技术应用，打造高效立体监管模式。二是强化考核引导。围绕推动做强做优做大目标，设计优化“指挥棒”，创新完善考核奖惩和激励约束机制，引导地方国资上市公司统筹质的有效提升和量的合理增长，主动服务国家战略。三是探索新治理模式。开展无实控人国资上市公司模式研究，总结成熟经验，探索有效的国资上市公司治理模式，并推进模式复制推广。

附　录

一、近五年关于国资改革重要政策文件的相关内容

附表 1　2013 年国企改革深化以来国有控股上市公司监管政策梳理

时间	发布部门	会议 / 行动 / 政策文件	相关内容
2013 年 11 月	党中央	党的十八届三中全会	积极发展混合所有制经济。国有资本、集体资本、非公有资本等交叉持股、相互融合的混合所有制经济，是基本经济制度的重要实现形式，有利于国有资本放大功能、保值增值、提高竞争力，有利于各种所有制资本取长补短、相互促进、共同发展。允许更多国有经济和其他所有制经济发展成为混合所有制经济。国有资本投资项目允许非国有资本参股。允许混合所有制经济实行企业员工持股，形成资本所有者和劳动者利益共同体
2015 年 8 月	中共中央、国务院	《关于深化国有企业改革的指导意见》	推进商业类国有企业改革。主业处于充分竞争行业和领域的商业类国有企业，原则上都要实行公司制股份制改革，积极引入其他国有资本或各类非国有资本实现股权多元化，国有资本可以绝对控股、相对控股，也可以参股，并着力推进整体上市。对这些国有企业，重点考核经营业绩指标、国有资产保值增值和市场竞争能力。 推进公司制股份制改革。加大集团层面公司制改革力度，积极引入各类投资者实现股权多元化，大力推动国有企业改制上市，创造条件实现集团公司整体上市。 引入非国有资本参与国有企业改革。鼓励非国有资本投资主体通过出资入股、收购股权、认购可转债、股权置换等多种方式，参与国有企业改制重组或国有控股上市公司增资扩股以及企业经营管理。实行同股同权，切实维护各类股东合法权益
2016 年 8 月	国务院国资委、财政部、证监会	《关于国有控股混合所有制企业开展员工持股试点的意见》	推进国有混改企业员工持股。对试点原则，试点企业条件，员工入股的范围、价格，入股后的股权管理等做了详细规定
2017 年 11 月	国家发展改革委、财政部、人力资源社会保障部、国务院国资委等八部委	《关于深化混合所有制改革试点若干政策的意见》	回应并完善混改中的各方问题。对资产定价机制、劳动关系、土地处置、员工持股、工资总额管理等做了详细规定

续表

时间	发布部门	会议 / 行动 / 政策文件	相关内容
2018 年 8 月	国务院	国务院国企改革领导小组国企改革“双百行动”	国务院国企改革领导小组办公室 8 月 17 日正式启动国企改革“双百行动”，力图通过开展“双百行动”，打造一批治理结构科学完善、经营机制灵活高效、党的领导坚强有力、创新能力和市场竞争力显著提升的国企改革尖兵
2019 年 10 月	国务院国资委	《关于进一步做好中央企业控股上市公司股权激励工作有关事项的通知》	支持中央企业控股上市公司建立健全长效激励约束机制。中央企业应当结合本集团产业发展规划，积极推动所控股上市公司建立规范、有效、科学的股权激励机制，综合运用多种激励工具，系统构建企业核心骨干人才激励体系。鼓励上市公司根据企业发展规划，采取分期授予方式实施股权激励，充分体现激励的长期效应
2020 年 6 月	中央深改委	《国企改革三年行动方案（2020—2022 年）》	一是要完善中国特色现代企业制度，坚持“两个一以贯之”，形成科学有效的公司治理机制。二是推进国有资本布局优化和结构调整，聚焦主责主业，发展实体经济，推动高质量发展，提升国有资本配置效率。三是积极稳妥推进混合所有制改革，促进各类所有制企业取长补短、共同发展。四是要激发国有企业的活力，健全市场化经营机制，加大正向激励力度，也由此提高效率
2020 年 10 月	国务院	《关于进一步提高上市公司质量的意见》	1. 坚持市场化、法治化方向，按照深化金融供给侧结构性改革要求，加强资本市场基础制度建设，大力提高上市公司质量。 2. 提高上市公司治理水平：规范公司治理和内部控制；提升信息披露质量。 3. 推动上市公司做优做强：支持优质企业上市；促进市场化并购重组；完善上市公司融资制度；健全激励约束机制。 4. 健全上市公司退出机制：严格退市监管；拓宽多元化退出渠道。 5. 解决上市公司突出问题：积极稳妥化解上市公司股票质押风险；严肃处置资金占用、违规担保问题；强化应对重大突发事件政策支持。 6. 提高上市公司及相关主体违法违规成本。 7. 形成提高上市公司质量的工作合力

续表

时间	发布部门	会议 / 行动 / 政策文件	相关内容
2022 年 5 月	国务院国资委	《提高央企控股上市公司质量工作方案》	1. 推动上市平台布局优化和功能发挥：加强顶层设计，建立资本运作规划制定机制；分类推进上市平台建设，形成梯次发展格局；充分发挥上市平台功能，支持主业发展。 2. 促进上市公司完善治理和规范运作：完善中国特色现代企业制度，健全国有控股上市公司治理机制；调整优化股权结构，引入积极股东完善治理；持续提高信息披露质量，提升上市公司透明度；贯彻落实新发展理念，探索建立健全 ESG 体系；坚持依法合规经营，防范化解重大风险。 3. 强化上市公司内生增长和创新发展：深化提质增效，提高综合经营管理水平；提升自主创新能力，当好科技创新国家队；健全激励约束机制，加强人才队伍建设。 4. 增进上市公司市场认同和价值实现：强化投资者关系管理，建立多层次良性互动机制；推动业绩说明会常态化召开，使高质量业绩说明会成为央企标配；树立科学市场价值观，合力打造价值实现新局面
2022 年 11 月	证监会	《推动提高上市公司质量三年行动方案（2022—2025）》	1. 优化制度规则体系，提升监管规则的科学性。 2. 聚焦公司治理深层次问题，夯实上市公司规范发展的基础。 3. 完善信息披露制度，提高上市公司的透明度。 4. 优化上市公司整体结构，提升发展的韧性和活力。 5. 推动上市公司稳健发展，维护资本市场平稳运行。 6. 健全打击重大违法长效机制，营造上市公司发展良好环境。 7. 加快上市公司监管转型，提升监管效能。 8. 加强协作联动，形成推动上市公司高质量发展的强大合力
2023 年 6 月	中共中央办公厅、国务院办公厅	《国有企业改革深化提升行动方案（2023—2025 年）》	全方位改革深化提升。优化国有经济布局，加快建设现代产业体系；完善国有企业科技创新机制，加快实现高水平自立自强；强化国有企业对重点领域保障，支撑国家战略安全；以市场化方式推进整合重组，提升国有资本配置效率；推进中国特色国有企业现代公司治理和市场化经营机制长效化；健全以管资本为主的国资监管体制；营造更加市场化、法治化、国际化的公平竞争环境；全面加强国有企业党的领导和党的建设

资料来源：中国政府网，国务院国资委、证监会等各部委网站。

附表 2　2020 年以来部分省份国企及国有控股上市公司相关政策

时间	省份	发布部门	政策	相关内容
2019 年 3 月	江西	江西省地方金融监管局	《深入推进企业上市“映山红行动”工作方案》	推动更多企业改制上市、再融资、并购重组及创新发展，发挥上市公司产业引领带动作用。到 2020 年，全省境内外上市公司超过 120 家。实施省属国有企业上市促进计划，加快推进国有企业改制上市工作
2020 年 11 月	广东	广东省人民政府	《广东省人民政府转发国务院关于进一步提高上市公司质量意见的通知》	制定国有企业资本运营三年行动计划，推动、支持有实力的国有企业集团开展混合所有制改革，依托上市平台通过发行股份购买资产、吸收合并等方式实现整体上市
2020 年 11 月	浙江	浙江省地方金融监管局、浙江省证监局	《关于推动上市公司高质量发展的实施意见》	建立与沪深证券交易所常态化工作联络机制，加大上市推动力度，形成国有与民营、传统与新兴、行业与产业广覆盖的上市公司阵容。 鼓励国有控股上市公司把党建工作有关要求写入公司章程，科学界定国有控股上市公司各治理主体的权责边界，形成以管资本为主的国有资产监管体制
2021 年 1 月	安徽	安徽省人民政府办公厅	《安徽省人民政府办公厅关于贯彻落实国务院进一步提高上市公司质量意见有关事项的通知》	强力推进优质企业上市。支持政府引导基金、风险投资基金、创业投资基金、产业投资基金等私募股权投资基金以及国有资本投资布局科技创新产业。 推动国有上市公司完善公司治理，进一步提高运行质量，发挥国有上市公司引领示范作用。 大力推进省属企业首发上市、整体上市，提升国有资本的竞争力和证券化水平
2021 年 2 月	浙江	浙江省国资委	《浙江省国有控股上市公司高质量发展行动实施方案》	明确提出 2022 年末实现上市公司新增数量、头部上市公司数量双倍增，培育 60 家左右上市后备企业等为核心指标的“2256”计划。同时，就进一步规范全省国企并购上市公司事项、建立并购重组协调工作机制、规范省属企业运用对赌模式开展并购投资行为等事项，出台多个政策文件。研究制定解决省属企业不动产确权历史遗留问题工作方案、全省国资国企低效无效资产处置专项行动实施方案、浙江产权交易所服务提升十件事工作方案等相关文件，为企业改制上市和改革发展扫除障碍

续表

时间	省份	发布部门	政策	相关内容
2021 年 3 月	浙江	浙江省人民政府	《浙江省深入实施促进经济高质量发展“凤凰行动”计划（2021—2025 年）》	通过资金全过程参与、政策全周期支持和服务全链条保障，使浙江省资本市场发展持续保持全国领先地位。力争 5 年新增境内外上市公司 350 家以上，新增资本市场融资额 8000 亿元以上。支持国有企业深化混合所有制改革，推动不同类型的优质国有企业在境内相应板块上市
2021 年 4 月	北京	北京市人民政府	《关于进一步推动提高北京上市公司质量的若干措施》	科学界定国有控股上市公司治理相关方的权责，健全国有控股上市公司治理机制。 发挥国有上市公司在提高北京上市公司质量工作中的引领作用，树立公司治理良好范本，引导上市公司合规经营、协调发展，主动回报社会和投资者。 进一步强化资产评估体系建设，发挥证券市场价格、估值、资产评估结果在国有资产交易定价中的作用，支持国有企业依托资本市场开展混合所有制改革
2021 年 5 月	上海	上海市国资委	《市国资委关于推动提高国有控股上市公司质量的实施意见》	总体目标：力争通过五年左右努力，推进本市地方国有控股上市公司阵容日趋强大、行业结构逐步优化、资本运作和价值管理明显加强、治理水平不断改善、公司风险有效控制、监管能效不断提升，实现本市地方国有控股上市公司质量有明显提高。 主要任务：支持优质企业上市，发挥产业引领和战略支撑作用，强化资本运作和价值管理，积极发挥上市公司融资功能，规范公司治理和内部控制，提升信息披露质量，加强上市公司风险管理，强化上市公司主体责任，持续提升监管效能，加大政策支持力度等
2022 年 6 月	安徽	安徽省人民政府办公厅	《安徽省推进企业上市“迎客松行动”计划》	推进全省企业对接多层次资本市场上市融资。力争到 2026 年末，全省上市公司数量较 2021 年末翻一番，达到 300 家以上。发挥国有企业“领头羊”作用，推动省属企业加快国有资产资本化证券化进程

续表

时间	省份	发布部门	政策	相关内容
2021年8月	江西	江西省人民政府办公厅	《关于新时代推动江西资本市场高质量发展的若干措施》	充分发挥资本市场功能作用，更好服务助力全省经济社会高质量跨越式发展；力争到2025年末，全省境内外上市公司超过135家，A股上市公司达到100家左右。支持国有企业深化混合所有制改革，推动不同类型的优质国有企业改制上市
2021年9月	江苏	江苏省地方金融监管局、江苏证监局	《江苏省上市公司高质量发展行动计划（2021—2025年）》	鼓励国有企业规范开展混合所有制改革，整合优质资产打包上市。 推动国有控股上市公司提质增效。国有控股上市公司应成为上市公司规范发展的典范。提升企业管理水平和盈利能力。鼓励国有控股上市公司引入战略投资者作为积极股东，优化公司治理结构，支持符合条件的国有控股上市公司实施更为灵活有效的股权激励和员工持股计划。推行国有控股上市公司经理层成员任期制和契约化管理，支持具备条件的国有控股上市公司实行职业经理人制度。鼓励国有控股上市公司按照市场化、法治化原则并购优质资产，有效解决无序竞争问题，规范开展关联交易

资料来源：各地政府网站。

二、本报告中关于地方国资上市公司的说明及名单范围

本报告所称“地方国资上市公司”，是指我国A股市场上的地方国有控股上市公司和地方国有资本对其有较大影响力但无实际控制人的上市公司。其中，“地方”系指中国境内各省、自治区、直辖市及其下属各级行政区划。具体认定标准如下：

1. 已披露实际控制人为地方国有资产监督管理委员会（以下简称“地方国资委”）、地方人民政府或地方财政部门的上市公司；

2. 未披露实际控制人，但列入地方国资监管名单的上市公司；

3. 未披露实际控制人，但第一大股东（及一致行动人）或其最终受益人为地方国资委、地方人民政府或地方财政部门的上市公司；

4. 未披露实际控制人，且第一大股东为香港中央结算（代理人）有限公司，但第二大股东（及一致行动人）或其最终受益人为地方国资委、地方人民政府或地方财政部门的上市公司。

附表 3 截至 2023 年末，地方国资上市公司名单

序号	证券代码	证券简称	序号	证券代码	证券简称	序号	证券代码	证券简称
1	000002.SZ	万科 A	34	000419.SZ	通程控股	67	000557.SZ	西部创业
2	000006.SZ	深振业 A	35	000420.SZ	吉林化纤	68	000558.SZ	莱茵体育
3	000009.SZ	中国宝安	36	000421.SZ	南京公用	69	000561.SZ	烽火电子
4	000011.SZ	深物业 A	37	000422.SZ	湖北宜化	70	000563.SZ	陕国投 A
5	000014.SZ	沙河股份	38	000425.SZ	徐工机械	71	000565.SZ	渝三峡 A
6	000019.SZ	深粮控股	39	000428.SZ	华天酒店	72	000568.SZ	泸州老窖
7	000025.SZ	特力 A	40	000429.SZ	粤高速 A	73	000570.SZ	苏常柴 A
8	000027.SZ	深圳能源	41	000430.SZ	张家界	74	000581.SZ	威孚高科
9	000029.SZ	深深房 A	42	000488.SZ	晨鸣纸业	75	000582.SZ	北部湾港
10	000030.SZ	富奥股份	43	000498.SZ	山东路桥	76	000589.SZ	贵州轮胎
11	000045.SZ	深纺织 A	44	000501.SZ	武商集团	77	000595.SZ	宝塔实业
12	000049.SZ	德赛电池	45	000504.SZ	南华生物	78	000596.SZ	古井贡酒
13	000058.SZ	深赛格	46	000505.SZ	京粮控股	79	000598.SZ	兴蓉环境
14	000060.SZ	中金岭南	47	000507.SZ	珠海港	80	000599.SZ	青岛双星
15	000061.SZ	农产品	48	000509.SZ	华塑控股	81	000600.SZ	建投能源
16	000068.SZ	华控赛格	49	000514.SZ	渝开发	82	000601.SZ	韶能股份
17	000070.SZ	特发信息	50	000521.SZ	长虹美菱	83	000605.SZ	渤海股份
18	000088.SZ	盐田港	51	000523.SZ	红棉股份	84	000607.SZ	华媒控股
19	000089.SZ	深圳机场	52	000524.SZ	岭南控股	85	000610.SZ	西安旅游
20	000090.SZ	天健集团	53	000528.SZ	柳工	86	000619.SZ	海螺新材
21	000096.SZ	广聚能源	54	000529.SZ	广弘控股	87	000628.SZ	高新发展
22	000155.SZ	川能动力	55	000530.SZ	冰山冷热	88	000630.SZ	铜陵有色
23	000156.SZ	华数传媒	56	000531.SZ	穗恒运 A	89	000632.SZ	三木集团
24	000157.SZ	中联重科	57	000532.SZ	华金资本	90	000636.SZ	风华高科
25	000158.SZ	常山北明	58	000536.SZ	华映科技	91	000638.SZ	万方发展
26	000338.SZ	潍柴动力	59	000538.SZ	云南白药	92	000652.SZ	泰达股份
27	000401.SZ	冀东水泥	60	000539.SZ	粤电力 A	93	000655.SZ	金岭矿业
28	000402.SZ	金融街	61	000541.SZ	佛山照明	94	000661.SZ	长春高新
29	000403.SZ	派林生物	62	000543.SZ	皖能电力	95	000665.SZ	湖北广电
30	000404.SZ	长虹华意	63	000544.SZ	中原环保	96	000680.SZ	山推股份
31	000409.SZ	云鼎科技	64	000548.SZ	湖南投资	97	000682.SZ	东方电子
32	000411.SZ	英特集团	65	000551.SZ	创元科技	98	000685.SZ	中山公用
33	000417.SZ	合肥百货	66	000552.SZ	甘肃能化	99	000686.SZ	东北证券

续表

序号	证券代码	证券简称	序号	证券代码	证券简称	序号	证券代码	证券简称
100	000692.SZ	*ST 惠天	133	000823.SZ	超声电子	166	000948.SZ	南天信息
101	000697.SZ	*ST 炼石	134	000828.SZ	东莞控股	167	000949.SZ	新乡化纤
102	000701.SZ	厦门信达	135	000829.SZ	天音控股	168	000950.SZ	重药控股
103	000702.SZ	正虹科技	136	000833.SZ	粤桂股份	169	000951.SZ	中国重汽
104	000705.SZ	浙江震元	137	000837.SZ	秦川机床	170	000952.SZ	广济药业
105	000707.SZ	双环科技	138	000850.SZ	华茂股份	171	000957.SZ	中通客车
106	000709.SZ	河钢股份	139	000856.SZ	冀东装备	172	000959.SZ	首钢股份
107	000713.SZ	丰乐种业	140	000858.SZ	五粮液	173	000960.SZ	锡业股份
108	000719.SZ	中原传媒	141	000859.SZ	国风新材	174	000965.SZ	天保基建
109	000721.SZ	西安饮食	142	000860.SZ	顺鑫农业	175	000968.SZ	蓝焰控股
110	000722.SZ	湖南发展	143	000868.SZ	安凯客车	176	000972.SZ	中基健康
111	000725.SZ	京东方 A	144	000880.SZ	潍柴重机	177	000973.SZ	佛塑科技
112	000728.SZ	国元证券	145	000885.SZ	城发环境	178	000975.SZ	银泰黄金
113	000729.SZ	燕京啤酒	146	000886.SZ	海南高速	179	000977.SZ	浪潮信息
114	000737.SZ	北方铜业	147	000888.SZ	峨眉山 A	180	000978.SZ	桂林旅游
115	000750.SZ	国海证券	148	000897.SZ	津滨发展	181	000983.SZ	山西焦煤
116	000753.SZ	漳州发展	149	000899.SZ	赣能股份	182	000987.SZ	越秀资本
117	000755.SZ	山西高速	150	000900.SZ	现代投资	183	000988.SZ	华工科技
118	000756.SZ	新华制药	151	000903.SZ	云内动力	184	000990.SZ	诚志股份
119	000759.SZ	中百集团	152	000905.SZ	厦门港务	185	000993.SZ	闽东电力
120	000767.SZ	晋控电力	153	000906.SZ	浙商中拓	186	001208.SZ	华菱线缆
121	000779.SZ	甘咨询	154	000909.SZ	ST 数源	187	001219.SZ	青岛食品
122	000789.SZ	万年青	155	000911.SZ	广农糖业	188	001227.SZ	兰州银行
123	000791.SZ	甘肃能源	156	000912.SZ	泸天化	189	001236.SZ	弘业期货
124	000792.SZ	盐湖股份	157	000915.SZ	华特达因	190	001258.SZ	立新能源
125	000796.SZ	*ST 凯撒	158	000917.SZ	电广传媒	191	001286.SZ	陕西能源
126	000797.SZ	中国武夷	159	000919.SZ	金陵药业	192	001328.SZ	登康口腔
127	000801.SZ	四川九洲	160	000921.SZ	海信家电	193	001337.SZ	四川黄金
128	000803.SZ	山高环能	161	000923.SZ	河钢资源	194	001338.SZ	永顺泰
129	000811.SZ	冰轮环境	162	000932.SZ	华菱钢铁	195	001896.SZ	豫能控股
130	000813.SZ	德展健康	163	000933.SZ	神火股份	196	002021.SZ	*ST 中捷
131	000818.SZ	航锦科技	164	000936.SZ	华西股份	197	002030.SZ	达安基因
132	000822.SZ	山东海化	165	000937.SZ	冀中能源	198	002038.SZ	双鹭药业

续表

序号	证券代码	证券简称	序号	证券代码	证券简称	序号	证券代码	证券简称
199	002040.SZ	南京港	232	002187.SZ	广百股份	265	002366.SZ	融发核电
200	002047.SZ	宝鹰股份	233	002196.SZ	方正电机	266	002371.SZ	北方华创
201	002053.SZ	云南能投	234	002200.SZ	ST 交投	267	002376.SZ	新北洋
202	002060.SZ	广东建工	235	002202.SZ	金风科技	268	002383.SZ	合众思壮
203	002061.SZ	浙江交科	236	002204.SZ	大连重工	269	002386.SZ	天原股份
204	002068.SZ	黑猫股份	237	002207.SZ	准油股份	270	002393.SZ	力生制药
205	002069.SZ	獐子岛	238	002208.SZ	合肥城建	271	002396.SZ	星网锐捷
206	002077.SZ	大港股份	239	002217.SZ	合力泰	272	002400.SZ	省广集团
207	002083.SZ	孚日股份	240	002237.SZ	恒邦股份	273	002405.SZ	四维图新
208	002087.SZ	*ST 新纺	241	002238.SZ	天威视讯	274	002408.SZ	齐翔腾达
209	002091.SZ	江苏国泰	242	002243.SZ	力合科创	275	002427.SZ	尤夫股份
210	002092.SZ	中泰化学	243	002251.SZ	*ST 步高	276	002429.SZ	兆驰股份
211	002097.SZ	山河智能	244	002254.SZ	泰和新材	277	002430.SZ	杭氧股份
212	002100.SZ	天康生物	245	002263.SZ	大东南	278	002431.SZ	棕榈股份
213	002101.SZ	广东鸿图	246	002267.SZ	陕天然气	279	002443.SZ	金洲管道
214	002102.SZ	冠福股份	247	002276.SZ	万马股份	280	002445.SZ	中南文化
215	002109.SZ	兴化股份	248	002278.SZ	神开股份	281	002449.SZ	国星光电
216	002110.SZ	三钢闽光	249	002282.SZ	博深股份	282	002461.SZ	珠江啤酒
217	002112.SZ	三变科技	250	002285.SZ	世联行	283	002465.SZ	海格通信
218	002114.SZ	罗平锌电	251	002297.SZ	博云新材	284	002470.SZ	金正大
219	002125.SZ	湘潭电化	252	002304.SZ	洋河股份	285	002479.SZ	富春环保
220	002136.SZ	安纳达	253	002307.SZ	北新路桥	286	002480.SZ	新筑股份
221	002142.SZ	宁波银行	254	002310.SZ	东方园林	287	002481.SZ	双塔食品
222	002149.SZ	西部材料	255	002312.SZ	川发龙蟒	288	002482.SZ	*ST 广田
223	002152.SZ	广电运通	256	002313.SZ	日海智能	289	002483.SZ	润邦股份
224	002155.SZ	湖南黄金	257	002323.SZ	雅博股份	290	002490.SZ	ST 墨龙
225	002159.SZ	三特索道	258	002332.SZ	仙琚制药	291	002500.SZ	山西证券
226	002160.SZ	常铝股份	259	002336.SZ	人人乐	292	002507.SZ	涪陵榨菜
227	002163.SZ	海南发展	260	002339.SZ	积成电子	293	002522.SZ	浙江众成
228	002168.SZ	惠程科技	261	002343.SZ	慈文传媒	294	002523.SZ	天桥起重
229	002181.SZ	粤传媒	262	002344.SZ	海宁皮城	295	002528.SZ	英飞拓
230	002183.SZ	怡亚通	263	002349.SZ	精华制药	296	002542.SZ	中化岩土
231	002186.SZ	全聚德	264	002358.SZ	森源电气	297	002552.SZ	宝鼎科技

续表

序号	证券代码	证券简称	序号	证券代码	证券简称	序号	证券代码	证券简称
298	002554.SZ	惠博普	331	002761.SZ	浙江建投	364	300013.SZ	新宁物流
299	002561.SZ	徐家汇	332	002775.SZ	文科股份	365	300019.SZ	硅宝科技
300	002564.SZ	*ST 天沃	333	002778.SZ	中晟高科	366	300026.SZ	红日药业
301	002573.SZ	清新环境	334	002783.SZ	凯龙股份	367	300030.SZ	阳普医疗
302	002578.SZ	闽发铝业	335	002789.SZ	建艺集团	368	300042.SZ	朗科科技
303	002580.SZ	圣阳股份	336	002797.SZ	第一创业	369	300053.SZ	航宇微
304	002586.SZ	*ST 围海	337	002799.SZ	环球印务	370	300061.SZ	旗天科技
305	002598.SZ	山东章鼓	338	002807.SZ	江阴银行	371	300072.SZ	海新能科
306	002608.SZ	江苏国信	339	002820.SZ	桂发祥	372	300076.SZ	GQY 视讯
307	002627.SZ	三峡旅游	340	002827.SZ	高争民爆	373	300078.SZ	思创医惠
308	002642.SZ	荣联科技	341	002848.SZ	高斯贝尔	374	300080.SZ	易成新能
309	002644.SZ	佛慈制药	342	002856.SZ	美芝股份	375	300088.SZ	长信科技
310	002654.SZ	万润科技	343	002880.SZ	卫光生物	376	300091.SZ	金通灵
311	002659.SZ	凯文教育	344	002883.SZ	中设股份	377	300106.SZ	西部牧业
312	002660.SZ	茂硕电源	345	002893.SZ	京能热力	378	300110.SZ	华仁药业
313	002669.SZ	康达新材	346	002910.SZ	庄园牧场	379	300128.SZ	锦富技术
314	002670.SZ	国盛金控	347	002911.SZ	佛燃能源	380	300129.SZ	泰胜风能
315	002672.SZ	东江环保	348	002912.SZ	中新赛克	381	300145.SZ	中金环境
316	002673.SZ	西部证券	349	002920.SZ	德赛西威	382	300160.SZ	秀强股份
317	002676.SZ	顺威股份	350	002926.SZ	华西证券	383	300173.SZ	福能东方
318	002678.SZ	珠江钢琴	351	002933.SZ	新兴装备	384	300183.SZ	东软载波
319	002679.SZ	福建金森	352	002936.SZ	郑州银行	385	300185.SZ	通裕重工
320	002682.SZ	龙洲股份	353	002941.SZ	新疆交建	386	300208.SZ	青岛中程
321	002683.SZ	广东宏大	354	002948.SZ	青岛银行	387	300219.SZ	鸿利智汇
322	002686.SZ	亿利达	355	002958.SZ	青农商行	388	300237.SZ	美晨生态
323	002692.SZ	远程股份	356	002966.SZ	苏州银行	389	300266.SZ	兴源环境
324	002696.SZ	百洋股份	357	002967.SZ	广电计量	390	300270.SZ	中威电子
325	002712.SZ	思美传媒	358	003008.SZ	开普检测	391	300277.SZ	海联讯
326	002716.SZ	湖南白银	359	003013.SZ	地铁设计	392	300278.SZ	华昌达
327	002717.SZ	岭南股份	360	003039.SZ	顺控发展	393	300281.SZ	金明精机
328	002721.SZ	*ST 金一	361	300004.SZ	南风股份	394	300284.SZ	苏交科
329	002722.SZ	物产金轮	362	300006.SZ	莱美药业	395	300289.SZ	利德曼
330	002736.SZ	国信证券	363	300011.SZ	鼎汉技术	396	300290.SZ	荣科科技

续表

序号	证券代码	证券简称	序号	证券代码	证券简称	序号	证券代码	证券简称
397	300300.SZ	海峡创新	430	300626.SZ	华瑞股份	463	301526.SZ	国际复材
398	300317.SZ	珈伟新能	431	300635.SZ	中达安	464	430418.BJ	苏轴股份
399	300319.SZ	麦捷科技	432	300675.SZ	建科院	465	430489.BJ	佳先股份
400	300321.SZ	同大股份	433	300694.SZ	蠡湖股份	466	600000.SH	浦发银行
401	300323.SZ	华灿光电	434	300703.SZ	创源股份	467	600004.SH	白云机场
402	300328.SZ	宜安科技	435	300711.SZ	广哈通信	468	600008.SH	首创环保
403	300340.SZ	科恒股份	436	300722.SZ	新余国科	469	600009.SH	上海机场
404	300341.SZ	麦克奥迪	437	300730.SZ	科创信息	470	600010.SH	包钢股份
405	300342.SZ	天银机电	438	300770.SZ	新媒股份	471	600012.SH	皖通高速
406	300368.SZ	ST 汇金	439	300772.SZ	运达股份	472	600015.SH	华夏银行
407	300370.SZ	安控科技	440	300775.SZ	三角防务	473	600017.SH	日照港
408	300385.SZ	雪浪环境	441	300831.SZ	派瑞股份	474	600018.SH	上港集团
409	300393.SZ	中来股份	442	300859.SZ	*ST 西域	475	600020.SH	中原高速
410	300399.SZ	天利科技	443	300895.SZ	铜牛信息	476	600022.SH	山东钢铁
411	300402.SZ	宝色股份	444	300917.SZ	特发服务	477	600023.SH	浙能电力
412	300410.SZ	正业科技	445	300927.SZ	江天化学	478	600032.SH	浙江新能
413	300413.SZ	芒果超媒	446	300958.SZ	建工修复	479	600033.SH	福建高速
414	300422.SZ	博世科	447	300981.SZ	中红医疗	480	600035.SH	楚天高速
415	300457.SZ	赢合科技	448	300987.SZ	川网传媒	481	600039.SH	四川路桥
416	300466.SZ	赛摩智能	449	301020.SZ	密封科技	482	600052.SH	东望时代
417	300470.SZ	中密控股	450	301038.SZ	深水规院	483	600054.SH	黄山旅游
418	300479.SZ	神思电子	451	301091.SZ	深城交	484	600057.SH	厦门象屿
419	300486.SZ	东杰智能	452	301136.SZ	招标股份	485	600059.SH	古越龙山
420	300510.SZ	金冠股份	453	301153.SZ	中科江南	486	600060.SH	海信视像
421	300528.SZ	幸福蓝海	454	301165.SZ	锐捷网络	487	600063.SH	皖维高新
422	300530.SZ	领湃科技	455	301167.SZ	建研设计	488	600064.SH	南京高科
423	300534.SZ	陇神戎发	456	301217.SZ	铜冠铜箔	489	600073.SH	上海梅林
424	300540.SZ	蜀道装备	457	301238.SZ	瑞泰新材	490	600075.SH	新疆天业
425	300569.SZ	天能重工	458	301262.SZ	海看股份	491	600076.SH	康欣新材
426	300579.SZ	数字认证	459	301289.SZ	国缆检测	492	600082.SH	海泰发展
427	300600.SZ	国瑞科技	460	301339.SZ	通行宝	493	600083.SH	博信股份
428	300620.SZ	光库科技	461	301358.SZ	湖南裕能	494	600085.SH	同仁堂
429	300621.SZ	维业股份	462	301517.SZ	陕西华达	495	600096.SH	云天化

续表

序号	证券代码	证券简称	序号	证券代码	证券简称	序号	证券代码	证券简称
496	600097.SH	开创国际	529	600199.SH	金种子酒	562	600293.SH	三峡新材
497	600098.SH	广州发展	530	600202.SH	哈空调	563	600298.SH	安琪酵母
498	600103.SH	青山纸业	531	600203.SH	福日电子	564	600300.SH	维维股份
499	600104.SH	上汽集团	532	600207.SH	安彩高科	565	600301.SH	华锡有色
500	600108.SH	亚盛集团	533	600213.SH	亚星客车	566	600302.SH	标准股份
501	600111.SH	北方稀土	534	600218.SH	全柴动力	567	600305.SH	恒顺醋业
502	600113.SH	浙江东日	535	600222.SH	太龙药业	568	600307.SH	酒钢宏兴
503	600119.SH	长江投资	536	600223.SH	福瑞达	569	600309.SH	万华化学
504	600120.SH	浙江东方	537	600225.SH	卓朗科技	570	600310.SH	广西能源
505	600121.SH	郑州煤电	538	600229.SH	城市传媒	571	600319.SH	亚星化学
506	600123.SH	兰花科创	539	600231.SH	凌钢股份	572	600322.SH	津投城开
507	600126.SH	杭钢股份	540	600235.SH	民丰特纸	573	600323.SH	瀚蓝环境
508	600127.SH	金健米业	541	600237.SH	铜峰电子	574	600325.SH	华发股份
509	600128.SH	苏豪弘业	542	600238.SH	海南椰岛	575	600326.SH	西藏天路
510	600133.SH	东湖高新	543	600239.SH	云南城投	576	600329.SH	达仁堂
511	600136.SH	*ST 明诚	544	600241.SH	时代万恒	577	600332.SH	白云山
512	600141.SH	兴发集团	545	600248.SH	陕建股份	578	600333.SH	长春燃气
513	600149.SH	廊坊发展	546	600249.SH	两面针	579	600336.SH	澳柯玛
514	600153.SH	建发股份	547	600250.SH	南京商旅	580	600348.SH	华阳股份
515	600156.SH	华升股份	548	600251.SH	冠农股份	581	600350.SH	山东高速
516	600159.SH	大龙地产	549	600252.SH	中恒集团	582	600354.SH	敦煌种业
517	600160.SH	巨化股份	550	600255.SH	鑫科材料	583	600356.SH	恒丰纸业
518	600163.SH	中闽能源	551	600258.SH	首旅酒店	584	600358.SH	国旅联合
519	600166.SH	福田汽车	552	600259.SH	广晟有色	585	600359.SH	新农开发
520	600168.SH	武汉控股	553	600266.SH	城建发展	586	600362.SH	江西铜业
521	600169.SH	太原重工	554	600267.SH	海正药业	587	600367.SH	红星发展
522	600170.SH	上海建工	555	600269.SH	赣粤高速	588	600368.SH	五洲交通
523	600183.SH	生益科技	556	600272.SH	开开实业	589	600369.SH	西南证券
524	600185.SH	格力地产	557	600278.SH	东方创业	590	600373.SH	中文传媒
525	600188.SH	兖矿能源	558	600279.SH	重庆港	591	600376.SH	首开股份
526	600189.SH	泉阳泉	559	600281.SH	华阳新材	592	600377.SH	宁沪高速
527	600192.SH	长城电工	560	600284.SH	浦东建设	593	600386.SH	北巴传媒
528	600197.SH	伊力特	561	600287.SH	江苏舜天	594	600387.SH	ST 海越

续表

序号	证券代码	证券简称	序号	证券代码	证券简称	序号	证券代码	证券简称
595	600388.SH	龙净环保	628	600529.SH	山东药玻	661	600618.SH	氯碱化工
596	600389.SH	江山股份	629	600531.SH	豫光金铅	662	600619.SH	海立股份
597	600395.SH	盘江股份	630	600533.SH	栖霞建设	663	600621.SH	华鑫股份
598	600397.SH	安源煤业	631	600540.SH	新赛股份	664	600623.SH	华谊集团
599	600403.SH	大有能源	632	600543.SH	*ST 莫高	665	600624.SH	复旦复华
600	600415.SH	小商品城	633	600546.SH	山煤国际	666	600626.SH	申达股份
601	600416.SH	湘电股份	634	600547.SH	山东黄金	667	600628.SH	新世界
602	600418.SH	江淮汽车	635	600548.SH	深高速	668	600629.SH	华建集团
603	600419.SH	天润乳业	636	600549.SH	厦门钨业	669	600630.SH	龙头股份
604	600423.SH	柳化股份	637	600551.SH	时代出版	670	600633.SH	浙数文化
605	600425.SH	青松建化	638	600558.SH	大西洋	671	600637.SH	东方明珠
606	600426.SH	华鲁恒升	639	600559.SH	老白干酒	672	600638.SH	新黄浦
607	600429.SH	三元股份	640	600561.SH	江西长运	673	600639.SH	浦东金桥
608	600436.SH	片仔癀	641	600569.SH	安阳钢铁	674	600642.SH	申能股份
609	600448.SH	华纺股份	642	600572.SH	康恩贝	675	600644.SH	乐山电力
610	600455.SH	博通股份	643	600573.SH	惠泉啤酒	676	600648.SH	外高桥
611	600456.SH	宝钛股份	644	600575.SH	淮河能源	677	600649.SH	城投控股
612	600459.SH	贵研铂业	645	600578.SH	京能电力	678	600650.SH	锦江在线
613	600461.SH	洪城环境	646	600585.SH	海螺水泥	679	600651.SH	飞乐音响
614	600463.SH	空港股份	647	600587.SH	新华医疗	680	600653.SH	申华控股
615	600468.SH	百利电气	648	600592.SH	龙溪股份	681	600658.SH	电子城
616	600470.SH	六国化工	649	600593.SH	大连圣亚	682	600662.SH	外服控股
617	600475.SH	华光环能	650	600597.SH	光明乳业	683	600663.SH	陆家嘴
618	600479.SH	千金药业	651	600600.SH	青岛啤酒	684	600664.SH	哈药股份
619	600483.SH	福能股份	652	600601.SH	方正科技	685	600665.SH	天地源
620	600502.SH	安徽建工	653	600602.SH	云赛智联	686	600667.SH	太极实业
621	600509.SH	天富能源	654	600604.SH	市北高新	687	600668.SH	尖峰集团
622	600510.SH	黑牡丹	655	600606.SH	绿地控股	688	600671.SH	*ST 目药
623	600513.SH	联环药业	656	600608.SH	ST 沪科	689	600674.SH	川投能源
624	600515.SH	海南机场	657	600609.SH	金杯汽车	690	600675.SH	中华企业
625	600519.SH	贵州茅台	658	600612.SH	老凤祥	691	600676.SH	交运股份
626	600525.SH	长园集团	659	600616.SH	金枫酒业	692	600678.SH	四川金顶
627	600526.SH	菲达环保	660	600617.SH	国新能源	693	600679.SH	上海凤凰

续表

序号	证券代码	证券简称	序号	证券代码	证券简称	序号	证券代码	证券简称
694	600683.SH	京投发展	727	600754.SH	锦江酒店	760	600822.SH	上海物贸
695	600684.SH	珠江股份	728	600755.SH	厦门国贸	761	600824.SH	益民集团
696	600686.SH	金龙汽车	729	600756.SH	浪潮软件	762	600825.SH	新华传媒
697	600689.SH	上海三毛	730	600757.SH	长江传媒	763	600826.SH	兰生股份
698	600691.SH	阳煤化工	731	600758.SH	辽宁能源	764	600827.SH	百联股份
699	600692.SH	亚通股份	732	600761.SH	安徽合力	765	600831.SH	广电网络
700	600697.SH	欧亚集团	733	600769.SH	祥龙电业	766	600833.SH	第一医药
701	600704.SH	物产中大	734	600771.SH	广誉远	767	600834.SH	申通地铁
702	600706.SH	曲江文旅	735	600773.SH	西藏城投	768	600835.SH	上海机电
703	600707.SH	彩虹股份	736	600780.SH	通宝能源	769	600837.SH	海通证券
704	600708.SH	光明地产	737	600783.SH	鲁信创投	770	600838.SH	上海九百
705	600712.SH	南宁百货	738	600784.SH	鲁银投资	771	600839.SH	四川长虹
706	600713.SH	南京医药	739	600789.SH	鲁抗医药	772	600841.SH	动力新科
707	600715.SH	文投控股	740	600790.SH	轻纺城	773	600844.SH	丹化科技
708	600716.SH	凤凰股份	741	600791.SH	京能置业	774	600846.SH	同济科技
709	600717.SH	天津港	742	600792.SH	云煤能源	775	600848.SH	上海临港
710	600719.SH	大连热电	743	600793.SH	宜宾纸业	776	600853.SH	龙建股份
711	600722.SH	金牛化工	744	600794.SH	保税科技	777	600858.SH	银座股份
712	600724.SH	宁波富达	745	600796.SH	钱江生化	778	600859.SH	王府井
713	600725.SH	云维股份	746	600798.SH	宁波海运	779	600860.SH	京城股份
714	600727.SH	鲁北化工	747	600800.SH	渤海化学	780	600861.SH	北京人力
715	600731.SH	湖南海利	748	600802.SH	福建水泥	781	600864.SH	哈投股份
716	600733.SH	北汽蓝谷	749	600805.SH	悦达投资	782	600866.SH	星湖科技
717	600734.SH	ST 实达	750	600807.SH	济南高新	783	600874.SH	创业环保
718	600736.SH	苏州高新	751	600809.SH	山西汾酒	784	600880.SH	博瑞传播
719	600738.SH	丽尚国潮	752	600810.SH	神马股份	785	600881.SH	亚泰集团
720	600739.SH	辽宁成大	753	600812.SH	华北制药	786	600887.SH	伊利股份
721	600740.SH	山西焦化	754	600814.SH	杭州解百	787	600889.SH	南京化纤
722	600741.SH	华域汽车	755	600815.SH	厦工股份	788	600894.SH	广日股份
723	600742.SH	一汽富维	756	600816.SH	建元信托	789	600895.SH	张江高科
724	600743.SH	华远地产	757	600819.SH	耀皮玻璃	790	600897.SH	厦门空港
725	600746.SH	江苏索普	758	600820.SH	隧道股份	791	600901.SH	江苏金租
726	600748.SH	上实发展	759	600821.SH	金开新能	792	600903.SH	贵州燃气

续表

序号	证券代码	证券简称	序号	证券代码	证券简称	序号	证券代码	证券简称
793	600906.SH	财达证券	826	601008.SH	连云港	859	601228.SH	广州港
794	600908.SH	无锡银行	827	601009.SH	南京银行	860	601229.SH	上海银行
795	600909.SH	华安证券	828	601018.SH	宁波港	861	601238.SH	广汽集团
796	600918.SH	中泰证券	829	601019.SH	山东出版	862	601298.SH	青岛港
797	600919.SH	江苏银行	830	601022.SH	宁波远洋	863	601326.SH	秦港股份
798	600925.SH	苏能股份	831	601028.SH	玉龙股份	864	601330.SH	绿色动力
799	600926.SH	杭州银行	832	601065.SH	江盐集团	865	601368.SH	绿城水务
800	600927.SH	永安期货	833	601066.SH	中信建投	866	601369.SH	陕鼓动力
801	600928.SH	西安银行	834	601069.SH	西部黄金	867	601375.SH	中原证券
802	600929.SH	雪天盐业	835	601077.SH	渝农商行	868	601377.SH	兴业证券
803	600935.SH	华塑股份	836	601083.SH	锦江航运	869	601456.SH	国联证券
804	600936.SH	广西广电	837	601098.SH	中南传媒	870	601512.SH	中新集团
805	600939.SH	重庆建工	838	601101.SH	昊华能源	871	601518.SH	吉林高速
806	600956.SH	新天绿能	839	601107.SH	四川成渝	872	601528.SH	瑞丰银行
807	600958.SH	东方证券	840	601108.SH	财通证券	873	601555.SH	东吴证券
808	600959.SH	江苏有线	841	601118.SH	海南橡胶	874	601568.SH	北元集团
809	600960.SH	渤海汽车	842	601121.SH	宝地矿业	875	601577.SH	长沙银行
810	600969.SH	郴电国际	843	601128.SH	常熟银行	876	601588.SH	北辰实业
811	600971.SH	恒源煤电	844	601136.SH	首创证券	877	601595.SH	上海电影
812	600975.SH	新五丰	845	601139.SH	深圳燃气	878	601599.SH	浙文影业
813	600979.SH	广安爱众	846	601158.SH	重庆水务	879	601601.SH	中国太保
814	600981.SH	汇鸿集团	847	601162.SH	天风证券	880	601607.SH	上海医药
815	600982.SH	宁波能源	848	601166.SH	兴业银行	881	601666.SH	平煤股份
816	600984.SH	建设机械	849	601168.SH	西部矿业	882	601688.SH	华泰证券
817	600985.SH	淮北矿业	850	601169.SH	北京银行	883	601699.SH	潞安环能
818	600986.SH	浙文互联	851	601177.SH	杭齿前进	884	601717.SH	郑煤机
819	600992.SH	贵绳股份	852	601187.SH	厦门银行	885	601727.SH	上海电气
820	600996.SH	贵广网络	853	601188.SH	龙江交通	886	601777.SH	力帆科技
821	600997.SH	开滦股份	854	601199.SH	江南水务	887	601789.SH	宁波建工
822	601000.SH	唐山港	855	601200.SH	上海环境	888	601801.SH	皖新传媒
823	601001.SH	晋控煤业	856	601211.SH	国泰君安	889	601811.SH	新华文轩
824	601003.SH	柳钢股份	857	601212.SH	白银有色	890	601825.SH	沪农商行
825	601007.SH	金陵饭店	858	601225.SH	陕西煤业	891	601827.SH	三峰环境

续表

序号	证券代码	证券简称	序号	证券代码	证券简称	序号	证券代码	证券简称
892	601828.SH	美凯龙	925	603108.SH	润达医疗	958	603999.SH	读者传媒
893	601838.SH	成都银行	926	603123.SH	翠微股份	959	605006.SH	山东玻纤
894	601860.SH	紫金银行	927	603136.SH	天目湖	960	605011.SH	杭州热电
895	601878.SH	浙商证券	928	603153.SH	上海建科	961	605086.SH	龙高股份
896	601899.SH	紫金矿业	929	603167.SH	渤海轮渡	962	605577.SH	龙版传媒
897	601900.SH	南方传媒	930	603169.SH	兰石重装	963	605599.SH	菜百股份
898	601916.SH	浙商银行	931	603199.SH	九华旅游	964	688015.SH	交控科技
899	601921.SH	浙版传媒	932	603213.SH	镇洋发展	965	688037.SH	芯源微
900	601928.SH	凤凰传媒	933	603227.SH	雪峰科技	966	688055.SH	龙腾光电
901	601929.SH	吉视传媒	934	603230.SH	内蒙新华	967	688120.SH	华海清科
902	601952.SH	苏垦农发	935	603239.SH	浙江仙通	968	688122.SH	西部超导
903	601958.SH	金钼股份	936	603299.SH	苏盐井神	969	688165.SH	埃夫特 -U
904	601963.SH	重庆银行	937	603318.SH	水发燃气	970	688172.SH	燕东微
905	601990.SH	南京证券	938	603327.SH	福蓉科技	971	688189.SH	南新制药
906	601992.SH	金隅集团	939	603328.SH	依顿电子	972	688203.SH	海正生材
907	601997.SH	贵阳银行	940	603357.SH	设计总院	973	688232.SH	新点软件
908	601999.SH	出版传媒	941	603369.SH	今世缘	974	688247.SH	宣泰医药
909	603005.SH	晶方科技	942	603373.SH	安邦护卫	975	688249.SH	晶合集成
910	603016.SH	新宏泰	943	603637.SH	镇海股份	976	688269.SH	凯立新材
911	603023.SH	威帝股份	944	603648.SH	畅联股份	977	688276.SH	百克生物
912	603025.SH	大豪科技	945	603677.SH	奇精机械	978	688347.SH	华虹公司
913	603026.SH	胜华新材	946	603689.SH	皖天然气	979	688352.SH	颀中科技
914	603028.SH	赛福天	947	603693.SH	江苏新能	980	688385.SH	复旦微电
915	603043.SH	广州酒家	948	603701.SH	德宏股份	981	688485.SH	九州一轨
916	603053.SH	成都燃气	949	603712.SH	七一二	982	688538.SH	和辉光电 -U
917	603066.SH	音飞储存	950	603721.SH	中广天择	983	688543.SH	国科军工
918	603069.SH	海汽集团	951	603817.SH	海峡环保	984	688548.SH	广钢气体
919	603071.SH	物产环能	952	603867.SH	新化股份	985	688549.SH	中巨芯 -U
920	603078.SH	江化微	953	603881.SH	数据港	986	688571.SH	杭华股份
921	603088.SH	宁波精达	954	603909.SH	建发合诚	987	688629.SH	华丰科技
922	603099.SH	长白山	955	603977.SH	国泰集团	988	688652.SH	京仪装备
923	603100.SH	川仪股份	956	603985.SH	恒润股份	989	688660.SH	电气风电
924	603107.SH	上海汽配	957	603990.SH	麦迪科技	990	688663.SH	新风光

续表

序号	证券代码	证券简称	序号	证券代码	证券简称	序号	证券代码	证券简称
991	688739.SH	成大生物	997	833751.BJ	惠同新材	1003	837748.BJ	路桥信息
992	688778.SH	厦钨新能	998	835892.BJ	中科美菱	1004	838402.BJ	硅烷科技
993	830946.BJ	森萱医药	999	836077.BJ	吉林碳谷	1005	838837.BJ	华原股份
994	831039.BJ	国义招标	1000	836239.BJ	长虹能源	1006	871753.BJ	天纺标
995	831087.BJ	秋乐种业	1001	836892.BJ	广咨国际	1007	873001.BJ	纬达光电
996	833394.BJ	民士达	1002	837174.BJ	宏裕包材	1008	873576.BJ	天力复合

资料来源：Wind，申万宏源研究。

注：名单为 2024 年 4 月 30 日前未退市的上市公司。

三、地方国资上市公司总量规模以及资本运作总览表格

附表 4　2019—2023 年地方国资上市公司发展概况

项目	2019 年	2020 年	2021 年	2022 年	2023 年
公司数量（家）	898	918	957	979	1008
主板	815	824	842	848	858
创业板	80	84	92	99	103
科创板	3	7	16	20	29
北交所	0	3	7	12	18
总资产（亿元）	603985	686462	775339	844852	911799
剔除金融企业	199570	224146	247895	261587	274255
净资产（亿元）	110851	124658	142432	154360	165618
剔除金融企业	72471	80262	91051	98678	105680
资产负债率（%）	81.65	81.84	81.63	81.73	81.84
剔除金融企业	63.68	64.19	63.27	62.28	61.46
营业收入（亿元）	133148	144506	177146	183482	183908
剔除金融企业	117992	127540	157859	164433	166274
利润总额（亿元）	12419	13227	16899	16080	15623
剔除金融企业	7990	8462	11143	10589	10159
净利润（亿元）	9870	10569	13620	13010	12641
扣非净利润（亿元）	8207	8308	11274	10481	10159
剔除金融企业	4545	4357	6528	5818	5584
净资产收益率（%）	9.44	9.02	10.35	8.88	8.09

续表

	2019 年	2020 年	2021 年	2022 年	2023 年
扣非净资产收益率（%）	8.74	7.87	9.47	7.95	7.17
剔除金融企业	7.55	6.69	9.05	7.32	6.56
营业现金比率（%）	6.29	12.26	5.03	14.55	18.55
剔除金融企业	8.37	8.87	8.42	7.79	8.03
研发投入（亿元）	1825	2029	2611	2994	3303
研发投入强度（%）	1.37	1.40	1.47	1.63	1.80
创值公司数量（家）	256	429	414	278	295
市值（亿元）	150648	177052	214024	200802	203056
PE	16.99	18.59	17.37	17.15	17.71
扣非 PE	18.36	21.31	18.98	19.16	19.99
剔除金融企业	25.08	31.50	26.39	28.23	29.94
PB	1.60	1.68	1.80	1.52	1.43
剔除金融企业	1.90	2.11	2.39	2.07	1.96
IPO 数量（家）	19	20	39	22	29
IPO 募资金额（亿元）	425.70	199.63	588.63	298.59	720.66
再融资公司数量（家）	68	118	127	85	71
再融资金额（亿元）	3454.977028	3024.708832	4321.866313	2918.436099	1669.121312
分红公司数量（家）	635	629	633	650	631
分红金额（亿元）	3032.53	3325.65	3747.80	4429.97	4725.82
分红比例（%）	36.01	37.51	39.36	35.95	40.37
股权激励公司数量（家）	40	53	54	66	34
员工持股公司数量（家）	15	14	14	18	13

资料来源：Wind，申万宏源研究。

附表 5　截至 2023 年末，各省级行政区地方国资上市公司市场格局

序号	省份	市值		上市公司		总资产		营业收入		利润总额		净利润	
		金额（亿元）	占比（%）	数量（家）	占比（%）	金额（亿元）	占比（%）	金额（亿元）	占比（%）	金额（亿元）	占比（%）	金额（亿元）	占比（%）
1	上海	25283.12	12.45	85	8.43	231743.45	25.42	33141.22	18.02	2278.03	14.58	1811.06	14.33
2	贵州	22904.71	11.28	7	0.69	10451.38	1.15	1948.00	1.06	1103.53	7.06	835.20	6.61
3	广东	17016.43	8.38	125	12.40	48754.72	5.35	18664.33	10.15	1089.01	6.97	845.78	6.69
4	山东	16732.15	8.24	90	8.93	36398.74	3.99	14652.17	7.97	1338.31	8.57	1100.74	8.71

续表

序号	省份	市值		上市公司		总资产		营业收入		利润总额		净利润	
		金额（亿元）	占比（%）	数量（家）	占比（%）	金额（亿元）	占比（%）	金额（亿元）	占比（%）	金额（亿元）	占比（%）	金额（亿元）	占比（%）
5	四川	15402.22	7.59	46	4.56	21986.01	2.41	5368.51	2.92	1035.17	6.63	825.34	6.53
6	江苏	14590.11	7.19	83	8.23	98011.37	10.75	7776.92	4.23	1558.92	9.98	1287.07	10.18
7	北京	13948.68	6.87	59	5.85	109318.43	11.99	10883.75	5.92	721.43	4.62	503.84	3.99
8	福建	12649.82	6.23	45	4.46	127792.28	14.02	25800.13	14.03	1461.63	9.36	1261.09	9.98
9	浙江	11430.78	5.63	77	7.64	95289.40	10.45	16556.91	9.00	1189.61	7.61	1027.87	8.13
10	安徽	7304.88	3.60	42	4.17	12830.46	1.41	7267.09	3.95	534.70	3.42	430.69	3.41
11	山西	6481.44	3.19	21	2.08	7180.94	0.79	3254.00	1.77	681.19	4.36	505.93	4.00
12	陕西	5817.51	2.86	37	3.67	14351.13	1.57	5019.79	2.73	648.94	4.15	547.48	4.33
13	湖南	4155.63	2.05	38	3.77	15972.47	1.75	4045.44	2.20	276.12	1.77	251.98	1.99
14	内蒙古	3546.56	1.75	4	0.40	3482.96	0.38	2320.82	1.26	155.89	1.00	132.52	1.05
15	河南	2773.06	1.37	34	3.37	12512.17	1.37	3025.86	1.65	232.84	1.49	191.68	1.52
16	湖北	2418.03	1.19	25	2.48	3755.54	0.41	1546.74	0.84	137.76	0.88	119.22	0.94
17	河北	2415.68	1.19	16	1.59	6384.84	0.70	2584.62	1.41	206.58	1.32	163.47	1.29
18	云南	2274.07	1.12	14	1.39	2469.77	0.27	2327.51	1.27	137.22	0.88	114.05	0.90
19	重庆	2267.74	1.12	16	1.59	25600.28	2.81	2077.38	1.13	257.14	1.65	226.16	1.79
20	江西	2102.76	1.04	22	2.18	3952.97	0.43	6660.11	3.62	161.05	1.03	135.95	1.08
21	新疆	1973.72	0.97	22	2.18	4224.41	0.46	1755.69	0.95	17.89	0.11	0.18	0.00
22	吉林	1778.55	0.88	15	1.49	2744.75	0.30	887.83	0.48	37.84	0.24	24.30	0.19
23	天津	1449.02	0.71	17	1.69	2221.81	0.24	714.47	0.39	63.54	0.41	52.07	0.41
24	青海	1362.32	0.67	2	0.20	984.74	0.11	643.27	0.35	153.66	0.98	135.99	1.08
25	广西	1189.43	0.59	18	1.79	3099.36	0.34	1541.38	0.84	27.58	0.18	20.24	0.16
26	甘肃	1137.61	0.56	15	1.49	6408.72	0.70	1678.66	0.91	55.78	0.36	44.89	0.36
27	辽宁	1095.88	0.54	16	1.59	1537.85	0.17	769.15	0.42	25.69	0.16	21.82	0.17
28	海南	929.56	0.46	6	0.60	1032.45	0.11	498.22	0.27	18.00	0.12	10.58	0.08
29	黑龙江	394.50	0.19	7	0.69	1068.16	0.12	422.34	0.23	20.23	0.13	16.87	0.13
30	宁夏	139.25	0.07	2	0.20	73.74	0.01	19.63	0.01	1.41	0.01	0.82	0.01
31	西藏	90.61	0.04	2	0.20	163.40	0.02	56.39	0.03	−4.08	−0.03	−4.24	−0.03
总计		203055.87	100.00	1008	100.00	911798.69	100.00	183908.31	100.00	15622.61	100.00	12640.63	100.00

资料来源：Wind，申万宏源研究。

附表 6　2023 年各省级行政区地方国资上市公司资本运作情况

序号	省份	IPO		IPO		再融资		再融资	
		数量（个）	占比（%）	金额（亿元）	占比（%）	数量（个）	占比（%）	金额（亿元）	占比（%）
1	北京	2	6.90	19.98	2.77	5	7.04	128.20	7.68
2	天津	0	0.00	0.00	0.00	0	0.00	0.00	0.00
3	河北	0	0.00	0.00	0.00	0	0.00	0.00	0.00
4	山西	0	0.00	0.00	0.00	2	2.82	120.69	7.23
5	内蒙古	0	0.00	0.00	0.00	0	0.00	0.00	0.00
6	辽宁	0	0.00	0.00	0.00	0	0.00	0.00	0.00
7	吉林	0	0.00	0.00	0.00	1	1.41	8.04	0.48
8	黑龙江	0	0.00	0.00	0.00	0	0.00	0.00	0.00
9	上海	4	13.79	252.18	34.99	3	4.23	163.57	9.80
10	江苏	1	3.45	42.57	5.91	3	4.23	38.81	2.33
11	浙江	2	6.90	24.27	3.37	7	9.86	172.90	10.36
12	安徽	2	6.90	123.80	17.18	3	4.23	92.18	5.52
13	福建	1	3.45	1.09	0.15	2	2.82	13.49	0.81
14	江西	2	6.90	32.59	4.52	1	1.41	31.60	1.89
15	山东	2	6.90	15.24	2.11	6	8.45	107.55	6.44
16	河南	0	0.00	0.00	0.00	3	4.23	70.68	4.23
17	湖北	1	3.45	1.63	0.23	1	1.41	15.84	0.95
18	湖南	2	6.90	46.26	6.42	5	7.04	59.65	3.57
19	广东	1	3.45	32.56	4.52	14	19.72	339.34	20.33
20	广西	1	3.45	0.90	0.12	3	4.23	90.57	5.43
21	海南	0	0.00	0.00	0.00	0	0.00	0.00	0.00
22	重庆	1	3.45	8.90	1.24	0	0.00	0.00	0.00
23	四川	2	6.90	10.66	1.48	3	4.23	33.29	1.99
24	贵州	0	0.00	0.00	0.00	0	0.00	0.00	0.00
25	云南	1	3.45	18.62	2.58	1	1.41	18.54	1.11
26	西藏	0	0.00	0.00	0.00	0	0.00	0.00	0.00
27	陕西	3	10.34	80.65	11.19	2	2.82	19.50	1.17
28	甘肃	0	0.00	0.00	0.00	3	4.23	114.89	6.88
29	青海	0	0.00	0.00	0.00	0	0.00	0.00	0.00
30	宁夏	0	0.00	0.00	0.00	0	0.00	0.00	0.00
31	新疆	1	3.45	8.76	1.22	3	4.23	29.80	1.79
合计		29	100.00	720.66	100.00	71	100.00	1669.12	100.00

资料来源：Wind，申万宏源研究。

《全国地方国资上市公司年度发展报告（2024）》法律声明

本书主编方为上海国有资本运营研究院有限公司和上海申银万国证券研究所有限公司（隶属申万宏源证券有限公司），本书不对证券及证券相关产品的价值、市场走势或者相关影响因素进行分析；本书不形成证券估值、投资评级等投资分析意见；本书不是证券研究报告。

本书由主编方独立、客观出具，主编方不曾因，不因，也不会因本书中的内容或观点而直接或间接收到任何形式的补偿。本书不涉及或不应理解为主编方对上市公司的任何推荐。本书中的政策、资料、数据均基于政府官方网站、上市公司公告等公开信息汇编形成，主编方不对本书中引用的上市公司信息披露的任何数据的真实性、准确性、完整性、及时性和公平性进行任何保证。在任何情况下，如上市公司未依照相关法律法规披露其应当及时公告、报告的财务状况、经营信息、重大涉诉事项等，或对前述事项有虚假记载、误导性陈述、遗漏重大信息等行为的，主编方无法也不对任何人因使用书中的任何内容所引致的任何损失承担任何责任。本书中所载的资料与分析内容，仅限于上市公司公开信息中所载数据之日的基本情况，随着宏观市场、行业发展等因素的变化，上市公司层面的发展也会面临一些变化，主编方亦不对上市公司业绩等任何后续发展变化予以任何承诺或保证。

在任何情况下，本书任何部分内容均不构成对任何人的投资分析意见、投资建议或对相关产品的推荐，不得作为或被视为出售或购买证券或其他投资标的的邀请。市场有风险，投资需谨慎，本书所载内容仅作参考之用，阅读或使用本书的任何人应自主作出投资决策并自行承担投资风险，主编方不与其分享投资收益、亦不承担任何投资损失。